성경의 맥잡기 시리즈 4
이사야에서 말라기까지

선지서

미래를 보는 지혜

이태웅 지음

도서출판 디모데

머리말

　선지서는 대선지서(4권)와 소선지서(13권)로 구성되었다. 한 사람이 이 많은 분량의 책들을 모두 자세하게 공부하기에는 평생을 다 바쳐도 역부족일 것이다. 따라서 많은 사람들이 선지서를 거의 공부하지 않은 채 생애를 마칠 수도 있다. 이런 사람들의 경우 하나님이 선지서를 통해서 우리에게 주시고자 하시는 엄청난 영적인 교훈들을 놓쳐버리는 것이다. 그리고 그만큼 영적으로도 빈곤해질 수밖에 없다. 반면에 선지서를 공부하는 사람들은 선지자들이 경험한 하나님에 대하여 그리고 하나님의 계획에 대하여 보다 깊은 통찰력을 얻게 될 것이다. 더 나아가 하나님이 주시는 역사 의식을 갖고 세상을 바라봄으로써 과거와 현재와 종말에 대한 지혜를 얻을 것이다. 그 외에도 경건에 관한 많은 비밀들을 얻는 것은 물론이고, 하나님의 인격과 직접 대면하는 경험을 할 것이다. 하나님의 사람을 통해서, 그들의 예언들을 통해서, 역사를 통해서 우리는 마치 거대한 대양 한가운데 서 있는 것처럼 엄청난 하나님의 부요함을 체험할 수 있을 것이다.

　이 책의 일차적인 목표는 하나님이 선지서를 통해 우리에게 베푸시는 하나님의 깊고 넓은 은혜를 받는 데 도움을 주기 위한 것이다. 이를 위해 공부하는 사람들이 가능한 한눈에 선지서의 윤곽을 볼 수 있게 하는 데 역점을 두었다. 그 다음 이 책을 가지고 공부하는 사람들이 선지서의 본문을 놓고 더 많이 씨름하도록 하였다. 그 일환으로 선지서의 본문들을 한눈에 볼 수 있는 간단한 소개와 전반적인 흐름을 파악하기 위한 질문들을 마련했다.

앞에 말한 과정을 기도하는 마음으로 충실하게 좇아가다보면 어느덧 선지서 전체에 대한 안목이 생기고, 선지서의 흐름을 알 수 있게 될 것이다. 그 결과 선지서가 우리에게 친밀하게 다가올 것이며, 후에 신약을 공부할 때에도 크게 유익이 될 것이다.

이 책은 개인적으로도 공부할 수 있고, 그룹에서도 공부할 수 있다. 주일학교 공과로 사용하는 것도 가능하다. 다만 어느 경우이든 미리 문제를 읽고 성경에서 그 해답을 일일이 찾아서 기록했을 때 최대한으로 도움을 주고받을 수 있다.

각 책을 공부할 때마다 그 책이 쓰였던 배경을 이해하는 데 도움을 주기 위해 마련된 도표를 참고할 것을 권한다. 특히 책이 바뀔 때마다 진하게 표시된 부분을 확인해보고, 현재 공부하는 부분이 어디인지 확인할 필요가 있다. 이렇게 일차적으로 성경 본문과 씨름을 한 후 묵상과 기도를 통해서 본문이 우리에게 주는 메시지를 찾아야 한다. 그리고 그것을 우리의 삶에서 실천해야 한다.

선지서를 공부하기로 결심한 여러분에게 진심으로 축하의 마음을 전하고 싶다. 바라기는 각 개인이나 그룹이 선지서를 자신들만의 공부에서 그치지 말고 다른 사람들에게도 가르쳐서 그들 또한 선지서를 통해 하나님과 좀 더 친밀해지도록 도와주었으면 한다. 이로써 모든 족속이 선지서를 통해서 하나님이 의도하셨던 메시지를 다 함께 받을 수 있기를 기대한다. 끝으로 부족한 책을 출판해준 디모데출판사 여러분들께 진심으로 감사를 드린다. 선지서에 나타나는 하나님의 축복이 이 책을 공부하는 모든 사람들과 함께하기를 주님의 이름으로 축복하며 기도한다.

2006. 5. 23. 목동에서
이 태 웅

머리말 … 3
선지서의 개요 … 8

이사야
제1과 유다의 심판과 이사야의 소명(사 1-6장) … 20
제2과 임마누엘과 이웃 나라들의 징계(사 7-12장) … 24
제3과 인접국들의 심판(사 13-23장) … 30
제4과 하나님의 심판과 공의(사 24-27장) … 36
제5과 하나님의 화(禍)와 하나님의 복(福)(사 28-35장) … 40
제6과 히스기야와 유다의 포로에 대한 예언(사 36-39장) … 46
제7과 하나님의 위로와 구속의 손길(사 40-48장) … 52
제8과 고난 받는 하나님의 종과 하나님의 백성의 회복(사 49-57장) … 58
제9과 회복된 하나님의 백성과 새 세계(사 58-66장) … 64

예레미야
제1과 예레미야의 소명과 유다에 대한 경고(렘 1-6장) … 76
제2과 성전에서 한 예언(렘 7-10장) … 82
제3과 회개를 촉구하는 예언(렘 11-20장) … 88
제4과 예레미야의 시련과 갈등(렘 21-29장) … 94
제5과 위로에 관한 예언(렘 30-33장) … 100
제6과 예루살렘 함락에 관한 메시지(렘 34-39장) … 106
제7과 예루살렘의 함락 후에 예레미야의 사역(렘 40-45장) … 112
제8과 열방에 관한 예언(렘 46-52장) … 118

예레미야애가
제1과 예레미야를 통해 표현된 하나님의 슬픔(애 1-5장) … 128

에스겔
제1과 에스겔의 소명과 하나님의 영광(겔 1-3장) … 138
제2과 예루살렘의 멸망과 예루살렘의 범죄(겔 4-11장) … 144
제3과 예루살렘의 멸망에 관한 예언(겔 12-24장) … 150
제4과 열국에 대한 심판(겔 25-32장) … 156
제5과 유다와 이스라엘의 회복(겔 33-39장) … 162
제6과 새로 탄생한 유다와 이스라엘의 영적 생활(겔 40-48장) … 168

다니엘
제1과 이미 일어난 일(단 1-6장) … 180
제2과 앞으로 일어날 일(단 7-12장) … 186

호세아
제1과 결혼 상징을 통해 나타난 이스라엘에 대한 하나님의 사랑(호 1-3장) ⋯ 196
제2과 이스라엘에 대한 공소와 형벌과 회복(호 4-14장) ⋯ 200

요엘
제1과 메뚜기 재앙과 이스라엘의 회복과 축복(욜 1-3장) ⋯ 210

아모스
제1과 공의를 사랑하시는 하나님(암 1-9장) ⋯ 218

오바댜
제1과 교만의 상징인 에돔의 심판(옵 1장) ⋯ 228

요나
제1과 민족주의와 하나님의 범세계적인 사랑(욘 1-4장) ⋯ 236

미가
제1과 하나님의 공의와 심판(미 1-7장) ⋯ 244

나훔
제1과 니느웨의 심판과 패망(나 1-3장) ⋯ 252

하박국
제1과 오직 의인은 믿음으로 살리라(합 1-3장) ⋯ 260

스바냐
제1과 주의 날과 하나님의 심판(습 1-3장) ⋯ 268

학개
제1과 성전 건축에 대한 권고(학 1-2장) ⋯ 276

스가랴
제1과 성전 건축에 대한 격려(슥 1-8장) ⋯ 286
제2과 성전 건축 후 계획(슥 9-14장) ⋯ 290

말라기
제1과 언약을 잊은 백성에 대한 경고(말 1-4장) ⋯ 298

해답 ⋯ 305

선지서의 개요

outline

선지서와 구약과의 관계

선지서는 구약의 마지막 부분을 차지하는 일련의 선지서들을 말한다. 네 명의 선지자들이 쓴 네 권의 긴 책들을 대선지서, 다른 짧은 것들을 소선지서라고 부른다.

히브리 성경에는 모세오경, 선지서 그리고 시편들과 기타 글들의 순서로 되어 있다. 구약 성경에서 선지서는 히브리인들에게 있어서 매우 중요한 위치를 차지하고 있었다. 따라서 예수님께서도 누가복음 24장 44절에서 구약을 말씀하실 때 "모세의 율법과 선지자의 글과 시편에 나를 가리켜 기록된 모든 것이 이루어져야 하리라"고 표현하셨다.

성경의 어떤 책이든 마찬가지겠지만 특히 선지서를 제대로 이해하려면 선지서가 쓰여진 시대적 배경을 이해하여야 한다. 선지서는 진공 가운데 기록된 것이 아니라 역사적인 상황 속에서 주어진 하나님의 계시다. 모세오경은 하나님의 백성이 하나님 백성답게 사는 법에 대하여 구체적으로 다루고 있다. 역사서를 통해서는 이스라엘이 한 국가로 발전하고, 그 후 주변국인 앗수르와 바벨론에 의해 침략당하는 것에 대하여 알 수 있다. 이런 성경의 역사적 배경을 이해하지 않고서는 선지서의 내용을 제대로 알 수 없다. 따라서 역사서를 공부하는 것은 선지서를 이해하는 데 매우 중요한 전제 조건이 된다.

구약에서 선지서의 위치

■긍정적 위치
1. 하나님께서는 하나님께서 통치하시는 왕국을 다윗, 솔로몬 및 여러 왕들을 통하여 이 땅에 이루시기를 원하셨다.

2. 이 왕국이 모든 이방인들이 와서 하나님의 영광을 경험하고 하나님께 경배드리는 데 사용되기를 원하셨다.
3. 선지서에는 하나님의 백성으로서의 소명과 영원한 하나님의 계획이 나타나 있다.

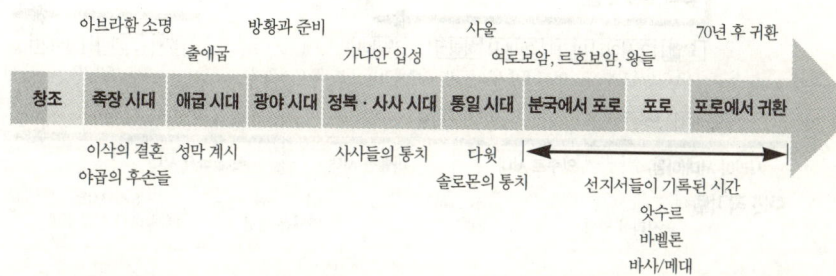

■ 부정적 위치
1. 하나님의 기대와는 달리 이스라엘 백성이 범죄했을 때 앗수르와 바벨론을 통하여 이스라엘 백성을 징계하셨다.
2. 선지서는 범죄한 이스라엘 백성에게 다시 하나님께 돌아오라고 안타깝게 외치는 내용으로 구성되었다.

선지서와 역사서와의 관계

다음 그림처럼 선지서는 독특한 역사적인 상황 속에서 주어진 것을 볼 수 있다. 여기서 크게 두 인접 국가에 대해서 언급할 필요가 있다. 하나는 앗수르 제국이며 다른 하나는 바벨론 제국이다. 그밖에도 시리아, 애굽 그리고 에돔 등 여러 나라들이 관련되었으나 우리가 선지서를 이해하는 데 가장 크게 도움이 되는 두 나라에 대해서 언급하지 않을 수 없다.

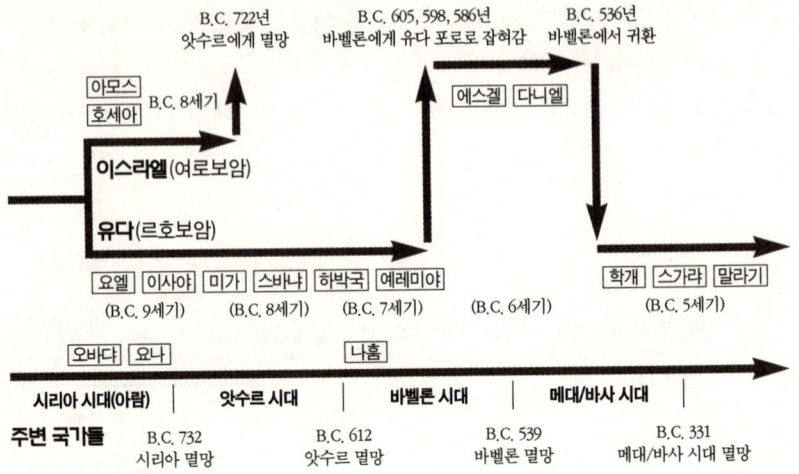

북부 왕국인 이스라엘에게 있어서는 앗수르가 가장 무서운 적대국 중의 하나였다. 아모스서와 호세아서는 주로 앗수르가 북부 이스라엘을 멸망시키는 것을 소재로 북부 왕국에 대한 예언이 이루어지는 것을 볼 수 있다. 또 앗수르의 수도인 니느웨를 향한 예언도 있다. 오바댜와 나훔이 바로 그러한 선지서다.

그밖에는 주로 유다를 향해서 예언한 책들이다. 세 차례에 걸쳐서 바벨론의 침범을 받고 마침내 예루살렘 성이 완전히 파괴되는 사건들을 놓고 기록된 책들이 나머지 선지서들이다. 유다를 향해서 쓴 선지서는 다음 몇 가지로 분류할 수 있다. 유다가 포로로 잡혀가기 전에 예언한 선지서로 요엘, 이사야, 미가, 스바냐, 하박국이 있다. 예레미야는 포로로 잡혀가기 전부터 잡혀간 후 중간 기간까지 기록된 선지서다. 에스겔서와 다니엘서는 포로 기간에 유다를 향해 기록된 선지서다. 학개서와 스가랴서와 말라기서는 다시 유다가 팔레스타인으로 돌아왔을 때 기록된 선지서라고 볼 수 있다. 이러한 선지서는 유대와 이웃 나라와의 관계와 역사적인 상황을 알아야만 정상적으로 이해할 수 있다.

성경에 나타난 선지자들

월터 카이저(Walter C. Kaiser) 박사는 다음과 같이 일곱 기간으로 나누어 선지자들을 분류하고 있다.
1. 사무엘 이전 — 에녹, 아브라함, 이삭, 야곱, 모세, 아론(출 4:15, 7:1), 발람, 미리암(출 15:20), 드보라(삿 4:4), 엘닷, 메닷, 70 장로들(민 24-29장), 마노아와 그 아내(삿 13:3, 10, 21) 등
2. 왕국 이전과 왕국 시대 — 사무엘, 갓, 나단, 소닥, 다윗(행 2:25-36, 시 16편), 솔로몬, 아삽, 헤만(시 88 서론), 여두둔(대상 25:1-5), 에단(시 89:1) 등
3. 분국 시대(BC 9세기경) — 엘리야, 엘리사(왕상 18장-왕하 10장), 아비야(왕상 11:29), 스마야(왕상 12:22, 대하 12:5), 아사랴(대하 15:1), 하나니(대하 16:7) 등 선지서를 쓰지 않고 예언을 한 선지자들
   요엘, 오바댜와 이후부터는 선지서를 쓴 예언자들
4. B.C. 8세기 경 — 이사야, 호세아, 미가, 아모스, 요나
5. B.C. 7세기 경 — 예레미야, 하박국, 스바냐, 나훔
6. B.C. 6세기 경(포로 시) — 에스겔, 다니엘
7. B.C. 5세기 경(포로 후) — 학개, 스가랴, 말라기

선지서의 성격

첫째로 선지서는 예언의 성격을 띠고 있어서 앞으로 일어날 일들을 예고했다. 둘째로 선지서는 대개 실제로 일들이 일어나기 전에 선포되었다. 대개 선지자들의 예언은 다른 예언들과 연관성이 있으며, 그 내용에 있어서도 통일성이 있다. 셋째로 그 예언의 진실 여부를 가릴 수 있는 기준이 제시되어 있다. 신명기 18장 15-22절과 13장 1-5절에 보면 최소한 다섯 가지의 기준이 나와 있다.

(1) 예언은 주님의 이름으로 주어져야 한다(신 18:21-22, 출 7:1-2).
(2) 형제들 사이에 일어난 것이어야 한다(신 18:15, 18).
(3) 그 내용은 가까운 미래에 일어날 것과 먼 미래에 일어날 것이 함께 포함될 수 있다(신 18:22).
(4) 예언은 종종 기적이나 이적과 함께 나타날 수 있다. 이것은 그 예언의 진실성을 확인하기 위한 것이다(신 13:1).
(5) 예언은 과거의 예언과 상충되어서는 안 된다(신 13:2-5).

예언의 형태(Westermann의 분류법)

1. 법적인 용어(사 1장)
2. 대항하는 말들(사 40-48장, 여호와 하나님과 우상의 대결)
3. 비유(사 5:1, 포도원의 비유)
4. 비유적인 행동(렘 18장, 토기장이의 집 사건)
5. 애가(암 5:1-3)
6. 예언적 율법(렘 7:21-26)
7. 저주 예언(사 5:8)

선지서에 나타나는 신학

예를 들어 이사야 40-66장은 한 권의 신학책이라 할 수 있다. 거기에는 하나님의 섭리, 기독론, 성령론, 말세론 등 다양한 신학적 내용이 있는 것을 볼 수 있다. 그밖에도 에스겔 18-33장에는 죄론에 대해서 잘 나타나고 있다. 또 예레미야 31장 31절, 34절에서는 새 언약에 대하여 말하고 있다. 특히 앗수르와 바벨론의 침범을 중심으로 한 예언들 중에는 이스라엘 백성들의 죄악, 하나님의 심판과 공의, 다가오는 하나님의 왕국 등의 내용이 포함되어 있다. 이처럼 선지서 안에는 많은 신학적인 소재들이 담겨 있다. 그리고 그 시대에 주는 직접적인 메시지 가운데 하나는 사회적 정의와 공의를 행하라는 강한 메시지가 많이 담겨 있는 것을 볼 수 있다.

책별 요약

■남부 왕조 유다

책명	주제	인접국	대상	중요한 사실들
요엘 835	메뚜기 재앙	앗수르	유다	주의 날 심판, 오순절 예언, 이스라엘 축복
이사야 740-680	어린양	앗수르	유다	1-39장은 심판 40-66장은 구속
미가 735-700	베들레헴	앗수르	유다	예수님 탄생 예언 죄, 용서(심판, 약속, 사이클)
하박국 625-587(?)	불평	바벨론	유다	불평(바벨론의 번성) 영광(여호와 성전), 만족
스바냐 625-615	등불	앗수르	유다	예루살렘 심판 경고 만국 심판
예레미야	눈물	바벨론 앗수르	유다	예레미야의 고난, 새 언약(31장)
애가 627-580	아침	바벨론 앗수르	유다	하나님의 긍휼과 성실성

■ 북부 왕조 이스라엘

책명	주제	인접국	대상	중요한 사실들
호세아 740(?)	음란한 아내	앗수르	이스라엘	하나님의 거룩하심, 공의, 사랑하심
아모스 760-753	다윗의 무너진 장막	앗수르	이스라엘	이스라엘 하나님을 만날 준비 권고, 이스라엘 심판 경고

■ 외국

책명	주제	인접국	대상	중요한 사실들
오바댜 845-841	바다	앗수르	에돔	에돔의 교만, 유다 귀국 예언
요나 782-753	큰 물고기	앗수르	앗수르	요나의 불순종, 니느웨의 부흥
나훔 664-611	니느웨	앗수르	앗수르	니느웨 멸망 예언 죄가 원인

이사야

ISAIAH

■ **저자**

이사야는 '여호와는 구원'이라는 뜻을 갖고 있다. 이사야서 내용의 증거를 통하여 저자가 이사야임을 알 수 있다(1:1, 2:1 등).

■ **연대와 배경**

예언 기간은 웃시야, 요담, 아하스와 히스기야 시대였음을 알 수 있다(1:1). 그로겐(Grogan)은 이사야가 므낫세 왕 때까지 사역했을 것이라고 추측했다(엑스포지터스 주석 Vol. 6, 이사야 등, 1986, p. 4). 이 당시 인접 국가들의 상황으로 인해 유다의 장래는 매우 어렵고 암울했다. 애굽이 약해지고 대신 앗수르가 일어나 다메섹(B.C. 731년)과 이스라엘(북부 왕국)을 멸망시켰다(B.C. 722년). B.C. 701년 앗수르가 유다를 침공했을 때는 예루살렘이 겨우 보존되었지만 세 번(B.C. 606, 597, 586년)에 걸친 바벨론의 침공을 받고 마침내 함락되었다.

이사야서가 기록된 시기는 히스기야의 전기(B.C. 715-686)를 쓴 것으로 보아 히스기야 이후였을 것이다. 이사야는 아마도 예루살렘이 앗수르의 침공을 받은 후인 B.C. 701년에서 이사야가 죽기 전인 B.C. 681년 사이에 이사야서를 기록했을 것이다. 이사야의 예언 활동은 웃시야 왕의 통치 기간 중(B.C. 790-739)에 시작하여 므낫세의 통치 기간(B.C. 686-642) 중 이사야가 죽기 전까지(B.C. 681) 최소한 58년 이상이었을 것이다(BKS pp. 5-6, 엑스포지스터스 주석 참조). 이사야가 활동한 시대와 인접 국가들과의 관계는 다음 도식을 통해 볼 수 있다.

■ **신학적 메시지**

이사야는 북부 왕국인 이스라엘이 불순종과 죄악 때문에 멸망한 것처럼 유다도 그들의 죄악으로 인해 멸망할 것을 알았다. 이사야는 자기 백성이 죄에서 돌이켜 하나님 앞에 회개함으로써 하나님의 백성으로서의 특권을 잃지 않기를 원했다. 그러나 그들의 고집과 회개치 않는 마음 때문에 결국 소수의 '남은 사람'만 여호와께 계속 충성하고 나머지는 계속 범죄할 것을 알고 있었다. 이사야는 이런 복잡한 상황 속에서 모두에게 예언했다. 1-39장까지는 주로 죄에 대한 심판과 경고이고, 반면에 40-66장은 하나님의 위로와 하나님의 긍휼로 가득 차 있다. 특히 여호와의 종이 백성들(이방인 포함)을 위하여 고난받는 부분은 신약에 나타난 예수 그리스도의 구속 사역과 매우 흡사하다. 이사야서에는 죄, 하나님의 성품, 구속, 종말과 새로운 세계 등 많은 신학적인 주제들이 기록되었다. 신약성경에 이사야서가 많이 인용된 데에는 이러한 배경이 있다.

■ 이사야서와 주변 국가들과의 관계

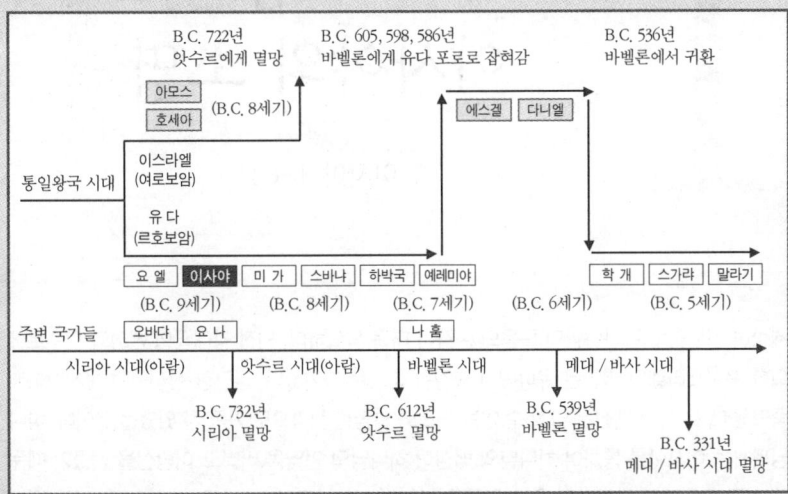

■ 이사야서의 구성

유다와 그 인접국에 대한 하나님의 심판 1-39장	하나님의 백성의 회복과 하나님의 종의 고난 40-66장
- 유다의 심판과 이사야의 소명(1-6장) - 임마누엘과 이웃 나라들의 징계(7-12장) - 인접국들의 심판(13-23장) - 하나님의 심판과 공의(24-27장) - 하나님의 화(禍)와 하나님의 복(福)(28-35장) - 히스기야와 유다의 포로에 대한 예언(36-39장)	- 하나님의 위로와 구속의 손길(40-48장) - 고난받는 하나님의 종과 하나님의 백성의 회복 (49-57장) - 회복된 하나님의 백성과 새 세계(58-66장)

■ 이사야서의 개요

1. 유다의 심판과 이사야의 소명(1-6장)
2. 임마누엘과 이웃 나라들의 징계(7-12장)
3. 인접국들의 심판(13-23장)
4. 하나님의 심판과 공의(24-27장)
5. 하나님의 화(禍)와 하나님의 복(福)(28-35장)
6. 히스기야와 유다의 포로에 대한 예언(36-39장)
7. 하나님의 위로와 구속의 손길(40-48장)
8. 고난 받는 하나님의 종과 하나님의 백성의 회복(49-57장)
9. 회복된 하나님의 백성과 새 세계(58-66장)

1 유다의 심판과 이사야의 소명

| 이사야 1-6장 |

큰 그림 보기

세상이 어두울수록 하나님의 도움의 손길이 더욱 필요하다. 인접 강대국의 변화와 앗수르에 의한 북이스라엘의 멸망은 유다에게 불길한 징조로 다가왔다. 강력한 왕이었던 웃시야마저 죽었을 때 온 유다 백성은 말할 수 없는 공포와 암담한 생각으로 가득 차 있었을 것이다. 하나님께서는 이사야를 통하여 하나님의 백성이 하나님의 언약을 버리고 이방신을 섬겼기 때문에 심판에 이르게 되었다고 유다에게 명확히 밝히신다. 그러나 패역한 백성이지만 하나님께서는 이들을 버리지 않으시고 이사야에게 소명을 주어 다시 한번 백성들이 그들의 죄로부터 돌이킬 수 있게 하신다.

깊이 들여다보기

1 이사야는 네 명의 유다 왕이 통치하던 시대에 예언 사역을 펼쳤다. 1장 2-31절은 유다에 대한 하나님의 공소장이라고 할 수 있다. 본문을 읽고 다음 질문에 답하라(1장).

1. 하나님께서 유다에게 말씀하시고자 하는 죄는 무엇인가?

2. 1장 18절은 우리가 자주 인용하는 유명한 구절이다. 그 의미는 무엇인가?

왜 하나님께서는 공소장에 이런 내용을 포함시키셨는가?

2 하나님께서는 심판을 선언하시면서 유다가 회개하고 돌아올 수 있는 길을 항상 열어놓고 계신 것을 느낄 수 있다. 이에 대하여 다음 질문에 답하라(2:1-4:1).

1. 본문에서 알 수 있듯이 하나님께서는 유다를 완전히 포기하신 것이 아니다. 예루살렘에 대한 하나님의 비전이 이를 뒷받침하고 있다. 본문의 내용에 대하여 나누고 이것을 우리에게 적용해보자(2:1-5).

2. 하나님께서는 유다가 돌이키지 않을 것을 알고 계셨다. 유다는 어떻게 하나님께 계속 불순종했는가? (2:6-22)

3. 예루살렘과 유다에 내릴 심판에는 어떤 것들이 있는가? (3:1-4:1)

이것이 우리에게 주는 메시지는 무엇인가?

③ 불순종하는 백성 가운데 함께 악한 길로 가기를 거부하는 무리가 있었다. 이들의 미래에 대하여 서로 나누어보자(4:2-6).

④ 포도원의 비유를 읽고 우리에게 주는 교훈을 서로 나누어보자(5:1-7).

⑤ 이사야는 유다의 심판에 대하여 자세하게 예언했다. 이 내용을 간단하게 요약해보자(5:8-30).

⑥ 이 과에서 가장 중요한 부분은 이사야의 소명에 관한 내용이다. 이에 대하여 다음 질문에 답하라(6장).

   1. 이사야는 언제 소명을 받았는가?(6:1 상)

   2. 누가 소명을 주었으며, 어떤 분으로 묘사되어 있는가?(6:1 하-5)

   3. 소명의 내용은 무엇인가?(6:6-13)

4. 유다 백성이 듣지 않을 것을 알면서도 이사야를 보내는 하나님의 마음은 아마도 탕자를 향하여 포기하지 않는 아버지의 심령과 같다고 할 수 있다. 우리도 이런 마음을 갖게 해달라고 하나님께 기도하자. 이사야의 소명을 통하여 우리에게 주는 교훈은 무엇인가?

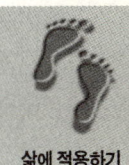
삶에 적용하기

이사야가 살았던 시대와 우리가 살고 있는 시대를 비교해보면 유사한 점이 많다. 이사야가 본 것들 중에 지금 없는 것이 거의 없다. 나라와 백성들의 죄와 그 죄가 국가 간에 불의한 요구와 관행으로 나타나는 것이라든지 종교계가 타락하여 불의로 가득 찬 것이라든지 그 어느 것도 새로운 것이 없다. 이런 중에 이사야가 환상을 보고 소명을 받아 순종하는 믿음을 우리는 예사로 보아서는 안 될 것이다. 우리도 이사야처럼 백성들의 죄를 보고 괴로워하며 그들이 죄를 회개하도록 선지자적 사명을 다하는 것이 필요하다. 우리는 이사야 선지자와 같은 마음으로 세계를 바라보며 절규할 때가 되었다.

2 임마누엘과 이웃 나라들의 징계

| 이사야 7-12장 |

큰 그림 보기

이사야의 예언들이 주어진 상황은 아주 긴박한 때였다. 아람(시리아)과 북이스라엘이 동맹을 맺어 유다를 침공했고, 북쪽에는 앗수르가 세력을 팽창하고 있었다. 블레셋도 기승을 부리는 상태였다. 유다는 사면 초가였고 절망적인 상태였다. 바로 이러한 위기 상황 속에서 귀중한 예언들이 주어진 것을 볼 수 있다. 특히 "처녀가 잉태하여 아들을 낳을 것이요 그 이름을 곧 임마누엘이라고 하리라"는 예언이 그 예다. 이 말씀은 그 당시에 한 여인이 실제로 낳은 자녀를 가리켜 한 말일 것이다. 그러나 동시에 멀리 내다보았을 때 처녀가 잉태하여 아들을 낳을 것이라는 예언도 포함되어 있다. 또 구세주가 나셨을 때 어떻게 온 세상을 통치할 것이라는 내용도 이때 주어졌다(9장).

그밖에도 주변 국가들은 그들의 죄에 따라서 반드시 심판받을 것이며 마침내 하나님께서 하나님의 왕국을 이루시리라는 예언이 주어졌다. 왕국의 성격에 대해서는 그 당시의 사람이 이해할 수 있는 말로 표현되었다(11장). 이처럼 어둡고 암울한 상황 속에서 하나님께서 미래에 오실 메시아에 대한 예언을 주셔서 하나의 별을 바라볼 수 있게 하셨다. 우리는 이미 예언들이 대부분 이루어진 시기에 살고 있기 때문에 당연하게 생각할 수 있지만 당대 사람들에게는 엄청난 희망의 빛이었다. 또 이런 희망을 가진 사람들은 이 빛을 좇아서 어둠을 헤치고 계속 빛의 본체 되시는 하나님께 나아갈 수 있었다.

깊이 들여다보기

① 본문의 내용은 시리아(아람)와 에브라임(북부 왕국)이 동맹하여 아하스가 통치하던 유다(남부 왕국)를 침범한 때의 일이다(약 B.C. 734년경). 이런 촉박한

때에 아하스는 하나님을 구하지 않고 두려움 가운데 떨고 있었다. 대개 위기를 당했을 때 그 사람의 신앙심이 나타나는 것을 볼 수 있다. 이에 대하여 다음 질문에 답하라(7장).

1. 이 사건으로 보아 아하스는 어떤 신앙을 가지고 있었는가? (7:1-13)

2. 이사야는 하나님께로부터 어떤 예언의 말씀을 받았는가? (7:3-10)

3. 하나님께서는 종종 위기를 당했을 때 우리가 큰 믿음을 소유하기를 원하신다. 여호와께서는 아하스에게 무엇을 하라고 말씀하셨는가? (7:11-13)

만약 내가 아하스였다면 어떻게 했겠는가?

4. 여호와께서는 불신하는 아하스 왕과 유다 백성을 위해서 어떤 예언을 주셨는가? (7:14-25)

* 7장 14절은 매우 유명한 동정녀 탄생에 대한 예언으로 역사적으로 받아들여졌다. 이 해석은 전통적으로 다음 몇 가지가 있다.
① 14절의 아이와 15, 16절의 아이는 다른 아이라는 설이다. 그 이유는 같은 아이일 경우 동정녀 탄생에 대한 예언으로 받아들이기 힘들기 때문이다. 그 아이는 아하스 당시의 아이를 의미하기 때문에 그리스도를 의미할 수 없다는 것이다.
② 한 아이로서 두 탄생을 의미한다는 설이다. 표면적인 의미로는 아하스 때에 한 평범한 아이의 탄생을 의미한다. 그러나 좀더 깊은 기적적인 탄생은 그리스도의 탄생을 의미한다.

③ 14-16절 모두가 메시아에 대한 예언들이고 그 당시에는 아무런 의미도 갖지 않는다는 설이다.
④ 여기에 나와 있는 아이는 다윗의 혈통을 좇아 태어난 한 아이로서 그 당시에 태어난 아이임에는 틀림없지만 미래에 탄생할 아이까지를 포함해서 이야기한다는 설이다.

월터 카이저 박사는 ④번을 7장 14절의 의미로 규정하고 있다. 아마도 그 당시 역사적으로도 의미가 있고 또 그리스도의 동정녀 탄생을 의미 있게 받아들이고자 한다면 ④번을 받아들이는 것이 가장 합리적일 것이다.

② 여호와께서는 공의의 하나님이시기 때문에 악한 나라가 하나님의 백성을 지속적으로 괴롭히는 것을 그대로 두지 않으신다. 그와 같은 여호와의 의도에 대하여 다음 질문에 답하라(8장).

1. 어떤 예를 들어서 말씀하고 계신가? (8:1-4)

2. 누구에 의해서 이 왕들이 멸망하게 될 것이라고 예언하고 있는가? (8:5-10)

3. 이때에 유다가 좇아야 할 기준은 무엇이라고 말하는가? (8:9-22) (특히 18-20절을 중시하라)

③ 9장 1-7절까지는 앞으로 오실 메시아에 대한 명확한 예언 가운데 하나다. 이 예언들의 대부분은 예수님의 초림 때에 이루어졌으며 아직 이루어지지 않은 부분들은 주님의 재림과 더불어 온전히 이루어질 것이다. 이에 대하여 다음 질문에 답하라(9-10장).

  1. 이사야서에 나타난 메시아에 대한 모습은 어떠한가? (9:1-7)

  2. 에브라임에 대한 여호와의 심판이 어떻게 언급되어 있는가? (9:8-10:4)

  3. 여호와께서는 앗수르에 대해서 어떻게 할 것이라고 말씀하셨는가? (10:5-19)

  4. 앗수르를 심판하면서도 여호와께서는 희망적인 말씀을 아끼지 않으셨다. 특히 이스라엘의 남은 자에 대해 어떤 예언의 말씀을 하셨는가? (10:20-34)

  이를 우리에게 어떻게 적용할 수 있는가?

④ 예언은 대개 당대와 가까운 장래에 일어날 일들과 먼 훗날 일어날 일들이 함께 섞여 있는 경우가 종종 있다. 11장의 내용도 아마 그럴 것이다. 그 당대의 사람들에게 말할 수 없는 희망을 준 것은 사실이지만 좀더 먼 훗날 하나님의 나라가 이 땅에 임했을 때 나타날 일들을 동시에 말씀한 것을 볼 수 있다. 본문의 내용을 우리가 현재 사용하는 말들로 요약해보자(11장).

5 본문은 주님이 오실 그 날 우리가 누릴 수 있는 기쁨에 대한 노래다. 가깝게는 당대에 여호와께서 그들을 건져주시는 내용을 통해서 이와 같은 찬양을 했을 것이다. 그러나 좀더 멀리 내다보았을 때 여호와께서 우리를 구속하시고 마침내 하나님의 나라에 입성하게 할 때 우리가 부를 노래일 것이다. 본문의 내용을 간단히 요약하고 우리에게 적용해보자(12장).

하나님께서는 위기 가운데서 당신의 백성에게 그 적들의 장래와 당신의 백성을 위한 자신의 의지를 나타내셨다. 우리를 향하신 하나님의 의지를 보았을 때 우리는 어려운 환경을 인내를 가지고 통과할 수 있는 용기를 얻게 된다. 이 과를 공부하면서 마음에 감동이 되었던 부분을 서로 나누고 이를 어떻게 우리 생애 가운데 적용할 것인지 계획을 세워보자.

3 인접국들의 심판

| 이사야 13-23장 |

큰 그림 보기

하나님께서 심판에 대한 소식을 전하실 때는 약속과 회복에 대한 말씀도 함께 하신다. 13-23장의 내용은 여러 나라들에 대한 예언이다. 특히 열 나라가 어떻게 공의로 심판을 받고, 하나님의 형벌이 그들에게 어떻게 내려질 것인지에 관한 내용이다. 여러 나라에 대한 심판을 말씀하기에 앞서 7-12장에서는 하나님의 임재에 대해서 말씀하셨고, 24-27장에서는 하나님의 최종적인 왕국에 대한 비밀을 말씀하셨다. 따라서 하나님의 심판에 관한 예언이 순전히 심판을 선언하기 위한 것이라기보다는 하나님의 백성들이 돌아올 수 있는 기회를 주기 위한 경고라고 볼 수 있다. 만일 하나님의 백성들이 돌이켰다면 심판은 없었을 것이다.

만일 여기에 나온 여러 나라들이 돌이키고 회개했다면 하나님께서는 이스라엘 백성과 조금도 차별 없이 긍휼을 베푸시고 징계하지 않으셨을 것이다. 그러나 이들은 우리가 아는 바와 같이 그들의 길을 갔다. 따라서 하나님께서는 징계를 내리셔야만 했고 그들의 이름은 이제 지도상에서 찾아볼 수 없게 되었다. 우리도 선지서를 읽으면서 하나님께서 우리에게 주시는 교훈에 귀를 기울이고 즉각적으로 순종할 수 있어야 한다. 만일 하나님의 경고를 계속 받으면서도 불순종한다면 하나님께서는 징계와 심판을 하실 것이다.

깊이 들여다보기

1️⃣ 우리는 하나님께서 왜 이 나라들에 대한 심판만을 언급하셨는지 알 수 없다. 하지만 하나님의 백성과 관계가 깊은 대표적인 나라들이기 때문에 심판을 선

언하셨을 것이라고 생각된다. 하나님께서는 이런 상황 속에서도 틈틈이 위로의 말씀을 하신다. 그 가운데는 예수님의 초림과 재림에 관한 내용들이 있다. 예언자의 관점에서는 아주 먼 훗날의 이야기이기 때문에 두 사건이 거의 동시에 보였을지도 모른다. 그러나 우리는 이미 초림이 이루어졌고 재림을 앞두고 있으므로 이것을 분명히 알 수 있다. 인접 국가들에 대한 예언에 대해서 다음 질문에 답하라(13-14장).

1. 바벨론에 대해서 무엇이라고 예언했으며 여기서 우리가 배워야 할 교훈들은 무엇인가? (13:1-14:23)

2. 앗수르에 대한 하나님의 생각은 어떠셨는가? (14:24-27)

3. 블레셋에 대한 하나님의 심판은 어떻게 나타났는가? (14:28-32)

② 모압에 대해서는 매우 상세하게 언급되어 있다. 모압은 이스라엘 백성과 오랜 기간 반목하며 지낸 나라 중에 하나다. 이스라엘이 광야에서 헤맬 때 모압 여인들이 이스라엘 남자들을 유혹했다(민 31:15-17). 사사 시대에도 이스라엘은 모압의 지배를 받았었다(삿 3:12-14). 사울은 모압과 전쟁을 벌였고(삼상 14:47), 다윗도 역시 모압과 적대 관계에 있었다. 솔로몬은 모압 여인들 때문에 그모스를 위하여 산당을 지었다(왕상 11:7-8). 본문을 읽고 다음 질문에 답하라 (15-16장).

1. 모압은 어떻게 멸망할 것이라고 예언했는가? (15:1-16:5)

2. 모압이 멸망하게 된 이유는 무엇인가? (16:6-14)

③ 모압 이외에도 다메섹, 구스의 멸망에 대한 예언들이 있다. 이에 대하여 다음 질문에 답하라(17-18장).

1. 하나님께서는 다메섹에게 무엇이라고 경고하셨는가?(17:1-14)

2. 구스에 대한 하나님의 메시지는 무엇이었는가?(18:1-7)

④ 애굽은 또 하나의 중요한 인접 국가다. 그래서인지 하나님께서는 많은 지면을 할애해서 애굽에 대하여 예언하셨다. 본문을 읽고 다음 질문에 답하라 (19장).

1. 애굽에 대한 예언을 요약해보자(19:1-15).

2. 여호와의 날에 애굽이 완전히 돌이키고 여호와를 앙망하고 예배드리며 충성을 다할 것에 대해서 말씀하고 있다. 이것은 아마도 먼 훗날 이루어질 것을 미리 내다보고 말씀한 것임이 분명하다. 애굽이 어떻게 여호와께 충성할 것인지에 대해서 간단히 요약해보자(19:16-25).

이 사실로 보건대 여호와께서는 이스라엘 백성만을 사랑하시는 것이 아니라 다른 민족까지도 사랑하시는 것을 볼 수 있다. 이스라엘을 선택한 이유는 그들을 통해서 다른 민족에게 회개와 구속에 대한 소식을 전하기 위해서였다. 그러나 이스라엘 백성들은 이런 사실을 알지 못하여 이방인들에게 여호와 하나님을 전하지 않고 오히려 그들의 신을 숭배하며 그들에 대해서 우월감을 가지고 멸시하는 태도를 가졌다.

⑤ 애굽과 구스에 대한 멸망에 대해서 간단히 요약해보자(20장).

⑥ 하나님께서는 또다시 바벨론과 에돔(21:11-12)과 아라비아에 대해서 예언하셨다. 본문을 읽고 다음 질문에 답하라(21장).

1. 바벨론의 멸망에 대해서 추가로 예언되어 있는데 이 부분을 요약해보자 (21:1-10).

2. 두마는 에돔을 가리키는 것으로 알려져 있다. 원래 의미는 침묵이나 적막을 뜻한다. 이 짧은 구절들은 에돔에 관한 예언이다. 예언의 내용은 무엇인가? (21:11-12)

3. 아라비아 사람들은 앗수르 사람들에 의해 멸망되었는데 어떻게 멸망했는가? (21:13-17)

7 예루살렘과 두로에 관한 예언을 읽고 다음 질문에 답하라(22-23장).

1. 22장 1-14절은 15-25절과 현저한 차이가 있다. 전자는 예루살렘 성이 앗수르 왕에게 포위되어 위기를 겪고 있었을 때의 이야기다. 여기서는 간단하게 요약되어 있고 자세한 내용은 이사야 36-37장에 나와 있다. 이스라엘 백성들은 예루살렘 성이 함락될 고비를 겨우 모면한 것에 대해서 슬퍼하며 회개했어야 했는데 그들은 회개하지 않았다. 본문을 읽고 그들이 어떻게 했는지 요약해보자(22:1-14).

2. 하나님께서는 셉나에게 심한 책망을 하셨다. 그 내용을 자세히 알 수는 없지만 아마도 산헤드립이 예루살렘 성을 포위했을 때 하나님을 의지하지 않고 자기 방법에 따라서 자기가 죽은 후에 묻힐 묘실을 파는 등의 행동을 했기 때문일 것이다. 그 후임으로 엘리아김을 세웠는데 그는 마치 단단한 곳에 박힌 못처럼 존경받을 것이라고 했다. 그러나 여호와께서는 그 단단한 곳에 박힌 못 역시 녹슬게 될 것이라고 하심으로 유다 왕국에 대한 심판이 임박했음을 암시하고 있다. 우리가 이 두 사람의 심판을 통해 배워야 할 교훈은 위기를 당했을 때 자신의 힘으로 극복하지 말고 만군의 여호와를 의지하라는 것이다. 우리의 마음 속에 이런 책망을 받아야 할 부분이 있는지 서로 나누어보자(22:15-25).

3. 두로는 매우 작은 나라였음에도 불구하고 매우 부강한 것을 볼 수 있다. 어느 정도 부강했는가? (23:1-3).

4. 두로 역시 자신의 부강만 믿고 여호와를 의지하지 못한 나라 가운데 하나다. 이들은 무참히 패망하고 말았다. 이들은 어느 정도 비참하게 되었는가? (3:4-18)

하나님께서는 모든 나라들을 창조하셨고 사랑하신다. 그러나 죄가 들어온 이후 모든 나라들은 하나님을 거역하고 제 갈 길로 가버렸다. 이것은 성경 시대나 지금이나 마찬가지다. 이런 나라들을 구원하기 위해 이스라엘 백성을 선택하셨지만 그들도 자신의 임무를 다하지는 못했다. 그래서 하나님께서는 이스라엘 백성이 잘못되는 것을 이방을 통해서 징계하기로 하셨다. 바벨론과 앗수르가 그 예이다. 그러나 바벨론과 앗수르가 하나님 앞에 굽힐 줄 모르고 교만했을 때 그들 역시 징계를 받을 수밖에 없었다. 그들뿐만 아니라 이스라엘의 인접 국가 모두가 해당되었다. 우리는 이런 사실로부터 교훈을 받아 하나님이 우리를 창조하신 목적은 하나님께 영광을 돌리기 위한 것이지 우리 스스로의 영광을 나타내기 위한 것이 아니라는 점을 명확히 알아야 한다. 그리고 이런 사실을 깨달은 우리는 겸손하게 여호와를 섬기고 순종하는 인생을 살아야 할 것이다.

하나님의 심판과 공의

| 이사야 24-27장 |

큰 그림 보기

하나님께서는 이스라엘 백성을 선택하여 모든 나라들로 하여금 이스라엘 백성에게 임재하시는 하나님을 보고 믿게 하셨다. 하나님의 계획은 창세기 12장에서 아브라함을 선택함으로 시작되었다. 그 후 이스라엘 백성은 애굽에 이주하여 온갖 고생을 다 겪은 후 출애굽하고, 출애굽 후 40여년 동안 광야 생활을 하기도 했다. 이스라엘의 광야 생활은 하나님의 계획이 좌절되는 것은 아닌가 하는 생각을 하게 한다. 그럼에도 불구하고 하나님의 계획은 좌절되지 않고 여호수아를 통하여 가나안 땅에 들어감으로써 다시 이루어지기 시작했다.

사사가 통치한 400여 년을 볼 때 또 한 번 암울한 생각이 든다. 하지만 사무엘과 같은 선지자를 통하여 나라를 세우는 기초가 닦였다. 사울은 실패했지만 다윗과 솔로몬은 통일 왕국을 이루어 황금 시대를 구가(謳歌)했다. 그리고 그 후손들이 나라를 북부와 남부 왕국으로 나누고, 또 이들이 다윗의 신앙을 좇지 않고 인접 국가의 신을 좇으며 범죄했을 때 하나님께서는 북부 왕국은 앗수르의 포로가 되게 하셨다. 그리고 남부 왕국은 바벨론에게 잡혀갈 것을 경고했고, 결국 바벨론은 유다까지 포로로 잡아가게 된다.

이런 역사적인 흐름을 볼 때 과연 하나님께서 원래 의도하셨던 이스라엘 백성을 통해 구속자를 내고 모든 민족을 구원할 계획을 이루시는 것이 현실적으로 가능한지를 생각하게 한다. 그러나 24장부터 27장까지를 보면, 하나님께서는 결국 공의를 이루어가실 뿐만 아니라 이스라엘을 통해 구세주를 보내주겠다고 말씀하셨다. 이 구세주를 통하여 모든 민족을 구원하실 것을 다시 한 번 이 과를 통해서 하나님께서는 말씀하신다. 이스라엘 백성이 불순종했기 때문에 하나님께서는 다른 민족을 통한 징계를 예언하셨지만 다른 민족의 범죄도 그대로 방관하지는 않으실 것이다. 하나님께서는 그들에게도 심판을 내리고 공의를 베풀 것을 말씀하셨다. 이 과에서는 다른 민족에 대한 하나님의 심판과 하나님의 공의가 잘 나타나 있다. 그 결과 하나님의 섭리와 계획은 좌절되지 않고 반드시 성취될 것이라고 하나님께서는 확인하셨다.

깊이 들여다보기

① 여호와께서 땅을 공허케 하며 황무케 하고 그 거민들을 흩으리라고 경고하셨다. 여호와께서는 어떤 방법으로 심판을 내릴 것인가에 대해서도 암시하셨다. 이에 대하여 다음 질문에 답하라(24장).

1. 여호와의 심판은 얼마나 무서운 것인가? (24:1-13)

2. 우리는 여호와의 심판이 이스라엘 백성들에게만 아니라 이스라엘 백성을 괴롭혔던 강대국까지 내려진 것을 볼 수 있다. 그때 여호와께서는 어떤 일을 하실 것인가? (24:14-23)

② 이사야서에는 '그 날'이라는 말이 자주 나오고 있다. '그 날'이라는 말은 사실 정확히 어느 한 때를 가리키기보다는 앞으로 다가올 하나님의 나라를 의미한다. 하나님의 나라가 임할 시기는 우선 예수님의 초림을 기점으로 해서 예수님의 재림까지 생각할 수 있다. 구약에서는 바로 그 날을 향해서 가는 과정들, 하나님이 역사하시는 날들을 '그 날'이라고 말할 수 있다. 그래서 구약에 나타난 그 날은 미래의 종말을 내다보는 의미로 현재 이루어져가는 과정을 뜻한다. 이 예언들은 대개 앞으로 이루어질 하나님의 나라를 염두에 두고 한 이야기라고 볼 수 있다. 선지자는 바로 그런 날들을 바라보며 이스라엘 백성에게 위로했고 우리에게도 위로를 주고 있다. 본문을 읽고 다음 질문에 답하라(25장).

1. 여호와가 이루실 미래의 하나님 나라에서는 어떤 일들이 일어날 것인가?

특히 강대국들이 어떻게 할 것인지 서로의 생각을 나누어보자(25:1-5).

2. 만민이라는 말이 나오고 있는데 그 만민은 결국 모든 민족들이 창세기 12장에 약속된 대로 여호와께 나올 것을 암시하고 있다. 하나님께서는 강대국들 가운데서 어떤 예우를 받을 것이라고 암시하는지 서로의 생각을 나누어보자(25:6-12).

③ 만민은 물론이고 이스라엘 백성들도 하나님 앞에 나와서 찬양하고 다시 회복될 것에 대해서 예언하고 있다. 이에 대해서 다음 질문에 답하라(26장).

1. 예언의 내용을 간단히 요약해보자(26:1-7).

2. 하나님의 나라가 임할 때에 사람들은 여호와께 경배와 찬양을 돌리게 된다. 하나님의 백성이 드릴 고백에 대해서 간단히 요약하고, 이를 우리에게 적용해보자(26:8-19).

3. 하나님께서는 하나님의 심판과 공의가 이루어지기까지 백성들이 형벌을 받고 아픔이 있을 것이라고 말씀하신다. 비록 이들이 범죄했지만 하나님께서는 그에 대해서 기뻐하시기보다는 오히려 슬퍼하시는 것을 볼 수 있다. 하나님께서는 이들에게 어떻게 하라고 말씀하셨는가? (26:20-21)

④ 여호와께서는 이스라엘 백성, 즉 하나님의 백성을 핍박하고 괴롭혔던 강대국에 대해서 반드시 심판하실 것이다. 우리는 하나님의 공의가 이루어질 것에 대해서 기뻐해야 한다. 본문을 읽고 다음 질문에 답하라(27장).

  1. 강대국의 심판에 대해서 어떻게 예언하셨는가? (27:1-10)

  2. 강대국의 심판은 곧 하나님의 백성의 회복을 의미한다고 볼 수 있다. 하나님의 백성이 궁극적으로 얻게 될 승리에 대해서 간단히 설명해보자 (27:11-13).

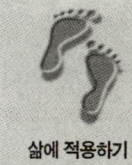
삶에 적용하기

하나님께서는 공의의 하나님이시다. 그리고 하나님께서는 악에 대해서 반드시 심판하시고 의로운 행위에 대해서는 반드시 상을 주신다. 이런 하나님의 질서가 지금도 있으며 과거에도 있었다. 이것을 아는 하나님의 백성인 우리들은 과거나 현재나 변함없이 하나님을 찬양하고 경배드리며 살 수 있을 것이다. 오늘 이 말씀을 통해서 하나님의 공의와 심판에 대해서 경고를 받으면서 동시에 경배도 드릴 수 있어야 한다. 다함께 하나님께 찬양과 경배를 드리자.

5 하나님의 화(禍)와 하나님의 복(福)

| 이사야 28-35장 |

큰 그림 보기

이 과에는 두 가지 중요한 주제가 나타나고 있다. 하나님의 뜻을 거부하는 사람들을 향한 화(禍)와 하나님의 백성에게 주시는 복(福)에 관한 말씀이다. 화에 대해서는 주로 28-34장에서, 복에 대해서는 35장에서 상세히 말씀하고 있다. 물론 화에 대한 말씀에서 하나님의 복을 이야기하기도 하지만 주요한 메시지는 화에 관한 것이다.

술 취한 에브라임의 교만에 관한 화(28장), 다윗 성과 백성들을 기만하는 지도자들에 대한 화(29장), 하나님을 배척하는 일반 시민에 대한 화(30장), 애굽을 의지하고자 하는 사람들에 대한 화(31-32장), 다른 사람들을 파괴시키는 자들에 대한 화(33장), 세계의 종말을 고하는 전쟁들(34장)에 대해 나타나 있다. 이 내용들은 매우 우울하고 어두운 말씀으로 희망의 빛을 찾아볼 수 없다. 그러나 우리는 하나님께서 공의를 원하시고 불의를 싫어하신다는 것을 알 수 있다. 만일 하나님께서 국가나 백성들의 범죄를 그대로 방치하신다면 이 세상에는 공의가 없을 것이다.

따라서 불의를 당하는 자는 항상 억울하며 그 억울함을 호소할 곳도 없을 것이다. 세상은 변하지 않고 악한 자는 계속 승승장구하며 약한 자는 계속 고통당할 것이다. 지금도 세계에는 이런 상황에 처한 나라들이 많다. 남미, 아프리카, 유라시아, 중동과 아시아 등 불의가 넘쳐나고 공의는 발도 붙이지 못하는 곳이 많다.

이런 현실 속에서 하나님께서는 본문을 통해 악에 대해 혐오하며 화를 품고 계시다는 사실을 알려준다. 이 메시지는 불의와 억압에 시달리고 어둠 속에 거하는 모든 백성들에게 희망의 메시지이기도 하다. 따라서 이것은 겉으로는 화를 표현했지만 자세히 보면 복음이기도 하다. 바로 하나님의 복에 대한 소극적인 표현이 35장에 가서 비로소 적극적인 표현으로 바뀐다. 즉 하나님께서는 결코 악을 그대로 내버려두지 않고 하나님께서 원하시는 나라를 세워서 한량없는 복을 부어주실 것을 말씀하신다. "광야와 메마른 땅이 기뻐하며 사막이 백합화같이 피어 즐거워하며" 등은 하나님께서 복을 주실 것에 대한 표현의 극치다.

우리는 이러한 복들을 이미 그리스도 안에서 하나님 나라의 백성으로서 누리고 있다. 아직 다 이루어진 것은 아니다. 아직도 곳곳에서 고통의 신음이 있지만 하나님 나라는 시작되었고, 완성되어가고 있으며, 이제 완성될 것이다. 이 메시지는 이사야가 자신의 상황 속에서 받은 것이지만 우리에게도 해당되는 말씀이다.

깊이 들여다보기

① 우리는 먼저 화에 대해서 공부할 필요가 있다. 위에서 말한 것처럼 화가 사실상 하나님의 백성에게 있어서는 복의 한 표현이란 사실을 기억하며 다음 질문들에 답하라(28-34장).

1. 에브라임은 앗수르가 곧 쳐들어와 자신들을 멸망시킬 것이라는 사실에 아랑곳하지 않고 영화를 누리며 술 취한 상태로 지낸 것을 본문에서 알 수 있다. 이들에게 어떻게 화가 내릴 것이라고 설명했는가? (28:1-6)

2. 화를 내리는 가운데서도 희망을 주는 복을 전해주고 있는데 그 사실을 본문을 통해서 이야기해보자(28:4-6).

3. 에브라임뿐만 아니라 유다 사람들도 방탕한 생활을 하고 있음을 알 수 있다. 이들의 생활상은 어떠했는가? (28:7-13)

4. 예루살렘에서는 지도자의 역할을 해야 할 사람들까지 형편없는 삶을 산 것을 볼 수 있다. 반면에 나약하고 힘이 없는 것처럼 보이는 농부들은 그나마 양심껏 산 것을 볼 수 있다. 본문에서는 이 두 부류에 대해서 각각 어떻게 설명하고 있는가? (28:14-29)

5. 다윗의 성은 하나님이 거하시는 곳으로 동일시되었음에도 불구하고 하나님의 임재는 찾아볼 수 없었고, 범죄하는 사람으로 우글거렸다. 이에 대해 하나님께서는 어떤 화가 있을 것이라고 예언하셨는가? (29장)

6. 지도자들뿐만 아니라 일반 백성까지도 죄인인 사실을 알 수 있다. 본문에서는 그 당시 일반인들에 대해서 어떻게 설명하고 있는가? (30장)

이것이 우리에게는 어떤 교훈을 주는가?

7. 성경에서는 애굽을 의지하는 것과 하나님을 의지하지 않는 것을 동일하게 보는 경향이 있다. 이 당시에 임박한 심판이 다가오고 있음에도 불구하고 그들은 하나님께 나아가기보다는 눈에 보이는 애굽을 향해서 손을 뻗었다. 이에 대해 선지자는 어떤 경고를 하고 있는가? (31장)

8. 32장에서는 애굽을 의지하지 말고 오히려 공의로운 나라를 이루실 하나님을 의지해야 한다는 사실을 말씀하고 있다. 이 당시만 해도 아직 희미한 상태로 보였지만 갈수록 더 명확해지는 사실은 하나님께서 장차 이 땅에 한 공의로운 왕을 세우실 것이며, 그가 통치하는 나라는 공의로운 나라가 될 것이라는 점이다. 우리는 이미 그 나라 안에 들어와 있기 때문에 잘 알고 있지만 당시에는 미래의 일이었다. 바로 그런 나라를 기다리며 그 나라를 통

치할 의로우신 하나님을 의지하는 삶이 가장 안전하고 하나님이 기뻐하시는 삶이다. 이 나라의 특징에 대해서 이사야는 어떻게 설명했는지 몇 가지 예를 들어보자(32장).

9. 악을 행하는 사람들은 모두 화를 받는 것이 마땅하다. 특히 다른 사람을 학대하고, 폭행하며, 고문하고, 핍박하는 사람은 더욱 그러하다. 하나님의 피조물인 인간을 또 다른 피조물이 학대하는 것은 하나님께서 미워하시는 것 가운데 하나라고 볼 수 있다. 본문에서는 그와 같이 하나님의 피조물을 학대하는 사람들에게 미칠 화에 대해서 말씀하고 있다. 하나님께서는 이들에 대해서 어떤 생각을 가지고 계신가? (33:1-24)

학대를 하는 것보다는 오히려 학대를 받는 편이 더 낫다는 사실을 우리는 본문을 통해서 알 수 있다. 성경 본문은 학대 받는 사람들에게 어떤 기쁜 소식을 전해주고 있는가?

10. 34장의 내용은 아마도 북방 민족들이 쳐들어와서 이스라엘과 유다를 멸망시켰을 때 일부 이루어진 일일 것이다. 그러나 그보다 더 멀리 내다보고 있음을 짐작할 수 있다. 종말에 열국들이 서로 전쟁하고 살육하며 불의를 범할 때 여호와께서 어떻게 그 가운데서 승리하시며 한 나라를 세우실 것인지를 본문을 통해서 알 수 있다. 전쟁의 성격과 어떤 승리인지 간단히 설명해보자(34장).

② 하나님께서 준비하신 것은 화가 아니라 복이다. 그런데 인간이 하나님의 길을 벗어나서 하나님의 뜻을 거역하고 각기 제 길로 갔기 때문에 화를 자초하는 것

이다. 그것은 국가나 개인도 마찬가지다. 본문이 나타내는 것은 하나님이 궁극적으로 이루기 원하시는 나라에 관한 것이다. 이것은 우리가 일부 경험하고 있지만 주님의 재림으로 말미암아 더 온전하게 이루어질 하나님의 나라에 관한 예언이기도 하다. 당시 사람들은 멀리 보고 있었기 때문에 지금보다는 희미하게 보았다. 그러나 본문의 내용만 보아도 엄청난 복이 아닐 수가 없다. 이 복에 대해서 이사야는 어떻게 설명했는가? (35장)

이것을 지금 우리에게 어떻게 적용할 수 있을까?

삶에 적용하기

우리는 이 과를 통해서 이사야 시대에도 지금처럼 암담하고 소망이 없었던 것을 자세히 배웠다. 하지만 하나님을 믿는 사람들에게는 시대를 막론하고 하나님의 나라가 임할 것에 대한 소망이 있다. 우리는 다시 한번 겉으로 보이는 것들에 의해서 지배받지 말고 믿음으로 다가올 영광스러운 나라에 대한 소망을 가지고 살아야 한다. 따라서 우리는 진심으로 이런 기도를 할 수 있다.

"하늘에 계신 우리 아버지여 하나님의 나라가 속히 이루어지게 하옵시고 뜻이 하늘에서 이루어진 것처럼 땅에서도 이루어지이다. 아멘."

히스기야와 유다의 포로에 대한 예언

| 이사야 36-39장 |

큰 그림 보기

앗수르의 위협이 1-39장의 배경이 되었다면 40장부터는 선지자가 바벨론의 위협을 예언한다. 36-39장은 그 전환점을 이루는 부분이다. 그 중에서도 36-37장에서는 과거를 돌아보며 앗수르에 대한 얘기를, 38-39장에서는 미래를 내다보며 바벨론에 대한 위협을 언급하고 있다. 그리고 이 부분은 열왕기하 18-20장의 내용과 약간의 차이를 제외하면 거의 동일하다고 볼 수 있다.

깊이 들여다보기

1. 36-37장에는 히스기야 왕 14년에 앗수르 왕 산헤립이 예루살렘 성을 포위하고 하나님의 백성을 협박한 내용들이 나오고 있다. 이것은 매우 큰 위기였고 자신들의 힘으로는 도저히 막아낼 수 없는 상황이었을 것이다. 그러나 우리는 왕이 회개하고 모든 백성들이 하나님께 매달리는 장면을 볼 수 있다. 왕으로부터 백성에 이르기까지 하나님만 의지함에 따라 하나님께서는 이들을 보호하시고 마침내 산헤립을 물리쳐주신 것을 볼 수 있다. 이사야는 아마도 특별한 목적을 가지고 이 내용을 여기에 기록했을 것이다. 그것은 이스라엘 백성들이 아무리 큰 외부의 침입을 받을지라도 여호와를 의뢰하면 여호와께서 그들이 포로로

잡혀가게 내버려두지 않으실 것이라는 점이다. 이런 배경을 생각하며 다음 질문에 답하라(36-37장).

1. 앗수르 왕의 신하 랍사게는 예루살렘의 거민들에게 무엇이라고 위협했는가? (36:1-20)

2. 이에 대하여 하나님의 백성은 어떤 반응을 보였는가? (36:21-22)

여기서 우리는 어떤 교훈을 얻을 수 있는가?

3. 히스기야는 여기에 대해서 어떤 반응을 보였는가? (37:1-4)

우리는 극한 어려움 속에서 어떻게 행동해야 하는가?

4. 이사야는 히스기야 왕과 신하들의 행동에 대해서 어떻게 조언했는가? (37:5-7)

5. 이 엄청난 사건은 매우 쉽게 끝난 것처럼 보일 수 있다. 이 사건은 정말 그렇게 쉽게 끝난 것인가 그렇지 않으면 하나님께서 간섭하셨을 때 어려운 일도 쉽게 해결될 수 있다는 것을 의미하는가? (7:8-13)

앗수르 왕은 결국 어떤 일을 당했는가? (37:36-38)

6. 히스기야 왕은 엄청난 위험 속에서 자신과 나라를 구원해달라고 여호와께 간절히 호소했다. 그 내용들을 간단히 요약하고 이를 통해 우리가 배울 수 있는 교훈들을 서로 나누어보자(37:14-20).

7. 우리는 히스기야 왕이 여호와 앞에 나와서 간구한 본문의 내용을 통해 여호와께서 어떤 방법으로 응답하시는지 알 수 있다. 우리도 여호와 앞에 나와 구할 때 여호와께서 비슷한 방법으로 응답하실 것을 짐작할 수 있다. 그 응답의 내용을 설명해보자(37:21-29). 히스기야를 볼 때 우리가 여호와를 의지하는 것이 얼마나 중요한지를 이해할 수 있다. 많은 병거보다 여호와를 의뢰하는 것이 지혜롭다는 사실도 알 수 있다. 물론 이것이 국방을 등한시하라는 말은 아닐 것이다. 그러나 국방만 의지하고 여호와를 의지하지 않는 나라와 통치자들에게 주는 커다란 경고일 것이다. 이 말씀을 우리 각자의 삶에 적용해보자.

8. 히스기야 왕은 그밖에도 하나님으로부터 많은 위로를 받았다. 그 위로의 내용들은 무엇인가? (37:30-35)

9. 앗수르왕의 말로는 곧 하나님과 하나님의 뜻을 대적하는 사람들의 종말과 같다고 볼 수 있다. 이에 대해서 간단히 설명해보자(37:36-38).

② 비록 위기를 만났을지라도 여호와를 의뢰하는 사람에게는 그 위기가 오히려 기회가 될 수 있다. 이런 때일수록 여호와께 더 가까이 나아가며 여호와의 능력을 경험할 수 있는 계기가 될 수 있다. 히스기야의 경우가 그러했다. 앗수르가 침범했을 때 유다는 가장 커다란 위기에 봉착했지만 왕과 백성들이 여호와를 의뢰함으로써 능히 위기를 넘길 수 있었다. 따라서 안전하고 부요하지만 여호와를 의지하지 않는 것보다는 위기 속에서 여호와를 의지하는 것이 더 유익하다는 사실을 알 수 있다. 다음 질문을 통해서 이러한 점들을 조금 더 자세히 알아보자(38장).

1. 히스기야가 앗수르에게 커다란 승리를 경험한 후 어떤 일이 있었는가? (38:1-8)

2. 우리는 본문을 통해서 하나님의 커다란 은혜를 입은 후 주의해야 한다는 사실을 알 수 있다. 히스기야는 먼저 좋은 반응을 보였다. 그것은 38장 9-22절의 노래를 통해서 나타냈다. 이 노래의 내용을 설명하고 우리가 어려운 일을 경험할 때 어떤 태도를 취해야 하는지에 대해서 서로 나누어보자.

③ 문제는 그 다음에 있다. 히스기야 왕은 끝까지 겸손하여 하나님을 의뢰했어야 했는데 어리석은 행동을 했다. 곧 신생 국가인 바벨론의 사자가 왔을 때 자기 나라의 모든 비밀을 앞으로 적이 될 나라에게 노출시키는 실수를 범한 것이다. 우리도 종종 이런 실수를 하는데 이것은 교만 때문이며 영적으로 분별력이 없기 때문이다. 이 얘기는 간단하게 소개되었지만 사실상 유다가 바벨론에게 멸망당하는 빌미를 제공했다고 이사야는 설명하고 있다. 우리도 이와같이 하나님께서 싫어하시는 일을 향해 첫번째 단추를 끼는 것을 거부해야 한다. 우리는 죄를 향해서는 한 걸음도 내딛지 말고 오히려 여호와 앞으로 달려가야 한다. 이 자료만으로 모든 것을 다 이해할 수는 없지만 이 사건은 우리가 생각하는

것보다 훨씬 더 큰 일이었음을 짐작할 수 있다. 왜냐하면 이때부터 이사야가 좀더 적극적으로 바벨론이 유다를 멸망시킬 것에 대해서 예언하고 있기 때문이다(39장).

1. 히스기야는 바벨론 사자에게 어떤 행동을 했는가? (39:1-2)

2. 이사야는 이 일에 대해서 어떤 반응을 보였는가? (39:3-7)

3. 히스기야는 이사야에게 무엇이라고 답변했는가? (39:8).

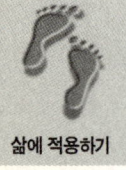
삶에 적용하기

우리는 살아가면서 비록 히스기야처럼 엄청난 위기를 만나지 않을 수도 있지만 나름대로 위기가 있을 수 있다. 우리는 그럴 때마다 히스기야 왕처럼 여호와 앞에 나와서 간절히 매달리며 여호와의 인도하심과 보호하심을 받아야 한다. 그리고 여호와 앞에 응답을 받았을 때 우리는 끝까지 여호와의 존전에서 여호와께 영광을 돌리고 교만하지 말아야 한다. 병 고침을 받았거나, 혹은 사역에서 성공을 경험했거나, 사업을 통해서 가정의 축복을 받았을 때 우리는 여호와께 끝까지 충성을 다해야 한다. 우리는 어리석게 마귀에게 약점을 보이지 말아야 한다. 결국 우리는 이렇게 고백할 수 있을 것이다.

"여호와여 시작부터 중간과 끝까지 우리를 인도하시고 보호하여 주옵소서. 우리는 부족한 인간들입니다. 우리를 홀로 내버려두지 마옵소서. 우리에게 중요한 책임을 맡기시고 홀로 하도록 방치하지 마옵소서. 우리가 최선을 다해서 여호와를 의뢰하고 여호와와 함께 동행할 수 있게 도와주시옵소서. 아멘."

Isaiah

7 하나님의 위로와 구속의 손길

| 이사야 40-48장 |

큰 그림 보기

이 과의 가장 중요한 메시지는 여호와 하나님만이 진정한 하나님이라는 것이다. 이사야는 우상들이나 다른 신들은 사람이 꾸며낸 것일 뿐 이스라엘 백성들을 구원할 능력이 전혀 없는 허수아비들이라고 선포했다. 40장 중반부터 나타나는 이 강력한 메시지는 독자의 마음을 후련하게 한다. "그런즉 너희가 하나님을 누구와 같다 하겠으며 무슨 형상에 비기겠느냐"(40:18)라고 시작하여 변호사가 법정에서 변호하듯이 여호와 하나님에 대해서 변호하는 것을 볼 수 있다. 그리고 마침내 40장 27-31절에서 절정에 이른다. "야곱아 네가 어찌하여 말하며 이스라엘아 네가 어찌하여 이르기를 내 사정은 여호와께 숨겨졌으며 원통한 것은 내 하나님에게서 수리하심을 받지 못한다 하느냐 너는 알지 못하였느냐 듣지 못하였느냐 영원하신 하나님 여호와 땅끝까지 창조하신 자는 피곤치 아니하시며 곤비치 아니하시며 명철이 한이 없으시며 피곤한 자에게는 능력을 주시며 무능한 자에게는 힘을 더하시나니 소년이라도 피곤하며 곤비하며 장정이라도 넘어지며 자빠지되 오직 여호와를 앙망하는 자는 새 힘을 얻으리니 독수리의 날개치며 올라감 같을 것이요 달음박질하여도 곤비치 아니하겠고 걸어가도 피곤치 아니하리로다"(사 40:27-31).

우상이 아닌 실제로 존재하는 여호와 하나님께서는 당신의 백성을 신실하게 돌보심을 본문을 통하여 알 수 있다. 더 나아가서 하나님께서 이스라엘 백성뿐만 아니라 우리도 동일하게 돌보심을 알 수 있다. 이처럼 은혜로 풍성한 말씀이 본문의 여러 곳에 나타나 있다. 41장 10절, 42장 3, 6절 등이 그런 예들이다. 43장 1-3절, 44장 3절은 우리가 자주 인용하는 귀한 말씀이다.

44장 22절에서는 하나님께서 우리 죄에 관해서 상상할 수 없는 선언을 하셨다. 하나님께서는 1-39장과는 전혀 다른 어조로 하나님의 백성에게 희망을 주시며, 회복에 대한 약속을 주시는 것을 볼 수 있다. 우리의 관점에서는 이 약속이 과거 역사 가운데 이미 이루어졌으므로 우리는 하나님께서 약속을 이행하시며 자기 백성을 결코 버리지 않으시는 분이라는 사실을 더욱 확실히 알 수 있다. 바로 이 하나님께서 예수 그리스도를 통해 우리에게 다가오신 것이다. 우리는 선지자가 선언한 말씀뿐만 아니라 예수 그리스도의 오심을 통해서 보다 명확하게 하나님에 대해서 알게 되었다.

깊이 들여다보기

① 이사야는 하나님의 위대하심과 하나님께서 어떻게 우리를 위로할 것인가에 대해서 말씀하셨다. 이에 대해 다음 질문들에 답하라(40장).

  1. 하나님께서 어떤 위로를 주셨는가? (40:1-11)

  2. 하나님께서는 자신이 우상들과 다른 점을 어떻게 입증하셨는가? (40:12-26)

  3. 하나님께서 피곤하고 곤비한 이스라엘 백성들을 어떻게 도우시는지 본문에서 가르쳐주고 있다. 이것이 우리에게 주는 메시지는 무엇인가? (40:27-31)

② 하나님께서는 비단 이스라엘뿐만 아니라 다른 민족 모두에게 관심을 가지고 계신 것을 본문을 통해서 알 수 있다. 이에 대해 다음 질문에 답하라(41장).

1. 다른 민족들에 대한 하나님의 태도에 대해서 말해보자(41:1-7).

바로 이와 같은 하나님의 마음이 곧 선교로 나타나는 것을 볼 수 있다. 선교는 사람이 만들어낸 계획이 아니라 하나님의 마음으로부터 나온 것이다.

2. 이스라엘 백성들에 대해서는 어떤 약속의 말씀을 주셨는가? (41:8-20)

3. 이사야는 다시 한번 여호와만이 하나님이시라는 사실을 우상의 허구성을 언급함으로 강하게 선포하고 있다. 이 내용을 요약하고 우리에게 적용해보자(41:21-29).

③ 42장부터는 또 하나의 새로운 주제가 소개되고 있다. 곧 종의 노래에 관한 내용으로 57장까지 계속 이어지고 있다. 하나님의 종이 나타나서 하나님의 마음을 기쁘게 하고, 하나님의 뜻에 순종해서 구속을 이룰 것이라는 약속을 주신다. 그 종은 때로는 공동체로, 또 다른 곳에서는 한 개인으로 묘사되었다. 아마도 집단은 이스라엘 백성을 말하며, 개인은 이스라엘 백성 가운데 메시아로 오실 구세주를 의미할 것이다. 이것은 53장에서 절정에 이르게 된다. 본문을 읽고 다음 질문에 답하라(42-43장).

1. 여호와의 종은 와서 어떤 역할을 하는가? (42:1-9).

2. 본문을 통해 여호와께서 구속의 손길을 그 백성을 위하여 베푸시는 것을 보고, 이에 대하여 우리가 어떤 반응을 보이는 것이 합당한지 서로 나누어

보자(42:10-25).

3. 여호와께서는 선택된 민족에 대한 하나님의 심령을 다시 한번 강하게 말씀하신다. 이것이 우리에게 주는 교훈은 무엇인가? (43:1-13)

4. 바벨론으로 잡혀갔던 선택된 민족이 풀려나올 것에 대해서 또 강하게 말씀하셨다. 그 내용을 요약해보자(43:14-28).

4 이제 하나님께서는 이스라엘이 포로에서 돌아올 것과, 돌아온 후에 그들이 누릴 축복에 대하여 말씀하신다. 본문을 읽고 다음 질문에 답하라(44-48장).

1. 성경 본문을 요약하고 우리에게 구체적으로 적용해보자(44:1-28).

2. 고레스라는 한 통치자를 통해서 이스라엘 백성들의 복귀에 대한 예언이 이루어질 것이라고 말씀하셨다. 우리는 이 내용이 실제로 이스라엘 역사상 성취된 것을 알 수 있다. 이처럼 하나님께서는 세상의 왕들도 사용해서 하나님의 뜻을 이루신다(단 9:25). 이스라엘이 고레스의 칙령에 따라서 풀려나올 것에 대한 예언을 요약해보자(45:1-25).

3. 비록 하나님께서 유다를 징계하기 위해서 바벨론을 사용하셨지만 그들의 범죄에 대해서는 결코 간과하지 않으셨다. 만일 간과하셨다면 공의를 저버리는 하나님이 되셨을 것이다. 하나님께서는 어떻게 공의를 이루셨는가? (46:1-47:15).

4. 여호와께서는 결국 이스라엘을 구원하실 것에 대해서 거듭 말씀하신다. 구원하신 후에 있을 일에 대해서 요약하고 그것을 우리의 삶 가운데 적용해 보자(48장).

삶에 적용하기

우리는 이 과를 통해서 무엇보다도 여호와 하나님에 대한 계시를 볼 수 있다. 계시를 통해 하나님께서 어떤 분이라는 사실을 더욱더 잘 알 수 있다. 그분은 창조주이시며, 한 국가를 인도하고 보호하는 분이시며, 또 한 개인까지도 기억하는 분이심을 알 수 있다. 물론 여기 나와 있는 것은 직접적으로 이스라엘을 향한 계시지만 우리에게도 해당되는 시대를 초월한 영구적인 메시지다. 우리는 여호와 하나님을 섬기며 모든 영광을 그분께만 돌려야 한다. 이스라엘 백성들처럼 불순종하지 말고, 오직 우리는 하나님의 말씀을 좇으며, 그의 계명을 마음에 두고 살아야 한다. 그렇게 살 때 어떤 세파와 어려움도 두려워하지 않고 여호와와 함께 한 걸음 한 걸음씩 마치 순례자처럼 천성을 향하여 갈 수 있을 것이다. 우리의 믿음의 선진들처럼 우리도 순례의 길을 여호와를 믿으며 떠나기로 결심하자.

8 고난 받는 하나님의 종과 하나님의 백성의 회복

| 이사야 49-57장 |

큰 그림 보기

이 과는 이사야 40-66장의 중간에 위치함으로써 어떤 의미에서는 이사야서의 핵심 역할을 한다고 볼 수 있다. 40-48장이 하나님의 위로와 구속의 손길, 58-66장이 회복된 하나님의 백성과 새 세계라고 구분한다면 49-57장은 이 두 가지를 가능케 하는 핵심 내용이라고 할 수 있다. 그 중에서도 가장 핵심적인 것은 여호와의 종, 곧 주의 종이 고난 받는 부분인 52장 13절-53장 12절이라고 카이저 박사는 주장한다.

이 부분은 구약 속의 로마서라고 할 정도로 구속에 관한 내용들이 명확하게 나와 있다. 이사야 53장은 신약의 어느 부분보다 더 확실하게 복음을 말씀해주고 있다. 심지어는 사복음서 못지 않게 명확한 구속 사역에 대한 묘사가 나와 있다. 메시아가 어떤 모습으로 오셔서, 어떻게 돌아가시고, 그 은혜가 믿는 자들에게 어떻게 나타날 것인가에 대해서 상세히 설명되어 있다. 지금 우리들은 이 메시아가 곧 예수 그리스도인 것을 알고 있지만 당시에는 그분이 아직 나타난 바 되지 않았기 때문에 우리처럼 구체적으로 그분의 족보와 인격과 가르침에 대해서 다 알지 못했다. 단지 선지자의 예언이라는 렌즈를 통해서만 보았던 메시아를 초대 교인들은 자신들의 눈으로 볼 수 있었다. 이 과를 공부하는 데 있어서 고난 받는 여호와의 종에 관한 내용을 배제한다면 그 핵심을 놓치는 것이다.

깊이 들여다보기

1. 이사야는 먼저 여호와의 종이 이스라엘을 재건하고 나아가서 이방인들에게 그 영향을 미칠 것이라고 우리에게 알려주고 있다. 본문을 읽고 다음 질문에

답하라(49장).

1. 이사야는 여호와의 종에 대해서 어떻게 설명하고 있는가? (49:1-6)

2. 여호와께서는 여호와의 종을 통해서 이스라엘을 어떻게 재건할 것이라고 말씀하셨는가? (49:7-26)

3. 49장 15-16절은 가장 핵심적인 구절이다. 이 의미를 서로 나누고 자신에게 적용해보자.

2 본문에서도 종의 노래가 계속 이어지고 있다(50:4-11, 51:1-3). 또한 종에 대한 이스라엘 백성들의 태도가 나와 있는데 이것은 미래에 죄인들이 어떻게 메시아를 대할 것인지 보여주는 모습이기도 하다. 이에 대하여 다음 질문에 답하라 (50-51장).

1. 이스라엘 백성은 여호와의 종에게 어떤 반응을 보였는가? (50:1-3)

2. 이에 대한 여호와의 종의 태도는 어떠했는가? (50:4-11)

3. 이 말씀을 복음서에 나오는 예수님의 고난과 비교하고 공통점을 서로 이야기해보자.

4. 여호와께서는 계속해서 우리가 감사하는 마음으로 여호와의 말씀에 귀를 기울이도록 도전하고 있다. 그 내용을 간단히 요약해보자(51:1-8).

5. 이사야는 여호와께 심령을 쏟아놓고 있다. 여호와께서는 그의 갈급한 심령을 위로하신다. 이 내용을 간단히 요약해보자. 특히 12절을 중심으로 우리를 향한 여호와의 생각을 설명해보자(51:9-16).

6. 이 예언을 듣는 예루살렘 백성들은 마음이 딱딱하여 회개하지 않고 불순종했다. 이는 아마도 모든 사람들에 대한 태도들을 대변하는 것이라고 볼 수 있다. 여호와의 간절한 호소와 이에 대하여 어떤 반응을 보여야 하는지 간단히 설명해보자(51:17-23).

③ 여호와의 종은 백성들의 굳은 마음에도 불구하고 계속해서 그들을 포로된 상태에서 석방하고 모든 죄로부터 자유케 하고자 하는 의도가 있음을 볼 수 있다. 바로 이러한 마음으로 친히 그 어깨에 백성들의 죄의 짐을 지는 모습을 본문에서 찾아볼 수 있다. 본문을 읽고 다음 질문에 답하라(52-53장).

1. 본문에서 죄인을 향한 여호와의 마음을 묘사해보자(52:1-12).

2. 본문은 여호와의 종이 고난 받는 모습을 분명하게 보여준다. 이를 요약하고 십자가에서 돌아가신 예수 그리스도의 고난과 비교하여 설명해보자. 그리고 이것이 우리에게는 어떤 의미를 주는지 서로 나누어보자(52:13-53:12).

④ 이사야는 고난 받는 종이 성취한 구속 사역을 토대로 기쁜 소식을 이스라엘 백성들과 후대의 모든 사람을 향해서 전하고 있다. 이것은 고난 받는 종이 성취한 구속에 대한 기쁜 소식이다. 이에 대해 다음 질문에 답하라(54-57장).

 1. 본문은 고난 받은 종의 구속 사역을 통하여 이루어질 일에 대한 것이다. 이를 요약해보자(54:1-10).

 2. 아직도 신약에서 보는 것처럼 복음이 어떤 효과를 가져올 것인가는 확실하지 않다. 그럼에도 불구하고 고난 받는 종은 자신이 고난 받은 것 때문에 누릴 하나님의 백성들의 축복에 대해 본문은 설명하고 있다. 이를 요약하고 우리 자신에게 적용해보자(54:11-17).

 3. 고난 받는 종의 수고 덕분에 임할 엄청난 복을 모든 사람이 와서 받기를 바라는 초대가 나오고 있다. 이 초대의 말을 요약하고 자신에게 적용해보자(55:1-13).

 4. 이 복은 이스라엘 백성뿐만 아니라 이방인들도 함께 누릴 수 있다고 예언하고 있다. 비록 이 사실을 확실히 깨닫기까지 수백 년이 걸렸지만 여호와의 마음은 처음부터 이방인과 이스라엘 백성이 함께 동일한 축복을 받는 데 있었다. 이 내용에 대해서 간단히 요약해보자(56:1-8).

 5. 이스라엘 백성들은 복을 외면하고 오히려 다른 신들을 섬겼다. 이에 대한 하나님의 마음과 생각을 본문을 통해 알아보자(56:9-57:13).

 6. 하나님께서는 결코 포기하지 않으신다. 아무리 하나님의 백성들이 잘못 행

하여 하나님의 뜻에서 벗어났을지라도 계속 기다리며 돌아올 것을 권고하신다. 본문에 나타난 하나님의 뜻을 간단히 요약해보자(57:14-21).

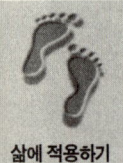
삶에 적용하기

하나님께서는 처음부터 인간들이 범죄할 것을 아셨고 메시아를 보내실 뜻을 가지고 계셨다. 이사야를 통해서 이 사실을 명확히 이스라엘 백성들에게 전했다. 이스라엘 백성들은 귀가 어둡고 눈이 멀어서 이러한 사실을 보지도 못하고 듣지도 않았다. 그러나 이방인인 우리는 하나님의 은혜로 말미암아 이 사실을 알고 여호와께서 원래 의도하신 복을 누리며 살게 되었다. 하지만 이방인들 가운데서도 다 믿은 것이 아니다. 다만 눈과 귀를 여는 소수만 믿게 된 것이다.

우리의 원하는 바는 여호와의 종이 받은 고난의 은혜가 이 세상 모든 민족들에게 미치는 것이다. 우리는 여호와의 복이 이스라엘을 포함한 모든 족속들에게 나타나서 모든 족속들이 회개하고 여호와를 믿을 그 날을 기대한다. 더 나아가서 우리는 고난 받는 여호와의 종에 대해서 묵상하고, 감사하며, 찬양 드리고, 경배드려야 한다.

Isaiah

9 회복된 하나님의 백성과 새 세계

| 이사야 58-66장 |

큰 그림 보기

이사야서는 마침내 이 과에서 절정에 이르게 된다. 이사야는 구약 백성으로서는 상상할 수 없는 신세계의 '새 하늘과 새 땅'에 대해서 언급했다. 이것은 신약에 나타난 말씀 못지 않게 구체적인 표현이다. 그는 먼저 새 세계에서 하나님의 백성이 어떻게 살 것인지 강렬하게 표현했고(58-59장), 이 세상에서 하나님의 백성은 빛을 발해야 한다고 언급했다(60장). 이는 예수님께서 이 땅에서 어떻게 나타날 것인가에 대한 예언인 동시에 예수님과 함께하는 백성들의 역할도 의미한다. 특히 누가는 61장 1-2절을 그가 기록한 누가복음에서 예수 그리스도의 사역을 알리는 장면에 인용했다. "주 여호와의 신이 내게 임하셨으니 이는 여호와께서 내게 기름을 부으사 가난한 자에게 아름다운 소식을 전하게 하려 하심이라 나를 보내사 마음이 상한 자를 고치며 포로된 자에게 자유를 갇힌 자에게 놓임을 전파하며 여호와의 은혜의 해와 우리 하나님의 신원의 날을 전파하여 모든 슬픈 자를 위로하되." 이 부분은 성령이 충만한 메시아의 역할을 예언한 것이라고 할 수 있다(사 61:1-63:6). 더 나아가서 메시아의 백성들이 어떻게 새 하늘과 새 땅에서 새로운 마음으로 예배를 드리는지를 설명함으로써 절정에 이르게 된다. 결론은 66장에서 나오는데 하나님의 백성들은 그때에는 예배하는 일만 할 것이며, 예배는 자연스럽게 하나님의 백성들 가운데 드러지게 될 것이다. 그곳은 악인이 전혀 들어올 수 없으며 오직 거룩함만 있을 것이다. 또한 악인은 심판에 부쳐질 것이며(66:15 이하) 다음과 같은 형벌을 받게 될 것이다. "그들이 나가서 내게 패역한 자들의 시체들을 볼 것이라 그 벌레가 죽지 아니하며 그 불이 꺼지지 아니하여 모든 혈육에게 가증함이 되리라"(66:24).

이로써 이사야서의 대단원의 막을 내린다. 우리는 이사야의 예언들이 모두 성취될 때를 간절히 기다리며 살아야 한다. 그때 비로소 세상에 대한 욕심이 사라지고, 참 진리의 세계를 향한 열망이 가득 차게 되고, 세상에서 올바른 가치관을 가지고 살 수 있게 될 것이다.

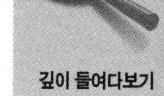

1️⃣ 이사야는 여호와의 새로운 날이 다가올 것에 대해서 말씀하셨는데 먼저 이 세상에서 하나님의 백성들이 경험할 내용들에 대해서 예언했다. 이것은 구원받은 참된 하나님의 백성들의 삶에 대한 놀라운 청사진이라고 볼 수 있다. 이에 대하여 다음 질문에 답하라(58장).

  1. 하나님 나라가 임한 후에 참된 금식은 어떻게 나타날 것인가? (58:1-7)

  2. 이사야는 그 결과에 대해서 어떻게 설명했는가? (58:8-14)

    이 말씀을 자신에게 적용해보자.

2️⃣ 이사야는 다시 한번 우리의 죄가 문제임을 지적했다. 59장 1절은 그런 면에서 매우 중요한 사실을 우리에게 말씀해주고 있다. "여호와의 손이 짧아 구원치 못하심도 아니요 귀가 둔하여 듣지 못하심도 아니라 오직 너희 죄악이 너희와 너희 하나님 사이를 내었고 너희 죄가 그 얼굴을 가리워서 너희를 듣지 않으시게 함이니"(사 59:1-2). 이 구절은 구원에 대해서 매우 중요한 단서를 제공한다. 우리는 죄를 용서받지 않고서는 구원 받을 수 없다. 다행히 이사야의 예언한 대로 메시아가 우리를 대신하여 고난을 받았기 때문에 구원이 가능하게 되었다. 본문은 구원을 경험한 후의 삶에 대해서 말씀하고 있는데, 이에 대해 다음 질문에 답하라(59-62장).

  1. 죄가 우리와 하나님 사이에 어떤 영향을 미치는가? (59:1-15)

2. 여호와께서는 우리의 죄를 사해주시기 위해서 어떤 일을 하셨는가?
(59:16-21)

3. 이사야는 여호와의 새로운 날이 왔을 때 일어날 현상에 대해 어떻게 묘사했는가? (60:1-22)

4. 본문은 예수님께서 이 땅에 오셔서 공생애를 시작할 때 자신에게 적용시키신 말씀이다(눅 4:18-19). 실제로 주님이 오셨을 때 이 예언들이 성취되었지만 모두 성취되지는 않았다. 이사야는 먼 미래의 일까지 예언한 것이다. 궁극적으로 모든 예언은 반드시 성취될 것이다. 본문을 간단히 요약하고 자신에게 적용해보자(61:1-11).

5. 예루살렘에 대한 예언은 매우 희망적이다. 지금은 예루살렘이 온통 세속주의와 범죄로 가득 차 있고 항상 전쟁의 위기가 감돌고 있다. 주님께서는 예루살렘과 전세계를 변화시키실 것이다. 우리는 선지자의 글을 통해서 그 날의 기쁨을 미리 맛볼 수 있다. 어떤 시대가 올 것인지 간단히 요약해보자 (62:1-12).

3 요한계시록의 마지막 부분에 언급된 것 같이 모든 예언은 새 하늘과 새 땅으로 이어진다. 이사야는 다시 한번 성결에 대하여 언급하고 있다. 그는 죄가 없어지고 공의로운 심판이 이루어진 후 비로소 새 하늘과 새 땅이 이루어질 것이라고 지적했다. 우리는 소망을 가지고 그 때를 기다려야 한다. 하나님의 백성이 누릴 놀라운 세계를 늘 흠모하며 살아야 한다. 그렇지 않으면 우리도 세상 사

람들처럼 절망 속에 살면서 세상의 가치관에 따라 살아가게 될 것이다. 우리는 그와 같은 실수를 범해서는 안 된다. 따라서 본문을 보며 새롭게 힘을 얻는 것이 필요하다(63-64장).

1. 본문을 통하여 우리는 여호와께서 내리실 공의로운 심판에 대해서 생각해 볼 수 있다. 어떤 심판들을 내릴 것인지 심판의 성격에 대해서 간단히 요약해보자(63:1-6).

2. 여호와께서 통치하시는 세상은 은혜로울 수밖에 없다. 그리고 공의가 그 기초가 될 것이다. 이에 대해서 간단히 요약해보자(63:7-14).

3. 우리는 이사야처럼 안타까운 마음으로 세상을 변화시켜주시도록 하나님께 호소할 수 있다. 이사야의 호소를 간단히 요약하고 우리의 삶에 적용해보자(63:15-64:12).

④ 마침내 이사야는 예언의 마지막을 기록했다. 옛 것은 지나고 새 것이 오는 장엄한 새 시대에 대한 예고다. 이 부분은 우리가 예배를 드리며 읽지 않으면 안 될 부분이다. 본문을 읽고 다음 질문에 답하라(65-66장).

1. 이사야는 새 세상을 어떻게 묘사하고 있는가? (65:1-25)

2. "새 하늘과 새 땅을 창조하나니"(17절), 이 부분은 요한계시록의 말씀과 일맥 상통한다. 우리는 우리가 거할 아름다운 세상에 대해서 하나님 앞에서

묵상하고, 이곳에 들어가기 위해 마음의 준비가 필요하다. 이 말씀을 다시 한번 묵상하고, 새로운 세계에 대한 자신의 기대들을 간단히 나누어보자.

3. 하나님께서는 거짓된 예배를 혐오하신다. 잘못된 예배에 대해서 간단히 설명해보자(66:1-4).

4. 반면에 여호와의 위로는 늘 쉬지 않고 우리에게 내리고 있다. 이같이 새로운 세대를 만드는 과정에서도 여호와께서는 우리를 위로하신다. 위로의 말씀을 간단히 요약해보자(66:5-14).

5. 마지막 결론을 내리기 전에 다시 한번 성결에 대하여 말씀하신다. 66장 15-17절까지 경고한 후에 새로운 세대에 대해서 결론을 내린다. 이 부분을 간단하게 설명해보자. 특히 어떤 종류의 사람들이 이 시대를 맞이할 것인가에 대해서 역점을 두고 이야기해보자(66:15-24).

삶에 적용하기

이사야서는 분량도 많지만 규모 또한 매우 장엄해서 이사야서를 읽노라면 마치 거대한 대양을 항해하는 것 같은 느낌을 받는다. 조그만 강에서 갑자기 망망대해로 나갔을 때 느끼는 감정이 바로 이런 것이다. 이사야서는 우리로 하여금 죄와 심판, 아픔과 고통이 있는 세상에서 하나님의 공의가 이루어지며 사랑과 희락이 있고 하나님께 한없이 영광을 돌리는 세상으로 다가서게 만든다. 우리는 종종 세파에 휩쓸려 이런 사실들을 잊고 살 때가 많다. 그럴 때 우리는 위를 보지 않고 아래를 바라보며 세상 사람들과 함께 발버둥칠 때가 허다하다. 이사야는 이러한 우리들에게 이제는 위를 바라보며 그 날을 향해서 희망을 가지고 힘차게 나갈 것을 당부한다.

"오 주여, 이 날이 속히 오게 하소서. 우리는 이 날을 더욱더 고대합니다. 이 세상에 대한 애착이 점점 식어지고 당신께서 오실 날에 대한 기대감이 더욱 커집니다. 우리가 지금 새 땅과 새 하늘을 멀리서 바라보며 사는 것만으로도 이렇게 벅찬데 정작 그 날이 왔을 때 저희가 경험할 영광을 생각하면 어떤 말로도 다 표현할 수 없습니다. 저희를 인도하셔서 속히 그 영광으로 들어가게 하옵소서. 아멘."

예레미야
JEREMIAH

예레미야

■ 저자

저자는 1장 1, 2절에 나와 있는 대로 예레미야다. 그는 아나돗 출신으로 힐기야의 아들이었다. 그는 요시야 통치 13년(B.C. 626-627년 경)에 소명을 받았다(렘 1:2). 그의 사역 초반부는 예루살렘에서 이루어졌다(B.C. 627-586). 그 후의 사역은 정확한 연대는 알 수 없으나 애굽에서 이루어졌다(렘 42-44장). 그는 애굽에 내려가지 말 것을 경고했지만 백성들이 그를 강제로 애굽으로 데려갔다. 그는 그곳에서도 충성스럽게 하나님의 사역을 감당했다. 그의 사역은 두 가지로 구분된다. 하나는 멸망에 관한 경고였다(1:10 상). 또 하나는 건설적인 면이었다(1:10 하). 그의 두 가지 임무는 두 가지 비전으로 표현되었다. 건설적인 면은 1장 11절부터 나와 있는 '살구나무'('깨어있다', 하나님의 말씀이 계속 살아서 역사한다는 뜻을 상징적으로 나타냄)에 관한 비전으로 나타났고, 멸망에 관한 면은 1장 13절에 나와 있는 '끓는 가마'(하나님의 분노가 임박한 전쟁으로 나타날 것을 의미함)에 관한 비전으로 표현되었다.

■ 역사적 배경

예레미야가 예언할 당시의 외적 상황은 그동안 강성했던 앗수르 제국이 붕괴 위기에 처했던 때다. B.C. 612년에 앗수르가 멸망하고 연이어 바벨론 세력이 급부상하여 강력한 세력으로 유다를 압박하게 되었다. 마침내 바벨론은 B.C. 605년, 598년, 587년 세 번에 걸쳐 유다를 침공한다. 애굽 역시 앗수르의 멸망을 계기로 자신의 세력을 확장시키고 바벨론의 서방 진출을 막으려는 전략을 폈다. 요시야 왕은 애굽의 손아귀에 들어가지 않기 위해서 애굽과 전쟁을 벌였으나 결국 패배하고 전사하게 된다(대하 35:20-24). 이런 와중에서 바벨론은 B.C. 605년 갈그미스에서 애굽을 물리치고 가장 강력한 나라로 부상하게 된다. 이런 외적 환경 속에 예레미야는 사역을 시작했다. 사역 초기의 내부적인 상태는 요시야가 8세로 유다 왕위에 올라 31년 동안 통치했다. 그전에는 므낫세의 5년 동안의 통치 등으로 우상 숭배는 극에 달한 상태였다(BKC 예레미야애가, 디어 찰스 D.A. 지음, 두란노, p. 10-12 참조). 예레미야 1-6장, 11-12장은 요시야의 개혁 시기와 대략 일치한다. 그리고 7-10장, 14-20장, 21-26장은 느부갓네살 왕의 힘이 왕성할 때 주로 한 예언들이다. 나머지 예언들은 1차 바벨론 포로 때, 2차 바벨론 포로 때, 바벨론에 대한 유다에 잔류해 있던 사람들의 반란 음모 때 그리고 바벨론에 마지막 포위되었을 때 기록된 것으로 보인다(BCK 예레미야, 두란노 p. 8-10 참조). 찰스 화인버거는 예레미야가 사역하던 연대를 다음과 같이 규정하고 있다.

역사적 배경의 중요한 연대들			
- B.C. 639-609	요시야의 통치	- B.C. 597-586	시드기야의 통치
- B.C. 609-3개월 동안	아하스의 통치	- B.C. 586	예루살렘의 함락
- B.C. 609-597	여호야김의 통치	- B.C. 586(?)	그달리야의 살해
- B.C. 597-3개월 동안	여호야긴의 통치		

당시의 중요한 사건들	
- B.C. 622년	예레미야의 소명
- B.C. 612년	니느웨의 함락
- B.C. 609년	요시야의 사망(므깃도 전쟁에서)
- B.C. 605년	갈그미스 전쟁에서 앗시리아 제국이 참패
- B.C. 605년	느부갓네살 왕이 예루살렘 성을 첫번째 포위함
- B.C. 597년	두번째 예루살렘 성을 포위함
- B.C. 588-586년	최종적인 예루살렘의 포위와 바벨론의 포로

(엑스포지터스 주석 제 6권 예레미야, 찰스 화인버거, p. 363)

■ **신학적 메시지**

예레미야서에 가장 두드러진 메시지는 하나님의 성품과 그의 약속에 대한 확신이다. 따라서 예레미야의 사역은 두 가지로 방향이 나타나고 있다. 첫째는 하나님의 선하심과 사람에 대해서 어떤 것을 요구하시는가를 알리는 일이었다. 둘째는 우리가 하나님 앞에 나아가려면 회개하고 믿음을 가져야 한다는 사실에 대하여 백성들을 깨우치는 일이었다. 예레미야는 두 가지 방향에서 잘못된 것들에 대해서 계속 심판의 예언과 권고의 예언을 했다. 그는 간곡한 마음으로 눈물을 흘리면서 백성들을 하나님 앞으로 돌아오도록 권유했다.

예레미야가 포로로 잡혀간 당시 유다 사람들에게 주었던 가장 귀중한 예언은 그들이 70년 후에 다시 예루살렘으로 복귀하게 될 것이란 약속에 관한 것이었다. 이는 하나님의 신실하심을 그의 백성에게 알려준 것이고 오늘날 우리에게도 매우 중요한 계시가 된다. 이처럼 신실하신 하나님께서 새 언약을 예레미야를 통해서 말씀하셨고 이는 예수 그리스도를 통해서 성취된다. 새 언약의 근거로 우리가 죄사함을 받고 하나님의 백성이 될 수 있는 통로가 마련되었다. 이런 관점에서 예레미야서는 하나님의 심정을 우리에게 가장 잘 보여주는 예언서 가운데 하나다. 그리고 우리는 예레미야서를 통해서 많은 우상을 섬기고 살던 유다의 백성들과 똑같이 현대적인 우상들, 즉 돈과 명예와 성 등의 우상 숭배에서 돌이켜야 한다는 강력한 메시지를 받을 수 있다.

■ **예레미야서와 주변 국가들과의 관계**

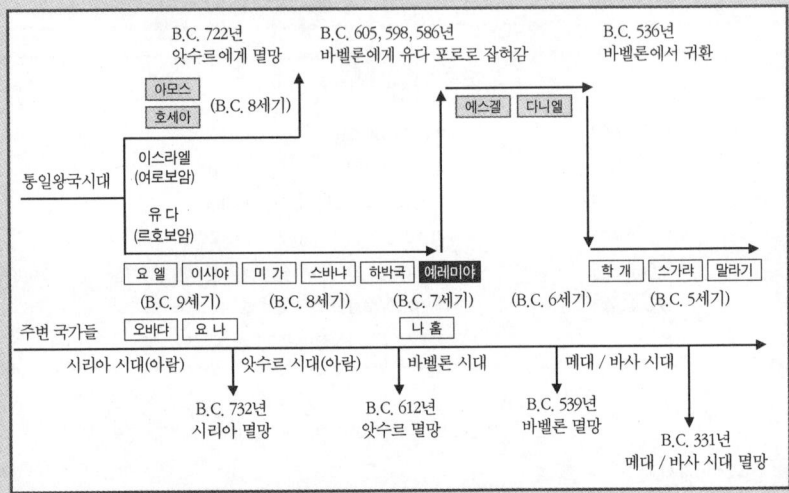

■ **예레미야서의 구성**

큰 그림	
- 요시야 통치 시의 예언(1-20장) - 여호야김과 시드기야 통치 시의 예언(21-39장) - 예루살렘 성이 함락된 후의 예레미야의 사역(40-45장)	- 열방에 관한 예언(46-51장) - 역사적인 보충 자료(52장)

(참조: 엑스포지터스 주석, 예레미야 p. 375-381)

■ 예레미야서의 개요

1. 예레미야의 소명과 유다에 대한 경고(1-6장)
2. 성전에서 한 예언(7-10장)
3. 회개를 촉구하는 예언(11-20장)
4. 예레미야의 시련과 갈등(21-29장)
5. 위로에 관한 예언(30-33장)
6. 예루살렘 함락에 관한 메시지(34-39장)
7. 예루살렘의 함락 후에 예레미야의 사역(40-45장)
8. 열방에 관한 예언(46-52장)

JEREMIAH

1 예레미야의 소명과 유다에 대한 경고

| 예레미야 1-6장 |

큰 그림 보기

이 과는 크게 두 가지 내용을 담고 있다. 하나는 예레미야의 소명에 관한 것이고, 다른 하나는 유다에게 경고를 하라는 것이다. 특히 1장 11-15절은 예레미야가 해야 할 일을 잘 요약해주고 있다. '살구나무'로 상징되는 예레미야의 사역은 유다 민족에게 희망을 준다. 그러나 전체적으로 그의 사역을 볼 때에 긍정적인 면보다 부정적인 측면이 더 많다. 그의 사역 내용을 보면 북방 나라들의 임박한 침입에 대한 예언들이 더 강조되고 있다. 사람들은 대개 부정적인 말보다 긍정적인 말을 듣기 좋아하기 때문에 그의 사역은 쉽지 않았을 것이다. 예레미야는 사람들에게 듣기 좋은 말보다는 말하기 힘든 것들을 예언하는 선지자로 부르심을 받았다. 그의 사역은 사람들을 깨우치고 위험을 보게 함으로써 자기들의 죄를 회개하고 하나님께 돌아오게 하는 것이었다. 이런 사역은 효과가 금방 나타나지 않는다. 따라서 예레미야는 너무 안타까워 많은 눈물을 흘리는 것을 볼 수 있다.

우리는 말씀들을 통해서 우리에게도 하나님께서 말씀하시고 소명을 주시면 예레미야처럼 그것이 좋은 일이거나 힘든 일이거나 순종해야 한다는 사실을 깨달아야 한다. 대개 어려운 일을 감당할 때 비록 즐겁게 느끼지는 못할지라도 영성은 그만큼 깊어지고 또 궁극적으로 하나님의 나라가 더욱더 확장될 것이다.

깊이 들여다보기

① 본문은 예레미야에 대한 자세한 언급은 없다. 비록 우리가 예레미야의 배경은 잘 알 수 없지만 하나님이 그를 부르셨다는 것과 예레미야에게 주신 소명에 관

한 말씀들을 분명히 볼 수 있다. 이에 대하여 다음 질문에 답하라(1장).

1. 예레미야의 인적 사항은 어떠한가? (1:1-5)

2. 예레미야는 소명을 받았을 때 어떤 느낌을 받았는가? (1:6)

3. 하나님께서는 예레미야에게 어떤 약속들과 위로를 주셨는가? (1:7-10)

   그리고 이것은 우리에게 어떤 의미를 주는가?

4. 하나님께서 예레미야에게 부여한 사역의 내용은 무엇인가? (1:11-17)

5. 이스라엘 백성들이 예레미야의 사역에 어떤 반응을 보일 것이라고 하나님께서 암시하셨는가? 예레미야를 격려하는 내용은 무엇이었는가? 이것은 우리에게 어떤 교훈을 주는가? (1:18-19)

   * 우리는 사역의 성공 기준을 주로 외적인 성취에 둘 수 있다. 그러나 이 말씀들을 볼 때 외적인 성취보다는 하나님의 소명에 순종하는 것이 성공적인 사역이라고 말할 수 있다.

② 2장의 말씀은 하나의 긴 설교문이라고 할 수 있다. 하나님께서 이스라엘 백성을 꾸짖으시는 다음의 말씀이 하나님의 심정을 잘 나타내주고 있다. "내 백성이 두 가지 악을 행하였나니 곧 생수의 근원되는 나를 버린 것과 스스로 웅덩이를 판 것인데 그것은 물을 저축치 못할 터진 웅덩이니라"(13절). 본문에서 우리는 이스라엘 백성들이 하나님을 버린 것에 대한 하나님의 책망과 이스라엘 백성들이 하나님 대신 자신들의 운명을 스스로 책임지려고 노력하는 것을 볼 수 있다. 북방에는 앗수르와 바벨론, 남방에는 애굽 등이 침범하는 상황에서 이들의 노력이 허망된 것임에도 불구하고 이들은 스스로 해보겠다는 교만이 가득했다. 본문을 읽고 다음 질문에 답하라(2장).

1. 하나님께서 처음 이스라엘 백성을 선택하셨을 때 여호와와 이스라엘이 어떤 관계를 갖고 있었는지 요약해보자(2:1-3).

2. 이스라엘 백성은 하나님께 어떤 반응을 보였는가? (2:4-13)

3. 하나님께서 이스라엘 백성이 포로로 잡혀간 중요한 이유에 대해 어떻게 말씀하셨는가? (2:14-37)

   * 하나님께서 가장 싫어하시는 것은 우상 숭배다(2:19, 37)
   우리가 하나님을 진심으로 섬기지 않을 때 우리는 결국 죄를 범하게 되고 이것은 우상 숭배의 온상이 될 수밖에 없다.

③ 하나님께서는 1장에서 예레미야에게 소명을 주셨고, 2장에서는 마치 검사처럼 범죄의 내용을 나열하셨다. 그러나 여기서 우리는 하나님께서 일반 검사와

는 다른 분임을 볼 수 있다. 하나님께서는 범죄한 이스라엘 백성에게 형벌을 주려는 것이 아니라 어떻게 해서든지 돌아오기를 바라시는 심령을 갖고 계셨다. 하나님께서는 사랑의 하나님이시기 때문에 애타는 심령으로 이스라엘 백성들이 돌아올 것을 호소하신다. 특히 4장 1, 2절은 하나님의 마음을 우리에게 잘 나타내주고 있다. 본문을 읽고 다음 질문에 답하라(3-6장).

1. 하나님께서 이스라엘 백성에게 돌아오라고 호소한 내용을 간단히 요약해 보자(3:1-4:4).

＊돌아오라는 말은 곧 회개하고 하나님 앞으로 나오라는 뜻이다(3:7, 10, 12). 하나님께서 우리에게 원하시는 것은 우리가 어떤 죄를 지었을지라도 포기하지 말고 또 우상에게 가서 해결하려 하지 말고 살아 계신 하나님 앞으로 나오는 것이다. 이것은 구약 시대나 오늘날이나 동일하게 유효하다.

2. 하나님께서는 이스라엘 백성들이 돌아와야 할 이유를 무엇이라고 말씀하셨는가? (4:5-31)

3. 하나님께서는 이스라엘 백성들이 회개하지 않고 스스로 위로를 받으며 안심하는 것에 대해서 경고하신다. 하나님께서는 누구든지 범죄한 후 회개하지 않고 하나님 외에 다른 것을 통해서 위로를 받거나 도움을 받는 생각과 마음을 혐오하신다. 이런 내용들을 본문에서 몇 가지 예를 들어서 설명해 보자(5:1-31).

4. 이스라엘 백성들은 결국 하나님의 말씀을 듣지 않고 멸망을 자초한다. 이것에 대해 예레미야는 어떻게 언급하고 있는가? (6:1-30)

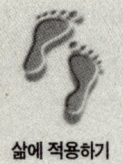
삶에 적용하기

이 과에서 두드러진 특징은 하나님의 인격과 이스라엘 백성의 범죄 사실들이다. 자칫 하나님께서 심판하기를 좋아하는 분처럼 보일 수도 있다. 그러나 하나님께서는 공의로우시기 때문에 이스라엘 백성들의 완고함과 회개치 않는 죄를 그대로 둘 수 없으셨다. 우리는 이스라엘 백성들의 어리석은 면을 보며 비웃을 것이 아니라 우리에게도 동일한 죄성이 있음을 명심해야 한다.

우리는 하나님의 경고를 받았을 때 마음을 온유하게 품고 순종을 다짐해야 한다. 오히려 하나님의 부르심에 응답하며 하나님 앞에 나가서 속히 회개하고 하나님의 사랑을 다시 회복해야 한다. 하나님께서는 무엇보다도 그것을 원하신다. 우리는 예레미야의 호소에 마음을 열고 모든 범죄로부터 떠나 하나님께서 주시는 용서와 긍휼과 사랑을 가슴 가득 받아들여야 할 것이다. 그리고 하나님의 백성으로서 하나님께 영광을 돌리며 온 땅에 그 영광을 선포하는 삶을 살아야 할 것이다.

"하나님 아버지 우리가 이스라엘 백성들처럼 완악한 마음을 갖지 않고 오히려 회개하는 마음으로 여호와 앞에 나올 수 있게 도와주시옵소서. 아멘."

2 성전에서 한 예언

| 예레미야 7-10장 |

큰 그림 보기

본문은 성전에서 예레미야가 전한 메시지로 알려져 있다. 아마도 여러 번에 걸쳐서 전한 것을 모은 것으로 생각된다. 중요한 메시지는 성전 문만 들락날락해서는 안 된다는 것이다. 이스라엘 백성들은 아마도 성전에 들어가서 예배 형식을 취하면 하나님께서 받아주신다고 착각했던 것 같다. 그러나 여호와께서는 형식적인 예배를 경계하셨다. 오히려 행동이 변하여 공의를 행하며, 불쌍한 사람을 돕는 마음이 있어야 한다는 사실을 잘 가르쳐주고 있다. 이 메시지는 현대 교회에 주시는 말씀이기도 하다.

너무나 많은 사람들이 예레미야 시대의 사람들처럼 교회 문만 들락날락하며 하나님과 제대로 관계도 맺지 않고 더 나아가서 삶의 진정한 변화없이 지낸다. 우리는 이 과를 통해서 여호와께서는 이런 가식적인 종교 행위를 혐오하신다는 사실을 알아야 한다. 그리고 삶이 변하는 가운데 여호와를 진심으로 찾는 예배의 참의미를 깨달아야 할 것이다.

깊이 들여다보기

1️⃣ 종교 행위 자체로 하나님을 기쁘게 해드리는 것이 아니다. 예레미야 시대의 사람들은 형식적으로 하나님께 예배함으로 하나님을 만족시키려고 했던 것 같다. 이에 대해 다음 질문에 답하라(7장).

1. 유다 백성의 위선적인 예배에 대해서 하나님께서는 무엇이라고 말씀하셨는가? (7:1-7)

2. 이들은 어떤 과오를 범했는가? (7:5-11)

3. 하나님의 선민이라 불리는 유다 백성들이 과거에도 많은 죄를 범했는데 예레미야는 몇 가지 예를 들고 있다. 이것을 통해 우리는 어떤 교훈을 얻을 수 있는가? (7:12-20)

4. 예레미야는 하나님께서 진정으로 원하시는 것이 무엇이라고 설명하는가? (7:21-26)

   여기서 우리는 어떤 교훈을 얻을 수 있는가?

5. 여호와의 말씀을 듣고 즉각적으로 회개하며 그 행실과 마음을 고치는 자는 참으로 복이 있다. 그러나 이스라엘 백성들은 그렇게 하지 않았다. 하나님께서는 불순종하는 백성을 어떻게 심판할 것이라고 말씀하셨는가? (7:27-34) 우리는 이들과 비교했을 때 어떤 점이 더 나은가? 우리는 여기서 어떤 교훈을 얻을 수 있는가?

2 하나님께서 말씀하실 때 즉시 순종하고 돌아오지 않는 것은 참으로 어리석다. 유다 백성들은 선지자들의 안타까운 부르짖음에도 불구하고 하나님 앞에 돌

아오지 않았다. 회개하지 않고 오히려 불순종한 결과 한없는 고통을 당했다. 이 과에서는 하나님께 불순종한 결과에 대해서 살펴볼 수 있다. 우리는 선지자의 조언에 귀기울이고 하나님 앞에 즉시 순종하는 마음을 가져야 할 것이다. 본문을 읽고 다음 질문에 답하라(8장).

1. 유다 백성들이 순종하지 않을 때 어떤 일들이 일어날 것이라고 말씀하는지 예를 들어 설명해보자(8:1-17).

2. 예레미야는 불순종하는 하나님의 백성이 받을 고통에 대해서 말할 수 없이 슬퍼했다. 이는 곧 하나님의 마음이기도 하다. 하나님께서는 우리가 범죄했을 때 그리고 회개하지 않을 때 심판을 내리고 슬퍼하며 우리가 돌이키기를 기다리신다. 예레미야의 태도에서 우리는 무엇을 배울 수 있는가? 이를 우리의 삶에 어떻게 적용시킬 수 있는가?(8:18-22)

③ 예레미야는 눈물의 선지자로 알려져 있다. 9장 1절은 예레미야가 슬퍼하는 모습을 보여주는 대표적인 구절 가운데 하나라고 볼 수 있다. 유다 민족은 선지자의 눈물의 호소에도 불구하고 불순종하며 하나님을 거역했다. 이에 대해 다음 질문에 답하라(9장).

1. 예레미야는 이들의 죄를 얘기하고 있는데 다시 한번 그 범죄의 내용을 살펴보고 그들이 한 행위 중 몇 가지 예를 들어보자. 예레미야의 심정과 비교해보고 우리가 얻을 수 있는 교훈을 말해보자(9:1-9).

2. 범죄는 반드시 심판이 따르게 되고 심판의 결과는 말할 수 없는 고통과 슬픔이다. 이런 사실을 선지자로부터 듣고서도 계속 거부하고 불순종하는 하

나님의 백성들에게 하나님께서는 심판을 내릴 수밖에 없었다. 그들은 어떤 심판을 받았으며 그들의 반응은 어떠했는가? (9:10-26)

3. 하나님께서 주시는 교훈은 결국 우리가 하나님의 긍휼을 구하고 그 앞에 나오는 것이다. 그러기 위해서 우리는 어떤 자세를 가져야 하는가? (9:23-24)

④ 우상과 참 하나님을 혼돈하는 백성은 어리석은 백성이다. 유다 민족과 이스라엘 민족은 그와 같은 오류를 범했다. 그 결과 심판의 길로 들어서게 되었다. 우리가 이들보다 더 현명하다고 말할 수 없다. 오직 여호와를 의뢰하고 여호와의 명철을 좇을 때 오류를 범하지 않을 수 있다. 본문을 읽고 다음 질문에 답하라(10장).

1. 예레미야는 우상과 하나님의 영광을 비교하여 설명했다. 본문을 통해 우리는 어떤 반응을 보여야 하는가? (10:1-16)

2. 여호와께서는 불순종하는 자들을 심판하셨다. 그 심판은 그들이 포로로 잡혀가는 것이었다. 이에 대해 예레미야는 통탄하며 기도를 올렸다. 이런 기도야말로 범죄하는 자들을 향해서 해야 할 기도이다. 우리에게도 예레미야와 같은 심령을 부어 달라고 하나님께 간구해야 할 것이다. 이와 같은 마음을 가지고 아직도 하나님을 알지 못하는 종족들을 위하여 하나님께 간구하도록 서로 격려하자(10:17-25).

삶에 적용하기

오늘날도 많은 사람들이 하나님의 이름으로 예배를 드리고 있다 그러나 신령과 진정으로 드리는 예배는 드물다. 하나님을 믿는다고 하면서 악행과 거짓에서 떠나지 못하는 사람들도 많다. 하나님께서는 우리에게 아직 기회를 주신다. 그러나 언젠가 이 모든 것을 심판할 때가 올 것이다. 우리는 하나님의 말씀을 듣고 자신의 죄를 회개하고 잘못된 것을 고치며 하나님께 돌아와 참다운 예배를 드려야 한다. 하나님께서는 신령과 진정으로 예배드리는 자들을 찾고 계신다.

"하나님 아버지, 우리는 스스로 우리의 행위를 바꿀 수 없습니다. 우리를 도와주옵소서. 우리의 마음을 새롭게 하옵소서. 그러므로 우리가 드린 예배가 위선적인 예배가 되지 않도록 도와주옵소서. 아멘."

Jeremiah

3 회개를 촉구하는 예언

| 예레미야 11-20장 |

큰 그림 보기

유다 백성들은 예레미야를 통해서 거듭 회개해야 할 이유들을 들었기 때문에 그들이 결코 몰라서 회개하지 못했다고 말할 수 없었다. 이 과에도 그들이 회개해야 할 여러 가지 이유가 나타난다. 하나님과 맺은 언약을 깨뜨린 것(11:1-23), 백성들이 타락한 삶을 사는 것(13:1-27), 예레미야의 오지병 비유 이야기(18:1-23), 또 예루살렘 성이 파멸되리라는 경고들(19:1-15) 등이 그 예들이다. 간절히 회개하기를 바라는 하나님의 심정을 예레미야 선지자는 말해주고 있다. 하나님께서 회개하라고 말씀하실 때 우리는 지체하지 말고 회개해야 할 것이다.

깊이 들여다보기

① 사람과 사람 사이의 약속은 지켜야 한다. 하물며 하나님과의 약속을 우리가 일방적으로 지키지 않는 것은 엄청난 일이다. 유다 백성들은 바로 하나님과 한 약속을 파기한 것이다. 하나님께서는 예레미야를 통해서 이와 같은 사실을 알려줌으로써 그들이 회개하기를 바라셨다. 이에 대해 다음 질문에 답하라(11-12장).

1. 유다 백성들이 여호와와 맺은 언약을 깨고 다른 신을 섬겼을 때 하나님께

서는 어떻게 생각하셨는가? (11:1-13)

2. 하나님께서 진정으로 원하시는 것은 약속을 어긴 백성들이 그대로 하나님께 나와서 형식적인 예배를 드리는 것이 아니라 이들이 진심으로 회개하는 것이다. 그런데 백성들은 어떻게 했는가? (11:14-23)

3. 악인이 벌을 받지 않고 오히려 잘 될 때 우리 마음 속에는 많은 의문이 일어나게 된다. 유다 백성들이 하나님께 불순종함에도 불구하고 오히려 번영하는 것처럼 보였기 때문에 예레미야도 의문들을 가진 것 같다. 이에 대해 하나님께서는 무엇이라고 대답하시는가? (12:1-17)

② 우리는 심판이 더디다고 해서 하나님께서 심판할 능력이 없는 것으로 생각하면 안 된다. 예레미야는 이런 유다 백성들을 향해서 계속 임박한 심판을 선포하고 있다. 본문을 읽고 다음 질문에 답하라(13-14장).

1. 예레미야 선지자는 어떤 비유들을 사용하여 유다 백성이 멸망할 것을 말했는가? (13:1-14)

2. 하나님께서는 유다 백성들이 어떠한 수모를 당할 것이라고 말씀하셨는지 예를 들어보자(13:15-27).

3. 본문에서 유다에 대한 심판이 또 나오고 있다. 어떻게 심판하실 것이라고 말씀하셨는가? (14:1-6)

4. 이 때 백성들은 어떻게 했는가? (14:7-9)

5. 여호와께서는 계속해서 심판을 내리실 것이라고 말씀하셨다. 그 이유는 무엇인가? (14:10-12)

6. 이에 대해서 예레미야는 어떤 반응을 보였는가? (14:13-22)

③ 예레미야는 계속해서 심판하실 것을 말씀하시는 여호와께 항변도 하고 애타게 기도도 했다. 그러나 여호와의 마음은 변하지 않는 것처럼 보인다. 심지어는 선지자가 하나님께 도전하는 것처럼 보이는 부분도 있다. 아마도 예레미야가 자기 백성에 대한 안타까운 마음으로 여호와 앞에 부르짖는 모습이었을 것이다. 본문을 읽고 다음 질문에 답하라(15-16장).

1. 예레미야의 호소에 대하여 여호와께서는 어떻게 말씀하고 계신가? (15:1-21)

2. 여호와께서 반복해서 예레미야에게 이스라엘의 심판을 경고하셨다. 어떤 내용을 말씀하셨는지 몇 가지 예를 들어보자(16:1-9).

3. 여호와께서 형벌을 내린 이유를 말씀하시는데 이를 간단히 요약하고 우리 자신들에게 어떻게 적용할 수 있는지 서로 나누어보자(16:10-13).

4. 여호와께서 우리를 심판하시는 것은 우리를 괴롭히고자 하는 것이 아니라 우리가 회개하지 않기 때문이다. 그러나 우리가 회개했을 때 여호와께서는 회복시키신다. 회복에 대한 여호와의 말씀을 간단히 요약해보자(16:14-21).

④ 17장 9-10절은 인간의 마음을 가장 잘 나타내주고 있기 때문에 복음주의자들이 흔히 사용하는 성경 구절이다. 하나님께서는 우리의 마음이 얼마나 부패했고 악한지를 잘 아신다. 이에 대해 다음 질문에 답하라(17장).

1. 이스라엘 백성을 통해서 나타난 인간의 부패성에 대해서 간단히 설명해보자(17:1-13).

2. 부패한 인간을 여호와께서 포기하지 않으셨다는 것은 참으로 놀라운 일이다. 예레미야 선지자는 하나님의 이런 성품을 잘 나타내주고 있다. 예레미야는 어떻게 기도했는가? (17:14-18)

3. 여호와께서는 유다 백성들에게 무엇이라고 말씀하셨는가? 27절 말씀을 중심으로 설명해보자(17:19-27).

⑤ 18장과 19장은 토기장이의 비유를 통해 여호와께서 유다 백성들에게 말씀하신 내용이다. 본문을 읽고 다음 질문에 답하라(18-19장).

1. 토기장이의 비유를 간단히 요약하고 이를 우리 자신에게 적용해보자(18:1-23).

2. 여호와께서는 예루살렘 성을 멸망시킬 것을 어떻게 유다 백성에게 알렸는가? (19:1-15)

6 회개하지 않는 유다 민족을 향해 부르짖는 예레미야는 한편으로 백성들로부터 또 다른 한편으로 하나님으로부터 고통을 당한다고 느꼈던 것 같다. 이에 대해 다음 질문에 답하라(20장).

1. 예레미야는 백성으로부터 많은 어려움을 당했다. 자신들에게 회개할 것을 촉구하는 예레미야를 그들은 싫어했다. 하나님의 말씀을 전할 때 환영받을 때도 있지만 회개치 않는 사람을 향해서 증거할 때는 많은 저항이 따르게 된다. 예레미야가 당한 어려움에 대해서 이야기하고 어떻게 우리의 삶에 적용할 수 있는지 말해보자(20:1-6).

2. 예레미야는 또 다른 한편으로 하나님이 주시는 사명이 너무 어려워서 고통을 받는다고 생각했다. 이 내용을 간단히 요약해보자(20:7-18).

우리는 이 과를 통해서 죄가 얼마나 무섭고, 인간의 마음이 얼마나 부패하고 타락했는가를 잘 볼 수 있었다. 그럼에도 불구하고 여호와께서는 하나님의 말씀을 여러 번 듣고서도 돌이키지 않는 사람들을 포기하지 않으시고 예레미야를 통해서 계속 사랑의 메시지를 선포하신다. 우리가 섬기는 여호와 하나님께서는 바로 사랑의 하나님이시다. 우리는 유다 족속처럼 마음을 강퍅하게 하지 말고 여호와의 부르심을 받을 때 즉시 돌이키고 순종하는 사람이 되어야겠다.

"하나님 아버지 저희 마음을 부드럽게 하옵소서. 그래서 여호와의 음성을 들었을 때 즉시 순종하는 사람들이 되게 해주옵소서. 죄로부터 돌이키는 것은 물론이고 적극적으로 여호와를 사랑하며 여호와께서 창조하신 사람들에게 이 사랑을 증거하는 삶을 살 수 있게 도와주시옵소서. 아멘."

예레미야의 시련과 갈등

| 예레미야 21-29장 |

큰 그림 보기

예레미야서를 크게 나누어볼 때 1-20장까지는 요시야 통치 시의 예언들이 주로 기록되었고, 21-39장까지는 여호야김과 시드기야 통치 시의 예언들이 기록되었다. 이 과(21-29장)는 나라가 매우 타락한 시기에 대한 기록이다. 몇몇 마지막 왕들은 여호와의 말씀을 무시하고 자기 마음대로 통치했고, 예언자들도 사실 그대로를 예언하지 못했다.

바로 이 시기에 예레미야는 여호와께서 유다 백성과 마지막 왕들에게 하시는 말씀을 그대로 전해야만 했다. 물론 이 말씀들은 듣기에 거북하고 괴로운 내용들이었다. 유다의 심판에 대하여 거듭 예언의 말씀을 전해야 했기 때문이다. 또한 살룸과 여호야김의 운명에 대해서도 전했다. 그러나 이들에 대한 심판만이 아니라 어떻게 하면 유다 백성들이 살 수 있는가에 대해서도 말씀했다. 유다 백성들은 바벨론으로 잡혀가지도 않고, 심판도 받지 않기를 원했지만 이미 하나님의 심판이 그들에게 내려졌기 때문에 차선을 택할 수밖에 없었다. 그것은 곧 순순히 바벨론의 포로가 되어 하나님께서 징계를 푸실 때까지 기다리는 것이었다. 그러나 이러한 것을 받아들이고 싶지 않은 유다 백성들은 계속해서 예언하는 예레미야를 핍박하며 죽이려 하고, 오히려 거짓 예언자들의 말에 귀를 기울였다. 이 과는 이미 포로로 잡혀간 사람들에게 쓰는 편지로 마치는데 그 속에는 포로로 잡혀갔던 자들이 70년 후에 돌아올 것이라는 약속이 들어 있다.

깊이 들여다보기

① 본문은 요시야 왕 이후에 통치한 마지막 왕들에 대한 예언들로 특히 시드기야에 대한 예언이 가장 많다. 하나님께서는 돌이킬 수 없는 포로 생활을 앞

에 두고 어떻게 하면 차선을 택할 수 있는가를 알려주신다. 왕들과 유다 백성은 겸손하게 순종해야 했다. 그러나 이들은 끝까지 여호와께서 주시는 차선책을 거부함으로써 최악의 길로 접어들었다. 그럼에도 불구하고 하나님께서는 또 한번 이들에게 말씀하셨다. 이에 대하여 다음 질문에 답하라(21-22장).

1. 시드기야는 예레미야에게 무엇을 부탁했는가? 그리고 이에 대해서 여호와께서는 어떻게 답변하셨는가? (21:1-10)

2. 예레미야는 유다 왕들에 대해서 어떻게 예언했는가? (21:11-22:9)

여기에서 우리는 어떤 교훈을 얻을 수 있는가?

3. 몇몇 유다 왕에 대한 예언들의 핵심은 무엇인가? (22:10-30)

* 10-11절까지는 살룸에 관한 예언, 13-19절까지는 여호아김에 관한 예언, 20-30절까지는 고니야, 즉 여호아긴에 관한 예언이다.

② 거짓된 목자들이 양들을 생각하지 않고 계속 범죄하는 가운데 여호와께서는 이상적인 목자가 되시는 메시아상과 거짓 선지자의 성격에 대해서 말씀하셨다. 본문을 읽고 다음 질문에 답하라(23장).

1. 참 목자가 되는 메시아의 성격에 대해서 어떻게 말씀하셨는가? (23:1-8)

2. 거짓 선지자의 성격은 어떠하며 이들은 어떤 심판을 받을 것인가? (23:9-40)

3️⃣ 하나님께서는 우둔한 유다 백성들이 좀더 잘 알 수 있도록 구체적인 예를 들어서 그들이 해야 할 일을 가르치셨다. 여기서는 특히 무화과 두 광주리에 대하여 말씀하셨다. 무화과는 이스라엘 백성의 상징이다(24장).

   1. 좋은 무화과는 누구를 가리키는가? 그리고 왜 그렇게 말씀하셨는가? (24:1-7)

   2. 나쁜 무화과는 누구를 가리키며 왜 그들을 나쁜 무화과라고 말했는가? (24:4-10)

4️⃣ 25장은 중요하다. 다니엘은 예레미야가 한 이 예언을 깨닫고 하나님 앞에 나아가 기도한 것을 볼 수 있다. 다니엘은 하나님께서 유다 백성들에게 하신 말씀을 잘 알고 있었던 것이 틀림없다. 누구나 하나님의 말씀대로 된다는 것을 알지만 우리는 우리 마음대로 생각할 때가 많다. 우리는 이 과를 통해서 모든 것이 하나님의 말씀대로 이루어진다는 사실을 다시 한번 확인해야 할 것이다. 본문을 읽고 다음 질문에 답하라(25장).

   1. 여호와께서는 예레미야를 통해서 요시야 13년부터 23년까지 어떤 예언을 하셨는가?

유다 백성들은 이에 대해서 어떤 반응을 보였으며 우리에게 어떻게 적용할 수 있는가? (25:1-11)

2. 여호와께서는 불순종하는 백성이지만 영원히 버리지 않으시고 언젠가 다시 회복시키실 것을 약속하셨다. 약속의 내용은 무엇인가? (25:12-14)

3. 하나님께서는 계속 불순종하고 대적한 백성에 대해서 그의 거룩하심을 나타내신다. 이는 곧 심판으로 임하게 될 것이다. 이스라엘 백성들은 어떤 심판을 받을 것인가? (25:15-29)

4. 그러나 하나님께서는 이스라엘 백성을 괴롭힌 세상 나라들의 불의도 그대로 두시지 않을 것이라고 예언하셨다. 이에 대해서 간단히 요약해보자 (25:30-38).

5 진정한 선지자인 예레미야는 자기 백성에 대한 예언으로 고난을 받아야만 했다. 이것은 순리가 아닌 것처럼 보일 수 있다. 하나님의 일을 하는데 아무리 잘해도 칭찬을 받기보다 오히려 고난을 당할 수도 있다. 그러나 진정한 선지자라면 그럼에도 불구하고 참 예언을 해야 할 것이다.

1. 예레미야는 자기가 한 예언에 대해서 어떤 대우를 받았는가? (26:1-11)

2. 이에 대해서 예레미야는 어떻게 항변했는가? (26:12-15)

3. 예레미야는 결국 풀려났지만 예레미야와 비슷한 사역을 한 우리야는 그렇지 못했다. 이 두 사람은 각각 어떻게 되었는가? 이것이 우리에게 주는 의미는 무엇인가? (26:16-24)

6 이 당시 유다 백성들은 긍정적인 예언을 듣고 싶었을 것이다. 그러나 예레미야는 오히려 바벨론의 포로가 될 것이라고 예언했다. 더 나아가 그들이 순순히 바벨론의 포로가 되라고 권고했다. 이에 대하여 다음 질문에 답하라 (27-28장).

1. 예레미야는 어떤 예언을 했는가? (27:1-22)

2. 반면에 거짓 선지자 하나냐는 어떤 예언을 했는가? (28:1-4)

3. 하나냐에 대한 여호와의 마음은 어떠셨는가? 예레미야를 통해서 나타난 말씀을 중심으로 생각해보라(28:5-17).

7 본문은 예레미야 선지자가 이미 포로로 잡혀가 있던 유다 사람들에게 보낸 편지 내용이다. 본문을 읽고 다음 질문에 답하라(29장).

1. 편지 내용을 간단히 요약해보자.

2. 우리는 범죄한 후 여호와의 징계가 있을 때 겸손하게 받아야 한다. 그 때도 여호와께서는 변함없이 우리를 사랑하신다. 70년 후 다시 돌아오리라는 메시지는 바로 사랑에서 나온 것이다. 우리는 이 말씀을 생각하며 징계 받을 때나 기쁠 때나 겸손히 여호와의 음성에 항상 순종해야 한다.

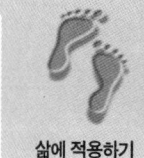
삶에 적용하기

이 과에서 우리는 심판과 유다 백성의 반응에 대해서 상세히 살펴보았다. 예레미야는 시종일관 여호와의 말씀 듣기를 거부하고 항상 다른 길로 가길 원하는 유다 백성에게 예언했다.

우리는 예레미야를 통해서 어떤 경우든지 충성을 다해 여호와의 말씀을 증거하는 태도를 배울 수 있다. 그리고 유다 백성처럼 말씀에 불순종하거나 거역하지 말고, 여호와의 말씀을 순종하는 사람이 되고자 노력해야 할 것이다. 우리가 심지어 포로로 잡혀가 징계를 받고 있을지라도 여호와의 긍휼을 기다리며, 여호와께서 70년 후 유다 백성을 회복시켰듯이 우리의 어려운 환경도 바꿔주실 것을 기대하며 여호와를 바라보아야 할 것이다.

"하나님 아버지, 우리가 범죄하지 않도록 도와주옵소서. 우리가 예레미야 선지처럼 여호와의 말씀을 존중하며 다른 사람에게 전할 수 있게 도와주시옵소서. 우리가 비록 어리석어서 범죄하여 징계를 받을지라도 여호와께서 신속하게 그 징계를 푸시고 우리를 회복시켜주실 것을 기대하며 살 수 있게 도와주시옵소서. 그러나 우리가 징계를 받지 않도록 계속해서 여호와의 말씀을 순종하는 백성이 되게 도와주옵소서. 아멘."

5 위로에 관한 예언

| 예레미야 30-33장 |

큰 그림 보기

월터 카이저 박사는 이 부분이 예레미야서의 핵심이라고 언급했다. 예레미야서는 자칫 책망과 심판에 관한 책으로만 이해되기 쉽다. 왜냐하면 온 국민이 죄를 너무 많이 지어 계속 경고가 반복되고 있기 때문이다. 예레미야는 유다 백성들이 듣기 싫어해도 심판의 메시지를 전했다. 특히 마지막 유다 왕들인 여호아하스, 여호야김, 여호야긴 그리고 시드기야 등과 유다 백성들이 끝내 회개하지 않고 계속 자기 길로 갔기 때문에 하나님께서는 그들의 범죄에 대해서 심판하시겠다고 경고를 할 수밖에 없으셨다.

그러나 본문의 경고의 말씀보다는 이들이 회개한 후에 장차 하나님께서 어떻게 할 것인가에 대해서 말씀하신다. 유다 백성들이 포로 생활을 마치고 돌아올 것과 더 나아가 메시아가 오셔서 우리 죄의 대가를 치르고 그 피로써 우리를 대속할 새 언약에 대한 약속을 주셨다 (31:31-34). 이것은 매우 광범위한 예언이기도 하다. 이 예언은 이스라엘 백성뿐만 아니라 앞으로 예수를 믿는 모든 민족들을 위한 새 언약이다. 새 언약은 예수 그리스도께서 우리 대신 받으실 고난을 통해 성취될 수 있었다. 이런 사실을 모든 족속에게 전해서 그들도 은혜를 받고 그리스도의 제자가 되게 하라는 예수님의 지상 명령을 통해 우리도 알게 되었다. 우리는 하나님의 깊은 사랑 앞에서 잠잠할 수밖에 없다. 그리고 바다보다 넓고 깊은 하나님의 사랑 앞에서 신령과 진정으로 예배드려야 할 것이다.

1️⃣ 여호와께서는 70년이 지난 다음에 유다 민족을 자유케 하리라고 말씀하셨다. 이제는 좀더 구체적으로 어떻게 하실 것인지를 말씀해주신다. 우리는 이 사건이 느헤미야서와 에스라서에서 실제로 이루어지는 것을 볼 수 있다. 그리고 그때 사역했던 학개, 스가랴, 말라기 선지자들을 통해서 그때의 상황을 알 수 있다. 본문을 읽고 다음 질문에 답하라(30장).

깊이 들여다보기

1. 여호와께서는 유다와 이스라엘 민족을 포로 생활로부터 회복시킬 것에 대해서 매우 분명하게 말씀하셨다. 이런 사실을 본문을 통해서 설명해보자 (30:1-3).

2. 그들은 혼란 가운데서 멍에를 벗을 때까지 매우 큰 환난을 당했다. 그 환난의 정도는 어떠했는가? (30:4-7)

3. 여호와께서는 이스라엘 민족을 괴롭혔던 이방 민족으로부터 자유케 될 것이라고 말씀하셨는데 유다 민족과 이스라엘 민족에게 어떤 축복을 주실 것이라고 하셨는가? (30:8-24)

2️⃣ 31장은 이 과의 핵심 부분이며 새 언약을 말씀해주신다. 우리는 이 장에 나타나는 여호와의 긍휼에 대해서 깊이 감사드려야 한다. 우선 말씀을 조용히 묵상하며 예레미야 선지자가 장차 오실 메시아와 메시아가 베푸실 은혜에 대해서 어떻게 예언했는지를 생각해보자. 본문을 읽고 다음 질문에 답하라(31장).

1. 에브라임(이스라엘)에 대해서 어떤 은혜를 베풀 것이라고 말씀하셨는가?

(31:1-14)

   2. 이스라엘은 현재 자신의 민족이 포로된 상태에 있기 때문에 매우 슬퍼할
      수밖에 없었다(31:15-22). 그러나 여호와께서는 유다에게 밝은 미래를 약속
      하셨다. 이에 대해 간단히 설명해보자(31:23-30).

   3. 31-34절은 31장의 핵심으로 우리가 잘 알고 있는 새 언약에 대한 것이다. 새
      언약의 내용은 무엇인가? 그리고 우리에게 어떻게 적용할 수 있는가?
      (31:31-34)

   4. 이스라엘 민족의 장래에 대해서 설명해보자. 이것은 하나님 나라에 속한
      우리에게도 해당되는 것임을 인식해야 한다(31:35-40).

③ 마침내 바벨론 군대가 예루살렘을 에워싸고 예레미야가 경고하던 예루살렘
   파멸의 시기가 다가왔다. 이것은 시드기야 왕 때에 느부갓네살의 침범으로 이
   루어졌다. 본문을 읽고 다음 질문에 답하라(32장).

   1. 그 상황은 어떠했으며 결과가 어떻게 될 것이라고 예레미야는 예언했는가?
      (32:1-5)

   2. 이때 예레미야는 무엇을 했으며 왜 그렇게 했는가? (32:6-15)

3. 예레미야는 비록 여호와의 말씀에 따라서 미래사에 대해 믿음으로 예언했지만 감정적으로는 받아들이기 어려웠을 것이다. 예레미야의 마음은 어떠했는가? 그리고 우리에게 주는 의미는 무엇인가? (32:16-25)

4. 여호와께서는 예레미야의 심리적 동요에 대해서 듣고 무엇이라고 응답하셨는가?

이것을 우리에게 어떻게 적용할 수 있는가? (32:26-44)

④ 예레미야의 환경은 변하지 않았지만 여호와께서는 예레미야에게 또 한번 확인시켜주셨다. 이런 경우 환경보다 여호와의 말씀이 더 중요하다. 그리고 굉장한 약속을 주셨다. "너는 내게 부르짖으라 내가 네게 응답하겠고 네가 알지 못하는 크고 비밀한 일을 네게 보이리라"(33:3). 물론 여호와께서는 유다 백성이 회복될 것을 염두에 두고 예레미야에게 말씀하셨지만 일반적으로 우리의 신앙에도 적용할 수 있다. 우리는 어려운 환경 속에서 답답할 때 환경을 보지 않고 여호와의 약속을 믿음의 눈으로 바라보아야 한다. 여호와께 우리 심령을 고하며 필요한 것을 구할 때 여호와께서는 반드시 응답하시고 우리에게 보통 사람이 볼 수 없는 귀한 것들을 볼 수 있게 해주실 것이라고 약속하셨다. 이것은 현대를 사는 그리스도인에게도 커다란 위로가 된다. 현대인들도 유다 민족 못지않게 많은 죄악 가운데 살고 있다. 그러나 지금 여호와께서 우리로 하여금 포로로 잡혀가게 하지 않는 것은 여호와의 섭리와 긍휼 때문일 것이다. 우리의 죄가 그들의 죄악보다 적기 때문이 아닐 것이다. 여호와의 긍휼에 대해서 생각하며 다음 질문에 답하라(33장).

1. 시위대 뜰에 갇혀 있는 예레미야에게 여호와께서 무엇을 보여주셨는가? (33:1-5)

2. 그러나 여호와께서 허물어진 성에 대해서 어떤 약속을 하셨는가? (33:6-13)

3. 여호와께서는 이스라엘 백성을 회복시키시고 더 나아가 원래 의도했던 다윗의 족보를 통해 한 왕이 세워질 예언을 주셨다. 그 왕은 이 땅에 공평과 정의를 실현할 것이라고 여호와께서 말씀하셨다. 그리고 이스라엘에게 온전한 미래가 다시 있을 것이라고 말씀하셨다. 구체적으로 어떤 구절에서 이런 내용들을 말씀하고 있는가? (33:14-22)

4. 여호와께서는 계속해서 여호와께서 하신 약속이 반드시 이루어질 것에 대해서 예레미야를 통해 말씀하신다. 본문을 통해 이를 간단히 설명해보자 (33:23-26).

삶에 적용하기

이 과는 암담하던 유다 민족의 장래에 등불을 환하게 비춰주는 부분이라고 할 수 있다. 어느 곳을 바라보아도 희망이 없는 때에 여호와께서 우뚝 서서 두 팔을 벌리시고 여호와의 품에 다시 안기라고 초대하는 호소이기도 하다. 여호와께서 마치 부모처럼 자식을 징계했지만 자식이 뉘우치고 돌아올 때 다시는 버리지 않겠노라고 말씀하시는 내용이다. 그것은 유다 민족만 아니고 모든 족속까지 포함시켜 하나님을 섬길 수 있는 하나님의 백성이 되도록 하시겠다는 약속이다. 이 약속은 한 민족만을 위한 닫혀진 약속이 아니라 모든 민족을 위한 열린 약속이다(엡 3:6 참조). 그것은 곧 새 언약을 의미한다. 우리는 이 과를 통해서 하나님의 깊은 사랑 앞에 감사와 찬양과 경배를 드리며 다음과 같이 기도를 드려야 할 것이다.

"하나님 아버지, 유다 족속에게 하신 것처럼 우리의 죄를 용서하시고 우리를 다시 하나님의 자녀로 받아주심을 감사합니다. 우리에게 새 언약을 주셔서 감사합니다. 그 언약이 은혜로 말미암아 우리에게도 효력이 있음을 감사합니다. 우리는 이 언약의 축복을 우리만 받지 않고 모든 족속에게 전하고 싶습니다. 이 소식을 모든 족속에게 전할 수 있도록 우리에게 능력을 허락해주옵소서. 아멘."

예루살렘 함락에 관한 메시지

| 예레미야 34-39장 |

큰 그림 보기

예레미야가 그토록 애타게 경고했던 예루살렘 성의 파멸이 마침내 눈앞에 다가왔다. 바벨론 왕 느부갓네살은 백성들을 앞세워 예루살렘을 공격했다. 그러나 아직도 유다 민족은 깨닫지 못했다. 잠시 동안 자기 형제들을 노예로 삼는 일을 금하고 모두 자유케 해주는 것처럼 보였다. 그러나 곧이어 다시 여호와의 율법을 어기고 자기 형제들을 노예로 삼았다. 이에 대해서 여호와께서는 시드기야와 그 방백들에게 심판을 경고했다. 이와는 달리 레갑 족속은 여호와의 말씀에 순종하고 약속한 것을 평생 지키며 살기로 결정했다. 이에 대해서 여호와께서 크게 칭찬하시고 상 주실 것을 약속하셨다(35:19). 또 바룩은 예레미야를 통해서 전해지는 여호와의 말씀을 그대로 받아 기록하는 충성스러운 일꾼이었다(36장).

그 당시 왕이었던 시드기야는 예레미야를 통해서 명확한 여호와의 메시지를 들었음에도 불구하고 믿지 않고 계속 거역했다(37장). 그리고 오히려 예레미야를 흙구덩이 속에 넣어서 괴롭히는 일에 직접, 간접으로 참여했다. 예레미야는 이런 와중에서도 계속해서 진리를 선포했다. 여호와께서 명령하신 대로 반드시 갈대아인들이 예루살렘을 함락하고 그들의 방백들을 죽이고 포로로 잡아갈 것에 대해서 예언했다(38장). 마침내 예레미야의 예언대로 바벨론 왕 느부갓네살과 그의 군대가 예루살렘 성을 공격하여 시드기야 제11년 4월 9일에 성이 함락되었다. 시드기야는 눈이 뽑힌 채로 바벨론으로 끌려갔다. 그리고 예레미야는 적장으로부터 선대를 받아 자유의 몸이 되었다. 예레미야는 자신의 임무를 다했다. 우리도 예레미야처럼 여호와의 말씀에 순종하는 사람이 되도록 노력해야 할 것이다.

① 본문을 읽고 다음 질문에 답하라(34장).

1. 시드기야는 예레미야를 통해 바벨론 왕이 예루살렘 성을 파괴할 것이라는 말씀을 듣고 어떻게 행동했는가?

2. 백성들은 예레미야의 경고를 듣고 어떻게 했으며 이에 대해 여호와께서는 무엇이라고 말씀하셨는가? 우리는 이것을 통해 어떤 교훈을 받을 수 있는가? (34:12-22)

② 레갑 사람들은 사실상 순수한 유다 민족은 아니었다. 이들은 겐 족속으로서 (삿 1:16, 대상 2:55) 사막 지대에 살던 사람들이었던 것 같다(R. K. 해리슨 저, 예레미야서와 애가, IVF 주석 시리즈, p. 148 참조). 이들은 하나님의 백성이 타락한데 비해 언약을 끝까지 지키며 순수한 신앙을 고수했다. 본문을 읽고 다음 질문에 답하라(35장).

1. 예레미야는 레갑 족속을 어떻게 시험했는가? (35:1-11)

2. 예레미야는 이 교훈을 통해서 예루살렘 거민들을 어떻게 책망했는가? (35:12-17)

3. 예레미야는 레갑 족속에게 어떤 상이 있을 것이라고 말씀했는가? (35:18-19)

③ 바룩은 예레미야를 통해서 받은 여호와의 말씀을 기록하고 이것을 신실하게 전했다. 이에 대해서 다음 질문에 답하라(36장).

1. 바룩은 받은 말씀을 누구에게 전했으며 그 반응은 어떠했는가? (36:1-19)

2. 이 말씀을 왕께 고했을 때 왕은 어떤 반응을 보였는가? (36:20-26)

3. 여호와께서는 여호야김에게 어떤 심판을 경고하셨는가? 우리는 어떤 교훈을 받을 수 있는가? (36:27-32)

④ 요시야의 아들 시드기야가 여호야김을 이어 왕이 된 다음에 예레미야에게 제사장을 보내 여호와께서 어떤 말씀을 하시는지 알아달라고 청했다. 예레미야는 주저하지 않고 여호와께서 심판을 내릴 것에 대하여 말했다. 즉 갈대아 사람들을 통해서 유다 민족을 칠 것이라는 사실을 말했다. 이에 대해 다음 질문에 답하라(37장).

1. 시드기야는 예레미야에게 여호와께서 무슨 말씀을 하시고 계신지 알려달라고 부탁했다. 이에 대해 예레미야는 어떤 말을 했는가? (37:1-10)

2. 예레미야는 그 결과 어떤 형벌을 받게 되었는가? (37:11-15)

3. 시드기야는 사람의 눈을 피해서 예레미야에게 다시 한번 다가갔는데 무슨 부탁을 하기 위해서인가? (37:16-21)

4. 구덩이에서 살아난 예레미야는 다시 여호와의 말씀대로 예루살렘 성에 머무르며 대항하는 자들은 다 죽을 것과 형벌 받을 것을 전했다(38:1-4). 예레미야는 다시 구덩이에 갇히게 되었다(38:5-6). 이렇게 갇힌 예레미야는 어떻게 다시 구출되었는가? (38:7-13)

5. 시드기야 왕은 다시 예레미야와 비밀리에 접촉하여 장차 있을 일에 대하여 물었다. 그는 어떤 대답을 듣게 되었는가? (38:14-28)

5 마침내 예루살렘 성은 시드기야 9년 10월에 바벨론 왕 느부갓네살에게 에워싸이고 11년 4월 9일에 함락되었다. 이것은 아마도 예레미야서 중에서 가장 안타까운 부분일 것이다. 본문을 읽고 다음 질문에 답하라(39장).

1. 성이 어떻게 함락되었는가? (39:1-8)

2. 예레미야는 어떻게 되었는가? (39:9-14)

3. 일련의 상황 속에서 충절을 지킨 예레미야에게 여호와께서 어떤 말씀을 하셨는가?

우리는 어떤 교훈을 얻을 수 있는가? (39:15-18)

삶에 적용하기

이 과는 예레미야서 중에서 가장 슬픈 부분을 포함하고 있다. 그 동안 누차 경고했던 대로 예루살렘 성이 함락되고, 시드기야 왕은 두 눈이 뽑힌 채 바벨론으로 잡혀갔다. 이것이 곧 여호와의 예언을 불순종하고 정면으로 거역하며 자신이 원하는 대로 모든 것을 행한 사람의 결과다. 물론 모든 사람이 이 세상에서 불순종한다고 즉각적으로 형벌을 받지는 않을 것이다. 그러나 한 가지 분명한 것은 여호와께서는 형벌을 즉시 내리시든지 후에 내리시든지 상관없이 여호와의 말씀을 불순종하는 것을 싫어하신다는 것이다. 우리는 어떤 말씀이든 여호와의 말씀을 그대로 받고 순종해야 할 것이다.

"하나님 아버지, 우리가 여호와의 말씀 앞에 순종할 수 있는 사람이 되게 도와주시옵소서. 좋은 것만 듣고 우리 귀에 듣기 싫은 것은 내뱉는 사람이 되지 않게 도와주시옵소서. 아멘."

Jeremiah

7 예루살렘의 함락 후에 예레미야의 사역

| 예레미야 40-45장 |

큰 그림 보기

예루살렘 함락 후 예레미야는 마침내 자유의 몸이 되었다. 포로로 잡혀가지 않은 남은 백성들을 관리하도록 그다랴를 총독으로 세웠다. 예레미야는 남은 백성들을 향해서 다시 예언을 계속했다(40-42장). 그러나 느다냐의 아들 이스마엘이 총독을 암살하는 돌발적인 사건이 벌어졌다. 백성들은 바벨론 왕의 보복이 두려워 애굽으로 피난을 가게 되었다. 예레미야는 애굽으로 가는 것은 하나님의 뜻이 아니라고 말했지만 강제로 끌려서 그들과 함께 애굽으로 가게 되었다.

이 과에는 예레미야가 애굽에 내려가서 한 예언들(43-44장)과 여호와께서 바룩에게 하신 개인적인 약속(45장)이 나온다. 아마 바룩은 신약의 디모데처럼 마음이 약하고 겁이 많은 사람이었던 것 같다. 하나님께서는 바로 그런 바룩을 향해서 계속 보호하실 것을 약속하신다. 하나님의 뜻에서 벗어난 백성들의 삶은 불안하기만 하다. 이스라엘 백성들과 유다 백성들이 하나님 앞에 범죄하지 않고 계속 순종했다면 하나님의 백성으로서의 역할을 아름답게 감당했을 것이다. 그러나 이제는 나라가 찢겨서 대부분은 바벨론으로 잡혀가고 나머지는 애굽으로 피난 가는 처참한 지경에 이르렀다. 그리고 급기야는 애굽으로 피난 갔던 사람들도 안전하지 못할 것이라는 사실을 발견하게 된다.

깊이 들여다보기

1 바벨론의 시위 대장 느부사라단은 유다 민족을 포로로 잡아가면서 예레미야만은 풀어주고 어디든지 살고 싶은 곳에서 살라고 했다. 아마도 예레미야

가 범죄하지 않았다는 사실을 알았기 때문일 것이다. 그 후에 유다 땅에 총독을 세워서 남은 백성들을 통치하게 했다. 이에 대해서 다음 질문에 답하라(40장).

1. 느부사라단은 예레미야에게 어떤 선택권을 주었는가? (40:1-6)

2. 그다랴 총독은 남은 백성들에게 무엇을 요구했는가? (40:7-12)

3. 만일 남아 있던 백성들이 예레미야의 예언대로 순종하며 그곳에서 충성스럽게 살았다면 하나님께서 다시 포로로부터 회복시킬 때까지 평안했을 것이다. 그러나 이스마엘이 그다랴를 암살함으로 이 지역은 다시 한번 소용돌이에 휩싸이게 되었다. 어떻게 이스마엘이 그다랴를 암살했으며 그 결과 어떤 일이 벌어졌는가? (40:13-41:18)

2 이 엄청난 일을 저지른 다음 백성들과 그곳에 남아 있던 군대 장관들, 요하난, 호사야의 아들 여사냐는 예레미야에게 어떻게 할지를 질문한다. 예레미야는 이에 대해 하나님께 고하고 하나님께서는 응답을 주신다. 본문을 읽고 다음 질문에 답하라(42장).

1. 백성들은 예레미야에게 어떻게 부탁했는가? 그리고 어떤 마음으로 부탁했는가? 이를 어떻게 우리의 삶에 적용할 수 있는가? (42:1-6)

2. 하나님께서는 어떻게 응답하셨는가? (42:7-22)

3️⃣ 예측했던 것처럼 예레미야의 예언의 말씀을 듣고서도 백성들은 결국 애굽으로 내려가게 되었다. 뿐만 아니라 그들은 예레미야까지 강제로 끌고 갔다. 지금까지 줄곧 예레미야는 애굽으로 가면 안 된다고 했는데 스스로 애굽으로 내려가게 된 것이다. 하나님의 말씀을 증거하는 사람도 때때로 자신이 원치 않아도 다른 사람들에 의해 할 수 없이 움직이는 경우가 있다. 이에 대해 다음 질문에 답하라(43장).

  1. 백성들은 예레미야의 예언에 대해서 어떤 반응을 보였는가? 우리는 어떤 교훈을 얻을 수 있는가? (43:1-7)

  2. 애굽에 내려온 예레미야는 과연 어떤 예언을 했는가? (43:8-13)

4️⃣ 하나님께서 유다 백성들에게 애굽으로 내려가지 말라고 하신 데에는 큰 이유가 있었을 것이라고 본다. 그 중의 하나가 애굽 백성들을 따라 우상을 섬길 것을 알고 그렇게 하셨을 것이다. 이에 대해서 다음 질문에 답하라(44장).

  1. 하나님이 애굽 땅에 거하는 유다 백성들에게 경고한 내용은 무엇인가? 우리는 이를 통해서 어떤 교훈을 얻을 수 있는가? (44:1-14)

  2. 백성들은 예레미야의 경고에 대해서 어떻게 답변했는가? 우리는 어떤 교훈을 얻을 수 있는가? (44:15-19)

  3. 예레미야는 백성들에 대해서 무엇이라고 반박했는가? (44:20-30)

사실 예레미야의 반박은 곧 여호와 하나님의 의중이기도 하다. 왜냐하면 예레미야는 어디까지나 하나님의 대언자로 예언하고 있었기 때문이다.

5️⃣ 바룩은 아마도 예레미야의 비서 역할을 했을 것이다. 그는 충성스러운 사람이었으나 역시 심령이 약한 사람이었던 것 같다. 그의 여러 가지 연약한 면들을 볼 수 있는데 바룩의 고통에 대해서 하나님께서 생각하시고 약속을 주시는 것은 참으로 귀하게 보인다. 이에 대해서 다음 질문에 답하라(45장).

1. 바룩은 어떤 문제가 있었는가? (45:1-3)

2. 여호와께서는 바룩에 대해서 어떤 약속을 주셨는가? 우리가 얻을 수 있는 교훈은 무엇인가? (45:4-5)

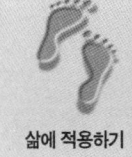
삶에 적용하기

예레미야는 계속해서 바벨론의 포로로 잡혀가는 것이 순리라고 말했다. 마침내 유다 민족이 바벨론의 포로로 잡혀가게 되었다. 예레미야는 남은 사람들은 유다에 거하면서 하나님의 징계가 풀릴 때까지 열심히 사는 것이 하나님의 뜻이라고 계속해서 전했다. 그러나 그들은 이것도 역시 거역하고 끝내 총독을 죽이고 화를 자초했다. 유다 백성들의 완악함을 보면 죄인은 너무도 악하여 하나님께서 새로운 마음을 주시지 않고서는 결코 변하지 않는 것 같다. 우리는 인간의 죄성에 대해서 적나라하게 볼 수 있었다. 우리는 끊임없이 하나님의 심정을 전파하는 예레미야와 같은 사역자들에 대해서 존경을 표하지 않을 수 없다. 우리도 예레미야처럼 신실한 하나님의 사람이 되어서 핍박과 저항 속에서도 하나님의 말씀을 증거하는 삶을 살아야 하겠다.

"하나님 아버지, 우리가 예레미야와 같은 심령을 가지고 죄 많은 백성을 향해서 하나님의 말씀을 증거할 수 있게 도와주옵소서. 그들이 비록 이스라엘 백성이 애굽으로 내려간 것처럼 하나님의 법을 어길지라도 그들을 위해 하나님 앞에 중보하는 우리가 될 수 있게 도와주시옵소서. 아멘."

8 열방에 관한 예언

| 예레미야 46-52장 |

큰 그림 보기

예레미야는 주로 유다에 대해 예언했다. 1장부터 45장까지는 유다 백성에 대한 하나님의 섭리에 관한 것이다. 이는 하나님께서 선민을 얼마나 중요하게 생각하시고, 그 백성이 죄악에 빠졌어도 그들을 버리지 않으신다는 뜻으로 이해할 수 있다. 하나님께서는 오히려 사랑으로 그들을 회복시키신다. 그리고 예레미야는 유다뿐만 아니라 다른 나라들에 대해서도 예언했다(46-51장). 마지막 52장은 역사적인 자료들로 바벨론에 포로로 잡혀갔던 왕들이 어떤 취급을 받았는가에 대한 내용들이다. 문맥상 25장 다음에 이 부분이 연결되면 자연스러울 것 같지만 다른 한편으로 볼 때 유다에 관한 모든 것을 마무리하고 이 부분을 썼다는 면에서는 바람직하다고 생각한다.

우리는 본문을 통해서 공의의 하나님을 볼 수 있다. 하나님께서는 범죄한 백성들을 심판하신다. 지금 당장은 잘되는 것 같지만 악인들은 반드시 하나님의 심판을 받는다. 우리는 공의의 하나님으로 인해 용기를 얻고 진실하게 살 수 있다. 우리는 하나님의 백성답게 거룩하게 살아야 한다. 지금도 세계의 여러 나라들은 범죄를 하고 있다. 강대국일수록 더 큰 범죄의 가능성이 있다. 그리고 약소국일수록 강대국의 압박을 당할 수 있다. 이것은 또 다른 형태의 불의다. 그리고 불의에 대해서 하나님께서는 반드시 공의로 다스릴 것이다. 하나님께서 반드시 공의를 이루실 것이기 때문에 약소 민족들일지라도 하나님을 의지하고 성실하게 살아야 한다.

깊이 들여다보기

1 이 과에서는 애굽의 멸망에 관한 예언이 제일 먼저 나오고 있다. 아마도 이스라엘 백성과 가장 많은 연관이 있기 때문에 먼저 논한 것 같다. 이에 대해 다음

질문에 답하라(46장).

1. 하나님께서 애굽에 대해서 무엇이라고 말씀하셨는가? (46:1-12)

2. 하나님께서는 예레미야를 통해 느부갓네살이 마침내 애굽을 쳐서 굴복시킬 것을 말씀하셨다. 어떤 방법으로 애굽을 멸망시킬 것인가에 대하여 예를 들어 설명해보자(46:13-26).

3. 하나님께서는 이스라엘 백성의 회복에 대해서도 말씀하셨다. 이에 대해서 간단히 설명해보자(46:27-28).

2 예레미야는 블레셋에 대한 애굽의 공격과 모압의 멸망에 관해서도 예언했다. 이에 대해 다음 질문에 답하라(47-48장).

1. 예레미야는 블레셋에 관해 어떻게 예언했는가? (47:1-7)

2. 예레미야는 모압에 대해 어떻게 예언했는가? (48:1-10)

3. 예레미야는 모압이 파멸하게 된 이유가 무엇이라고 했는가? (48:11-47)

3 우리는 암몬, 에돔, 다메섹, 게달, 엘람 등에 대한 예언들을 볼 수 있다. 하나님께서 계시지 않는 것처럼 자기 능력을 믿고 사는 백성들의 말로가 잘 나와 있

다. 이에 대하여 다음 질문에 답하라(49장).

1. 예레미야는 암몬에 대해 어떻게 예언했는가? (49:1-6)

2. 에돔은 하나님의 백성들 가까이 있으면서 하나님의 백성들을 괴롭혀왔다. 에서의 후손인 이들은 아마도 가장 쉽게 하나님을 믿을 수 있는 백성이었을 것이다. 그럼에도 불구하고 이들은 계속 하나님의 백성의 진로를 방해했고, 하나님께서는 결국 이들에 대해서 심판을 내리신다. 예레미야는 에돔에 대해 무엇이라고 예언했는가? 우리는 이를 통해서 어떤 교훈을 얻을 수 있는가? (49:7-22)

3. 다메섹은 그 미래가 어떻게 될 것이라고 예언했는가? (49:23-27)

4. 게달은 이스마엘 후손으로 사막에 사는 종족이었다(창 25:13, 사 21:13, 16, 겔 27:21). 그들은 가축을 많이 기르는 부유한 부족이었다. 반면에 하솔은 지금 이스라엘 내에 있는 하솔이 아니라 사막에 있던 부족을 말한다. 게달과 하솔은 한 왕국 안에 살지만 부족이 다를 가능성이 크다. 하나님께서는 바벨론을 부르셔서 이들도 역시 멸망시키셨다(찰스 화인버그, 예레미야서, 엑스포지터스 주석, p. 670 참조). 바벨론 왕은 어느 정도로 이들을 황폐화시켰는가? (49:28-33)

5. 고대 엘람 왕국은 바벨론 동부 약 320km 떨어진, 티그리스 강 서쪽에 있는 왕국이었다. 이 왕국은 매우 강력한 세력이었으나 B.C. 640년에 정복되었다. 아마 이 예언은 강력한 나라도 바벨론을 꺾을 수는 없다는 사실을 알려주기 위해서 기록된 것으로 간주된다(엑스포지터스 주석, 예레미야서, p. 671 참조). 이와 같은 엘람이 어떻게 되었는가? (49:34-39)

④ 예레미야서는 여러 민족 가운데 바벨론에 대한 예언을 위하여 가장 많은 지면을 할애했다. 바벨론은 강력한 나라였고 유다의 불순종에 대해서 심판하는 막대기로 사용되기도 했지만 하나님께서는 그들의 불의함을 간과하지 않으셨다. 이에 대해 다음 질문에 답하라(50-51장).

  1. 예레미야는 바벨론의 멸망에 대해서 어떤 예언을 했는가? (50:1-20)

  2. 바벨론이 어느 정도 황폐케 되리라고 말씀하셨는가? (50:21-46)

  3. 여호와의 마음이 이곳에 잘 나타나 있다. 바벨론과 달리 이스라엘과 유다는 구원을 받을 것이지만 바벨론은 하나님의 심판을 벗어나지 못할 것이라고 말씀하셨다. 여호와의 단호한 뜻을 간단히 요약해보자(51:1-14).

  4. 예레미야는 거대한 왕국이 무너지고 황폐화되는 것은 인간의 힘이 아니라 여호와의 힘에 의한 것이라고 말씀했다. 마치 자신들 위에 아무도 없는 것처럼 교만하게 약소 민족들을 마음대로 핍박하는 강대국들에 대한 냉엄한 경고의 말씀이기도 하다. 어느 날 여호와께서는 그 능력으로 이들을 심판하실 것이다. 여기서는 여호와의 능력을 무엇에 비교하여 설명했는가? (51:15-19)

  5. 예레미야는 마침내 바벨론의 멸망에 대한 예언을 종지부 찍고 있다. 하나님의 엄청난 심판으로 바벨론은 다시는 일어설 수 없는 나라가 될 것이라고 했다. 예레미야는 엄청난 심판의 이유가 무엇이라고 했는가? (51:20-64)

5️⃣ 이 부분은 역사적인 자료를 추가한 부분으로 이미 언급한 내용들에 대해서 좀더 구체적으로 설명했다. 특히 시드기야가 어떻게 붙잡혔고 어떤 형벌을 당했는가, 그리고 예루살렘 성은 마침내 어떻게 파괴되었는가에 대해서 언급하고 있다. 더 나아가서 잡혀간 사람들이 어떤 대우를 받았는가, 특히 그 중에서도 유다 왕 여호아긴이 어떤 대우를 받았는가 등에 대해서 설명하고 있다. 우리는 본문을 통해서 하나님께 불순종한 백성들이 어떤 심판을 받았는지 뼈저리게 느낄 수 있다. 이에 대해 다음 질문에 답하라(52장).

1. 예루살렘 성은 어떻게 함락되었는가? 우리가 얻을 수 있는 교훈은 무엇인가? (52:1-16)

2. 바벨론 사람들은 성전의 기물들을 어떻게 했는가? (52:17-23)

3. 성전에서 일하는 대제사장과 제사장들에게는 어떻게 했는가? (52:24-27)

4. 이 당시에 느부갓네살 왕이 잡아간 유대인의 규모는 어느 정도였는가? (52:28-30)

5. 여호아긴 왕에 대해서 간단히 설명하고 느낀 점을 간단히 나누어보자 (52:31-34).

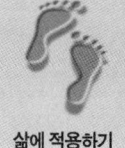

이 과는 멸망에 관한 예언이 반복되어 있다. 하나님의 공의의 관점에서는 당연하다. 어느 하나를 간과한다면 그것은 하나님의 공의가 아닐지도 모른다. 물론 여기에 모든 나라를 다 다루진 않았지만 예레미야는 꼭 다루어야 할 나라들에 대해 언급했다. 이를 통해서 하나님께서는 불의를 행하는 자들에게 반드시 공의로운 심판을 내리신다는 것을 알 수 있다. 하나님의 선민에게도 심판을 내렸는데 하물며 바벨론처럼 약소국들을 함부로 약탈하고 파괴 행위를 한 나라에 대해서 어찌 그대로 두실 수 있겠는가? 바벨론의 멸망은 곧 하나님의 공의의 절정을 의미한다. 하나님께서는 오늘날 여러 나라들에 대해서도 심판을 내리실 것이다. 강대국과 약소국들 모두 그들의 행위에 따라서 심판하실 것이다. 그들이 형벌받을 것 때문이 아니라 하나님의 나라가 임할 것이기 때문이다.

예레미야서는 길고 반복되는 예언들이지만 말씀 하나 하나 다 의미가 있다. 그리고 성실하게 읽고 묵상하며 교훈을 얻어야 할 것이다. 예레미야서를 좀더 구체적으로 깊이 연구할 필요가 있다. 그럴 때 우리가 예레미야의 심정을 가지고 하나님의 백성을 향해서 불쌍히 여기는 마음을 갖게 될 것이다. 그리고 우리도 역시 복음을 거부하는 영혼들을 향해서 하나님의 심정을 전달하는 사명을 감당해야 할 것이다. 하나님께서 온 땅을 회복시키고 하나님 나라를 완성시킬 때까지 우리는 예레미야가 했던 선지자적 사명을 다해야 할 것이다. 모든 족속이 하나님 앞에 나와서 하나님을 경배할 때까지 우리는 예레미야의 발자취를 따라가야 할 것이다.

"하나님 아버지, 예레미야를 통해서 하나님의 마음을 알게 하시니 감사합니다. 하나님의 마음이 예레미야 선지자를 통해 계시된 것을 우리는 봅니다. 범죄한 하나님의 백성을 얼마나 사랑하시고 돌아오기를 고대하시는지 예레미야를 통해서 알려주셔서 감사합니다. 우리를 향해서도 동일한 마음을 품고 계신 것을 감사합니다. 우리도 하나님의 마음을 가지고 세계의 모든 족속에게 은혜의 말씀을 증거할 수 있게 도와주시옵소서. 그리고 이 말씀이 증거될 때에 모든 족속이 돌아오고 하나님의 나라가 속히 이루어지게 도와주시옵소서. 아멘."

예레미야애가

LAMENTATIONS

예레미야애가

■ 제목
원래 이 책은 제목이 없었다. 그러나 나중에 70인역에서 '슬픈 노래'라는 뜻의 표지가 붙었으며 후에 벌게이트역 등에서 예레미야애가라는 말을 쓰게 되었다.

■ 저자
저자는 전통적으로 예레미야라고 알려져 있다. 예레미야가 쓴 용어들과 편집 방식을 미루어보아 예레미야가 저자라고 확증할 수 있다(R. K. 해리슨, 예레미야와 예레미야애가, IVP, p. 195 참조).

■ 내용
이 책은 다섯 개의 애가로 구성되어 있다. 세번째 애가를 제외하고는 모두 B.C. 587년에 바벨론의 예루살렘 성 함락에 대한 애가 내용이다. 세번째 애가도 역시 예루살렘 성 함락에 관한 것이다.

■ 연대
연대는 정확히 언제라고 말할 수는 없지만 B.C. 587년 예루살렘 성이 함락되는 것을 목격한 사람의 글인 것은 의심할 여지가 없다. 후에 기록했을지라도 B.C. 550년 이후의 것은 아닐 것이라는 것이 일반적인 견해다(IVP, 예레미야애가, p. 198, H. Ellison, 엑스포지터스 주석, 예레미야애가, p. 696 참조).

■ 신학적 메시지
예레미야의 가르침과 마찬가지로 유다가 멸망한 것은 하나님 앞에 불순종했기 때문이라는 사실을 잘 가르쳐주고 있다. 그리고 유다 백성들이 얼마나 큰 슬픔과 고통을 경험했는지를 잘 나타내주고 있다. 이것은 현대인들에게 주는 메시지가 크다. 이스라엘 민족이 범죄한 결과 받은 고통을 통해서 우리도 범죄로 인해 매우 큰 형벌을 받을 수 있다는 것을 교훈 삼아야 할 것이다. 개인이든 국가이든 하나님 앞에 늘 겸손하며 범죄하지 않고 순종하며 살 수 있도록 하나님께 은혜를 구해야 할 것이다. 지금이야말로 한국 교회가 은혜를 구할 때다.

■ 예레미야애가서의 개요
예레미야를 통해 표현된 하나님의 슬픔

LAMENTATIONS

1 예레미야를 통해 표현된 하나님의 슬픔

| 예레미야애가 1-5장 |

큰 그림 보기

예루살렘의 멸망을 본 선지자는 한없이 눈물 흘리며 애통해 한다. 이 모습은 아마 자기 민족이 멸망당한 것을 본 사람이 아니면 이해할 수 없을 것이다. 우리 민족도 이스라엘처럼 항상 외국의 침략을 받은 경험이 있기 때문에 그들의 아픔을 누구보다도 잘 이해할 것이다. 우리는 예레미야애가를 읽고 공부함으로 하나님의 명령을 어기고 살면 얼마나 큰 아픔을 겪는지를 뼈저리게 느낄 수 있을 것이다. 한국 교회는 예레미야애가를 통해서 영적으로 각성하고 하나님 앞에 회개해야 할 것이다.

깊이 들여다보기

1 선지자는 예루살렘 성의 훼파된 모습을 보고 말할 수 없는 슬픔 가운데 빠져 있었다. 이에 대해 다음 질문에 답하라(1장).

1. 선지자는 예루살렘 성이 훼파된 것을 보고 어느 정도 슬퍼했는가? (1:1-11)

2. 백성들은 이에 대해서 어떤 반응을 보였는가? (1:12-22)

② 두번째 애가에서는 여호와께서 하나님의 백성에 대해서 얼마나 맹렬한 진노를 나타내고 있는지를 설명해주고 있다. 이에 대해서 다음 질문에 답하라(2장).

1. 여호와께서는 하나님의 백성을 어떻게 버리셨으며 그들의 반응은 어떠했는가? (2:1-17)

2. 선지자는 하나님 앞에 어떤 기도를 드렸는가? 이것이 우리에게 주는 교훈은 무엇인가? (2:18-22)

③ 세번째 애가는 한 이스라엘 백성의 독백이기도 하다. 왜 고난을 당해야 하는지 하나님 앞에 부르짖는 내용들이 있다. 이에 대해서 다음 질문에 답하라(3장).

1. 한 개인이 당한 고난을 통해서 당시의 참상을 간단히 요약해보자(3:1-20).

2. 고통을 호소하는 사람을 향해 하나님께서는 어떤 긍휼을 베푸셨는가? (3:21-39)

3. 이 사람은 어떤 하소연을 했으며 적에 대해서 무엇을 여호와께 부탁했는가? 우리가 얻을 수 있는 교훈은 무엇인가? (3:40-66)

4 시온에 대한 애가가 여기에 나와 있다. 한때 찬란했던 도시가 이제 비참하게 된 것이다. 이에 대해서 다음 질문에 답하라(4장).

1. 과거와 현재를 어떻게 대비했는가? (4:1-11)

2. 선지자는 훼파된 이유가 무엇이라고 이야기하는가? (4:12-16)

3. 이들에게는 희망이 없고 오직 파멸만 있었다. 하나님께 불순종한 백성의 비참한 모습이다. 이 모습을 간단히 요약해보자(4:17:22).

5 선지자는 이 마지막 애가에서 비참한 모습을 놓고 여호와 하나님께 애타게 부르짖으며 여호와께서 응답해주실 것을 간구하고 있다. 무엇이라고 형용할 수 없는 말들을 그는 시를 통해서 여호와께 토해내고 있다. 이에 대해서 다음 질문에 답하라(5장).

1. 선지자는 어떤 아픔을 당하고 있었는가? 선지자가 말하는 하나님의 백성의 아픔은 무엇이었는가? (5:1-18)

2. 선지자는 여호와께 어떤 희망을 품고 있는가?

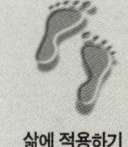
삶에 적용하기

예레미야애가는 문자 그대로 슬픈 노래다. 하나님의 백성이 하나님을 떠나고 우상을 숭배했을 때 주어지는 황폐한 모습을 적나라하게 알려주고 있다. 이 원리는 과거나 현재나 변함이 없다. 지금도 하나님을 떠난 하나님의 백성에 대한 심판은 동일하다. 물론 심판의 형태가 동일하지는 않지만 원칙은 똑같다. 우리는 역사적으로 나타난 교훈들을 통해서 경고를 받고 더욱더 여호와께 순종하는 삶을 살아야 한다. 특히 현대 교회는 이 메시지에 귀기울여야 할 것이다.

지금은 세상에 범죄가 너무 만연되어서 죄에 대해 무딘 상태다. 어떤 죄를 지어도 자극을 받지 않는다. 이럴 때 우리는 강력한 자극이 필요한데 바로 예레미야애가의 메시지가 자극이 된다. 우리는 메시지를 받고 여호와께 나아와 한다. 절망 중에서도 여호와께서는 우리에게 희망을 주신다. "주께서 어찌하여 우리를 영원히 잊으시오며 우리를 오래 버리시나이까." 이 호소에 대해서 여호와께서 응답하실 것이다. 우리는 애타는 마음으로 자신과 백성들과 교회를 위해서 간구해야 할 것이다.

"하나님 아버지, 우리를 이대로 버려두지 마시고, 예루살렘 성이 훼파되고 하나님의 선민들이 멸망된 것처럼 되지 않도록 우리를 일깨워주옵소서. 모든 족속이 이 메시지를 듣고 하나님 앞에 나와서 하나님께 경배드릴 수 있게 도와주시옵소서. 아멘."

에스겔

EZEKIEL

■ 저자와 연대

에스겔은 예레미야와 같은 시대의 인물로서 B.C. 597년에 바벨론으로 여호야긴 왕과 함께 포로로 잡혀갔다(왕하 24:14 이하, 렘 29:1-2). 에스겔이란 말 자체는 '하나님이 강건케 하신다' 는 뜻을 가지고 있다. 그는 잘 알려지지 않은 부시의 아들로서 제사장 출신의 선지자였다. 에스겔은 바벨론에 있는 그발 강가의 텔아비브에서 포로생활을 했다(1:1, 3:15, 8:1). 에스겔은 결혼을 했으며(24:18), 그의 아내는 예루살렘 성이 포위되었을 때 죽었다(24:1, 15-18). 에스겔은 그의 나이 30세 여호야긴 왕이 사로잡힌 지 5년 되던 해인 B.C. 593년에 소명을 받아 22년간 계속 사역했다(B.C. 594-571).

■ 신학적 메시지

에스겔서는 하나님의 영광의 관점에서 쓴 유다의 멸망, 열국들의 심판, 유다와 이스라엘의 복귀에 관한 기록이라고 볼 수 있다. 특히 포로로 잡혀간 에스겔이 당시에 이 글을 썼다는 것은 하나님께서 하나님의 백성이 비록 포로로 잡혀갔지만 그들에게 계속 관심을 가지고 계시다는 사실을 나타내주고 있다. 에스겔서에는 하나님의 영광과 에스겔의 소명(1-3장), 예루살렘을 떠나는 하나님의 영광(4-39장) 그리고 하나님의 영광이 하나님의 백성 가운데 임하는 것(40-48장)에 대하여 묘사되어 있다. 또 다른 한편으로 에스겔서는 유다의 범죄(1-24장), 유다의 적들(25-32장), 유다의 회복(33-48장)에 대해서 언급하고 있다. 더 단순한 구도를 생각해본다면 1-32장까지는 심판에 관한 전반적인 내용이 언급되어 있고, 33-48장까지는 앞으로 다가올 회복에 대한 내용들이 언급되어 있다.

유다 민족은 세 차례에 걸쳐서 바벨론의 포로로 잡혀갔다. 첫번째는 여호야김 왕 통치 때(B.C. 605년), 두번째는 여호야긴 왕 통치 때(B.C. 597년)와 세번째는 예루살렘이 완전히 함락될 때(B.C. 586년)였다. 에스겔은 두번째 포로로 잡혀간 지 5년 만에 포로 상태에서 에스겔서를 쓰게 된 것이다. 그리고 그의 가장 큰 관심사는 B.C. 586년 예루살렘 성이 완전히 파괴될 것에 관한 것이었다. 그는 유다 민족들이 하나님의 진노로부터 돌이킬 수 있기를 고대하는 마음으로 썼을 것이다. 그리고 포로된 사람들에게 하나님의 영광이 반드시 회복될 것이라는 소망을 주기 위해 썼다.

하나님께서는 지금도 온 천하를 다스리고 계신다. 우리 앞에서 하나님의 영광이 멀리 떠난 것처럼 보일 때도 있을 것이다. 그러나 하나님께서는 하늘에서 영광의 날개를 펴시고 우리를 지켜보시며 우리가 범죄하지 않고 회개하는 삶을 계속 살 것을 기대하고 계신다. 에스겔서를 통해서 우리는 하나님의 통치와 하나님의 영광에 대해서 배울 수 있다.

■ 에스겔서와 주변 국가들과의 관계

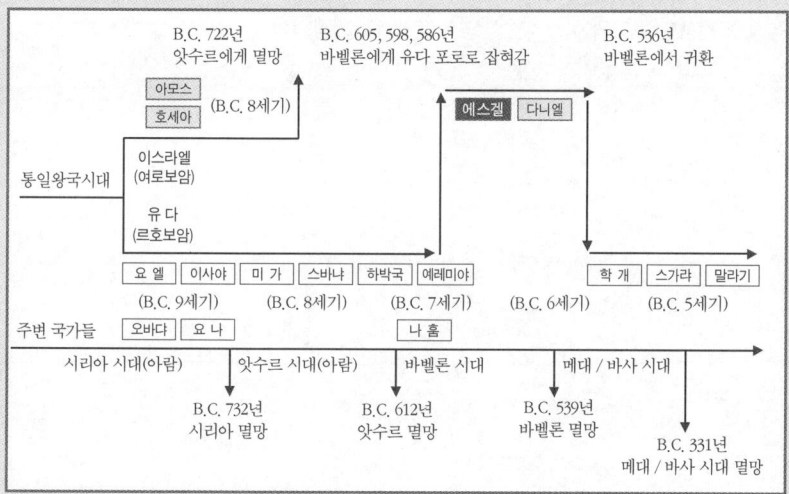

■ 에스겔서의 구성

1장 (B.C. 593) 에스겔이 예언한 시점	하나님의 심판에 대한 예언	33장 (B.C. 586)	회복에 대한 예언	48장 (B.C. 559) 에스겔의 예언 종료시기
			예루살렘이 복귀될 것 예언 (B.C. 536)	
유다의 심판과 파멸		25장 예루살렘의 파괴 33장 열국의 심판	유다와 이스라엘의 회복	48장
7년 간의 예언		33장	15년 간의 예언	48장
3장 에스겔의 소명과 하나님의 영광	하나님의 영광이 떠남	37장	39장 유다의 회복 과정	48장 하나님의 영광이 하나님의 백성에게 나타남

(젠슨의 차트를 참조하여 새로 구성함)

에스겔 개요 **135**

■ **에스겔서의 개요**

1. 에스겔의 소명과 하나님의 영광(1-3장)
2. 예루살렘의 멸망과 예루살렘의 범죄(4-11장)
3. 예루살렘의 멸망에 관한 예언(12-24장)
4. 열국에 대한 심판(25-32장)
5. 유다와 이스라엘의 회복(33-39장)
6. 새로 탄생한 유다와 이스라엘의 영적 생활(40-48장)

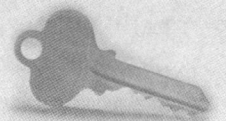

EZEKIEL

1 에스겔의 소명과 하나님의 영광

| 에스겔 1-3장 |

큰 그림 보기

에스겔이 하나님의 영광을 본 것은 그가 30세 되던 해였을 것이다(1:1). 대개 제사장들은 30세가 되었을 때 제사장 직무를 시작하는 것이 상례인데 에스겔도 예외가 아니었을 것이다. 다른 점이 있다면 그는 예루살렘의 성전이 아니라 포로로 잡혀갔던 곳에서 하나님의 영광을 보게 된 것이다.

누구든지 하나님의 영광을 보면 그의 생애는 변할 수밖에 없다. 선지자들이 소명을 받았을 때 선행되는 것이 있다면 하나님의 영광을 보는 것이었다. 이사야와 예레미야의 경우가 그러했다. 에스겔도 먼저 하나님의 영광을 보았고, 그는 당시의 사람들이 알아들을 수 있는 말로 하나님의 영광에 대하여 최선을 다하여 묘사했다(1:4-28). 1장 28절 말씀은 전체를 요약하는 구절이라고 볼 수 있다. 하나님의 영광이 임할 때 우리는 아무 말도 할 수 없다. 다만 우리는 죄인이며 부족하다는 것밖에 느낄 수가 없을 것이다. 그래서 엎드려서 하나님께서 하시는 말씀을 들을 수밖에 없다. 에스겔도 그와 같은 경험을 한 것이다. 그리고 하나님의 영광을 보는 경험을 통해서 에스겔은 자신이 해야 할 일을 깨닫게 된다.

깊이 들여다보기

① 에스겔이 경험한 하나님은 곧 우리의 하나님이시다. 비록 우리는 역사적으로 다른 상황 속에 살고 있지만 지금도 에스겔의 시대처럼 위기적인 상황이다. 지금 우리는 범죄가 난무하고, 공의가 사라지며, 도덕이 와해된 상황 속에 살고

있다. 이럴 때 우리는 본문에 기록된 에스겔의 이상을 보고 하나님 앞에 엎드려서 하나님께서 이 이상을 통해서 하시는 말씀을 듣고 우리의 소명을 재확인해야 할 것이다. 본문을 읽고 다음 질문에 답하라(1장).

1. 에스겔에 대해서 아는 바를 말해보자(1:1-3).

2. 에스겔이 본 이상에 대해서 간단히 요약해보자(1:4-28).

> * 이와 같은 묘사는 낱말 한마디 한마디를 모두 해석하려는 것보다 전체적으로 저자가 말하고자 하는 내용을 먼저 파악하는 것이 더 중요하다. 만일 단어 하나 하나를 해석하려다가 잘못하면 우리 나름대로 의미를 부여해서 영적인 해석을 하기 쉽다. 이럴 경우 저자가 원래 의도했던 메시지가 아니라 우리가 원하는 메시지로 만들어버릴 수 있다. 이것을 알레고리칼한 해석이라고 한다. 우리는 이것을 피하기 위해서 문자 그대로 보아야 하지만 이 문자는 상징을 통해서 나타나는 형식이라는 것을 잊지 말고 해석해야 할 것이다. 그러므로 가장 중요한 것은 말로 형용할 수 없는 여호와의 영광이 에스겔에게 나타났다는 것이 핵심일 것이다.

3. 에스겔은 여호와의 영광을 보고 어떤 자세를 취했는가? 우리는 어떤 교훈을 얻을 수 있는가?

2 1장에서는 여호와의 영광의 환상이 나타났지만 2장에서는 구체적인 여호와의 말씀이 나타난다. 여호와의 영광도 귀중하지만 그 영광 가운데 말씀하시는 여호와의 말씀 내용 또한 귀중하다. 우리는 영광만 바라보고 말씀을 소홀히 해서

는 안 된다. 여호와께서 영광을 보여주실 때는 반드시 하시고자 하는 말씀도 있다. 우리가 그 말씀을 듣고 순종할 때 여호와의 뜻에 따라 사는 사람이 될 수 있다. 이것을 우리에게 적용한다면 예배 가운데 엄청난 은혜를 받을 수 있을 것이다. 또한 우리는 은혜받은 것에 그치지 않고 여호와께서 은혜 가운데 주시는 메시지를 파악해야 할 것이다. 예배와 하나님의 구체적인 말씀은 불가분리의 관계다. 본문을 읽고 다음 질문에 답하라(2장).

1. 여호와께서 에스겔에게 하신 말씀은 어떤 내용이었는가? (2:1-7)

2. 에스겔은 여호와의 말씀을 듣고 어떻게 해야 했는가? 이것을 우리의 삶 가운데 어떻게 적용할 수 있는가? (2:8-10)

3. 에스겔에게 분부한 하나님의 말씀은 은혜를 끼치는 것보다는 오히려 재앙에 관한 것, 더 나아가서는 책망하는 내용이다. 이것이 우리에게 주는 교훈에 대하여 서로 의견을 나누어보자.

3 여호와께서 영광으로 나타나실 때 우리에게 하시는 말씀이 있다. 우리는 그 말씀을 전심으로 받아야 한다. 그 말씀은 매우 귀중한 말씀들이다. 구체적으로 우리가 어떻게 살 것인가, 또 어떤 사역을 해야 할 것인가에 대해서 말씀해주고 있기 때문이다. 바로 이것이 우리가 이 땅에서 사는 목적, 곧 소명이다. 소명이 없을 때 우리는 이 땅에서 사는 목적 없이 방향을 잃고 비틀거릴 수 있다. 그러나 소명이 있는 사람들은 이 땅에서 어떻게 살아야 할 것인지를 알기 때문에 아무리 세상이 악해져도 희망을 잃지 않고 하나님께서 주신 소명을 다하기 위해서 달음질치게 된다. 이사야 40장 28절 이하의 말씀처럼 독수리가 창공을 향해서 날아가듯 높이 올라가게 된다. 본문을 읽고 다음 질문

에 답하라(3:1-11).

1. 우리는 여호와께서 말씀하실 때 어떤 자세를 가져야 하는가? (3:1-3)

2. 여호와께서는 에스겔에게 구체적으로 어떤 것을 하라고 하셨는가? 그리고 우리에게 어떻게 적용할 수 있는가? (3:4-11)

3. 주님의 명령은 결코 쉬운 것이 아니다. 우리는 어떻게 이것을 실천할 수 있는가?

4 우리가 여호와의 영광을 보면 반드시 그 영광과 더불어 세상의 모습도 보아야 할 것이다. 세상만, 또는 영광만 보아서는 안 된다는 뜻이다. 우리가 이 세상에 있는 동안에는 영광에만 파묻혀서 살아도 부족한 삶이 될 것이다. 왜냐하면 세상이 사악하고 죄 가운데 떠내려가고 있기 때문이다. 그리고 그 가운데 사는 많은 백성들이 불쌍하기 때문이다. 반면에 우리가 세상에만 있으면 힘을 잃을 것이다. 우리는 이 세상과 하나님의 영광을 함께 보아야만 한다. 본문을 읽고 다음 질문에 답하라(3:12-27)

1. 에스겔은 하나님의 영광을 본 다음에 어떤 경험을 했는가? 하나님의 의도는 무엇이라고 생각하는가? (3:12-15)

2. 에스겔이 포로로 잡힌 백성들과 7일 동안 보낸 후에 하나님께서 에스겔에게 주신 말씀은 무엇인가? 이를 통해서 우리는 어떤 교훈을 얻을 수 있는가? (3:16-21)

3. 에스겔이 하나님의 영광을 경험한 후 바로 그의 임무를 수행하지 않고 들에 나가서 여호와의 영광 가운데 머물렀던 것을 볼 수 있다. 그리고 그 영광 가운데 주의 신이 에스겔에게 임했다. 그 후 에스겔은 즉시 사역을 하지 않고 집으로 들어가 문을 닫고 잠시 머물렀다. 심지어 여호와께서는 그가 말을 못하게 혀를 입천장에 붙게 하시겠다고 말씀하셨다. 그 이유는 무엇이라고 생각하는가? 27절 말씀과 마태복음 28장 18-20절의 말씀을 비교 설명하고 유사점이 있는지 서로 나누어보자(3:22-27).

삶에 적용하기

이 예언의 말씀은 비록 수천 년 전의 상황에서 기록되었지만 오늘날도 동일하게 유효한 말씀이다. 에스겔이 살던 때와 같이 오늘날도 세상은 매우 어둡다. 그때 예언자가 필요했던 것처럼 오늘날에도 예언자가 필요하다. 그때 하나님의 영광이 필요했던 것처럼 오늘날에도 하나님의 영광이 필요하다. 그 때 세상의 죄 가운데 빠져 있는 사람들을 향해서 외칠 수 있는 대언자가 필요했던 것처럼 오늘날도 소명을 가진 대언자들이 필요하다.

그러나 먼저 우리도 에스겔처럼 여호와의 영광을 바라보아야 할 것이다. 이 과를 통해서 그 영광을 경험할 수 있었을 것이다. 그리고 그 영광을 경험한 후 즉시 뛰어나가는 것이 아니라 잠시 여호와께서 계신 곳에 머물며 그 영광을 깊이 경험해야 할 것이다. 그래야 나가서 외칠 때 내 마음대로가 아니라 여호와께서 주시는 능력을 가지고 할 수 있을 것이다. 이것은 에스겔의 경험이었지만 우리도 이것을 적용시켜서 이 땅에서 주님께서 주신 사명을 다해야 할 것이다. 우리가 받은 바 소명은 다 다르지만 궁극적으로 여호와의 영광을 이 땅에 선포하는 일은 우리가 받은 달란트와 은사대로 행해야 할 것이다.

"하나님 아버지, 우리에게 당신의 영광이 필요합니다. 이 땅에 당신의 영광이 나타나지 않는다면 어둠은 짙어만가고 공의는 사라지고 사람들끼리 서로 싸울 수밖에 없습니다. 이럴 때 약자는 더 어려워지고 강자는 더 강해질 수밖에 없습니다. 하나님 아버지 우리에게 당신의 모습을 나타내주옵소서. 교회를 통해서, 개인의 경건 시간들을 통해서 우리가 받은 소명을 확인시켜주옵소서. 그리고 그 소명에 따라서 당신의 영광을 선포할 수 있게 도와주시옵소서. 아멘."

2 예루살렘의 멸망과 예루살렘의 범죄

| 에스겔 4-11장 |

큰 그림 보기

한 국가나 개인으로부터 여호와의 영광이 떠나는 것은 가장 비극적인 일이다. 이 과에는 여호와께서 더 이상 유다와 함께 할 수가 없어서 떠나는 장면이 나온다. 다시 이 땅에 이스라엘 나라를 재건설하기까지(39장) 여호와의 영광이 떠난 상태가 계속된다. 이 과를 좀더 세부적으로 보면 먼저 하나님께서 범죄한 유다를 향해서 어떤 식으로 예루살렘 성을 훼파하실 것인가를 말씀하고 계신다(4-5장). 여기서 에스겔은 4가지 상징을 통해서 예루살렘 성의 멸망을 예언하고 있다. 두번째로 다시 한번 유다를 향한 예언이 나타나고(6-7장), 유다로부터 하나님의 영광이 떠나는 가장 마음 아프고 비극적인 사실이 8-11장에 나온다. 여기에는 중요한 이유가 있었다. 그것은 곧 이스라엘 민족이 엄청난 우상 숭배의 죄 가운데 빠져 있었기 때문이다(8장).

국가든 개인이든 그들의 범죄가 위험 수위를 넘어 돌이킬 수 없는 데에 이르면 하나님께서는 끝까지 기다리지 않고 간섭을 하며 심판하신다. 물론 성경에 보면 하나님께서 말세의 최종적인 심판을 말씀하셨다. 그러나 필요할 때 공의를 나타내시고, 직간접으로 간섭하시며, 때에 따라서는 심판의 손길을 뻗으신다. 우리는 악인이 잘 되거나, 혹은 죄인이 잘 산다고 부러워할 필요가 없다. 우리는 말씀에 나타난 대로 하나님께서는 악인과 악인의 삶을 혐오하고 계시다는 사실을 잘 알고 있기 때문이다. 오히려 겉보기에는 피해를 받는 것 같고, 때로는 일부 악인들처럼 승승장구하지 못하는 것처럼 보일지라도 의인의 길을 택하는 것이 안전하고 당연하다.

우리는 이 과를 공부하면서 개인과 교회와 우리 나라로부터 하나님의 영광이 떠나지 않도록 기도해야 할 것이다. 하나님의 영광이 떠나는 순간 그곳은 아수라장이 될 것이기 때문이다. 그리고 지금까지 소수의 남은 자들을 통해서 하나님의 영광이 함께 하셨다는 사실에 대해서 감사드려야 한다.

깊이 들여다보기

1 에스겔은 네 가지 상징을 통해서 범죄한 유다 민족을 하나님께서 심판하실 것이라는 사실을 알려주고 있다. 우리는 이 말씀을 우리의 삶에 적용해보아야 할 것이다. 왜냐하면 이 메시지는 유다 민족뿐만 아니라 우리에게도 해당되기 때문이다. 여기서 언급된 범죄들이 유다 민족에게만 있던 것이 아니라 우리에게도 있던 것이다. 불변하신 하나님께서는 그때와 마찬가지로 지금도 동일하게 범죄를 혐오하신다. 이런 사실을 생각하며 다음 질문에 답하라(4-5장).

1. 첫번째 상징은 무엇인가? 이 상징이 우리에게 주는 메시지는 무엇인가? (4:1-3)

2. 두번째 상징은 무엇이었는가? (4:4-8)

3. 세번째 상징은 무엇이었는가? (4:9-17)

4. 네번째 상징은 무엇이었는가? (5:1-4)

그 해석은 어떻게 했는가? (5:5-17)

이것이 우리에게 주는 메시지는 무엇인가?

②에스겔은 유다를 향해서 멸망이 임박하였음을 다시 예언했다. 이런 사역은 쉬운 일이 아니다. 축복을 말하는 것보다 너희가 저주를 받을 것이라고 말하는 것은 쉽지 않기 때문이다. 그러나 성령을 받은 에스겔은 그것이 꼭 이루어질 것이기 때문에 하나님의 백성에게 경고할 수밖에 없었다. 우리는 강단에서, 혹은 경건의 시간에 성령으로 충만한 메시지를 들을 수 있어야 한다. 범죄한 백성의 말로에 대해 분명히 깨닫고 회개할 수 있는 기회를 얻을 수 있기 때문이다. 그러나 대부분의 사람들은 이런 메시지를 듣고 싶어하지 않는다. 따라서 메시지를 전하는 사람도 많지 않다. 우리는 우리에게 꼭 필요한 메시지를 듣고 우리의 삶이 변해야 할 것이다(6-7장).

1. 에스겔은 이스라엘의 죄가 무엇이라고 지적했는가? (6:1-10)

2. 하나님께서는 이스라엘에게 어떤 형벌을 내릴 것이라고 말씀하셨는가? (6:1-10)

3. 범죄한 이스라엘은 이런 메시지를 듣고 어떤 태도를 취해야만 했는가? (6:11-14)

   우리는 어떤 교훈을 얻을 수 있는가?

4. 여호와께서는 이스라엘 땅을 어떻게 보셨으며 또 어떤 조치를 취하겠다고 말씀하셨는가? (7:1-9)

5. 이때 이스라엘에 어떤 일들이 일어날 것인가? (7:10-27)

우리가 배울 수 있는 하나님의 원리는 무엇이며 우리에게 어떻게 적용할 수 있는가?

③ 에스겔은 다시 한번 영광스러운 하나님을 뵙는다. 그리고 하나님으로부터 이스라엘의 범죄에 대하여 듣는다. 영광스러운 하나님께서 의인에게는 영광스럽지만 불의를 행하는 자에게는 무서운 분이시기도 하다. 왜냐하면 그분이 계신 곳에는 반드시 범죄가 드러나고 공의가 이루어지기 때문이다. 그러나 여호와를 깊이 사모하고 찾는 사람들에게는 이 영광이야말로 가장 소중하고 귀한 것이다. 우리는 이 영광을 항상 경험하며 살기 위해서 모든 범죄로부터 떠나고 공의와 사랑과 경건하게 행동해야 할 것이다. 단지 교회 내에서뿐만 아니라 어디서든지 하나님을 기쁘시게 하는 삶을 살아야 한다. 이렇게 살 때 우리는 세상 사람들과 구별되며 하나님께서는 이런 사람들의 회중을 교회라고 부르신다. 교회가 교회다울 때 이 세상은 교회를 보고 하나님께서 계시다는 사실을 깨닫게 될 것이다. 그러나 이스라엘 백성들은 세상에서 하나님의 대언자로서, 상징으로서의 사명을 스스로 포기했던 것이다. 우리는 이스라엘처럼 동일한 실수를 하고 있다. 그러나 아직도 기회는 남아 있다. 우리가 회개하고 돌아왔을 때 하나님께서는 우리 교회를 다시 한번 들어쓰실 것이다(8-11장).

1. 에스겔이 만난 영광스러운 여호와에 대해서 간단히 요약하고 그 영광스러운 하나님께 경배드리자(8:1-4).

2. 이스라엘의 우상 숭배의 죄에 대하여 간단히 요약해보자(8:5-18).

   그 범위는 어느 정도였는가?

3. 천사들이 범죄한 자들을 어떻게 심판할 것인가?

   그리고 우리에게 주는 교훈은 무엇인가? (9:1-11)

4. 이들이 심판을 시작한 곳은 어디인가?

   이것이 우리에게 주는 의미는 무엇인가? (9:6)

5. 여호와의 영광이 어떤 경로를 통해서 이스라엘 백성을 떠났는가? (10:1-22)

   그 내용이 가져다주는 의미는 무엇인가?

6. 스물 다섯 방백들에 대한 내용이 이곳에 나와 있다. 본문은 최악의 경우를 말하고 있는데 어떤 내용인가? (11:1-13)

   하나님이 내리시기로 결정한 형벌은 무엇인가?

   우리는 어떤 경고를 받을 수 있는가?

7. 여호와께서는 하나님의 백성들의 범죄에 대응하는 형벌을 내리셨지만 이들이 회개하고 돌아왔을 때 새로운 계획을 가지고 계시다. 본문은 바로 그

계획에 대해서 말씀하고 계시다. 그 계획을 간단히 설명해보자. 그 가운데 이미 우리에게 이루어진 것들도 있다. 그 내용을 서로 나누고 하나님께 영광을 돌리자(11:14-25).

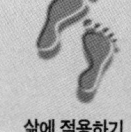

본문을 읽을 때 우리는 손에 땀을 쥐게 된다. 상징으로 시작해서 실제적이면서도 직접적인 표현으로 하나님께서는 어떤 일이 일어날지 명확하게 알려주셨다. 귀가 둔하며, 눈이 어둡고, 마음이 딱딱하여 하나님의 경고를 듣고도 유다 백성들은 각기 제 길로 갔다. 그러나 이들만 나무랄 것이 아니다. 우리도 수없이 말씀을 읽고 또 설교 말씀을 듣고도 삶의 변화없이 그대로 살 때가 너무 많다.

우리는 다시 한번 하나님께서 말씀하실 때 귀를 기울이고 즉시 우리가 가던 죄의 길로부터 돌이켜야 한다는 사실을 깨달아야 할 것이다. 그것을 깨닫지 못한다면 이스라엘 백성과 조금도 다를 바가 없다. 꼭 이스라엘 백성처럼 포로로 잡혀가서 비참한 생활을 하지는 않지만 결과는 똑같다. 포로 생활의 여부와 관계없이 하나님의 영광을 떠난 백성의 말로는 비참해질 수밖에 없다.

먼저 영적으로 둔한 마음과 하나님을 깨닫지 못하는 어리석음 가운데 빠져버릴 것이다. 그리고 어둠 속에서 제멋대로 살다가 결국은 하나님의 심판을 받는 자신을 발견하게 될 것이다. 우리는 하나님의 영광을 회복해야 한다. 그 영광을 되찾고 그 영광 앞에 엎드리며 하나님께 경배드리는 삶을 살아야 한다.

"하나님 아버지 오늘 하나님의 영광을 다시 한번 보기를 원합니다. 우리에게 여호와의 영광을 보게 하옵소서. 우리 교회가 그렇게 되게 해주시옵소서. 우리 나라가 그렇게 되게 해주시옵소서. 세계적으로 이 영광이 나타나게 해주시옵소서. 모든 족속이 이 영광 앞에 경배하며, 찬양하고, 예배드리는 날이 속히 오게 해주시옵소서. 우리는 그때를 기대하며 모든 족속에게 이 심판의 메시지와 용서의 메시지와 영광의 메시지를 전하기를 원합니다. 저희를 도와주옵소서. 아멘."

3 예루살렘의 멸망에 관한 예언

| 에스겔 12-24장 |

큰 그림 보기

하나님의 영광이 떠난 예루살렘은 가장 위험하고 불행한 상태에 놓이게 되었다. 하나님의 영광이 떠난 교회 역시 마찬가지다. 그러므로 우리의 범죄로 말미암아 하나님의 영광이 떠나서는 절대로 안 된다. 어떤 수모를 당하더라도, 아무리 비참한 상태에 처할지라도 이것만은 피해야 한다. 오히려 즉시 회개하고 하나님 앞에 아무 조건 없이 나와서 다시 한번 하나님의 영광을 경험하며 살아야 할 것이다. 이스라엘 백성은 수없이 많은 경고와 심판과 멸망에 대한 예언을 듣고도 그 기회를 놓쳐버렸다. 이 과에서는 영광을 포기한 백성이 어떻게 될 것이라는 사실이 반복적으로 설명되어 있다.

* 심판의 확실성
  - 12:1-20 두 가지 심판의 상징
  - 12:21-28 선지자의 경고를 듣지 않는 백성에 대한 심판
  - 13장 두 가지의 재앙
  - 14:1-11 여호와께서 직접 말씀하신 대상
  - 14:21-23 네 가지의 재앙
  - 15장 무용지물인 악하고 쓸모없는 포도나무에 관한 비유
  - 16장 예루살렘에 관한 예언
  - 17장 나무에 대한 수수께끼
  - 18장 죄에 대한 개인적인 책임
  - 19장 암사자에 대한 은유

* 심판의 공정성
  - 20:1-44 이스라엘의 역사
  - 20:45-22:31 여호와께서 하신 여러 가지 선언

22장 범죄한 이스라엘 백성에 대한 내용
23장 사마리아와 예루살렘에 관한 내용
24장 예루살렘의 포위의 시작과 상징

비록 긴 본문이지만 비슷한 내용들이기 때문에 한 과로 묶었다. 이 책의 목적은 자세히 공부하기보다 전체의 모습을 보는 것이기 때문에 위의 요약을 여러 번 읽고 전체의 그림을 파악하면 유익하다. 복잡한 내용이지만 이 과를 크게 둘로 나누어볼 수 있다. 하나는 심판의 확실성(12-19장)과 다른 하나는 심판의 공정성(20-24장)이다.

깊이 들여다보기

① 선지자는 여러 가지 상징과 설교를 통해서 예루살렘 성이 반드시 파괴될 것이라고 거듭 선포하고 있다. 대부분 이런 경고를 들었을 때는 돌이키고 새롭게 마음을 가다듬을 것이다. 그러나 선민 이스라엘은 마음이 강퍅하여 결코 돌이키지 않고 하나님의 심판의 때까지 간 것을 볼 수 있다. 오늘날 우리의 모습에서도 하나님의 사람의 충고를 듣지 않고 계속 죄를 범한다거나, 교회가 하나님의 말씀을 들으면서도 계속 세속화 방향으로 치닫는 경향이 있다. 우리는 선지서 말씀을 공부하면서 우리 마음을 강퍅하게 해서는 결코 안 된다. 오히려 마음을 부드럽게 하여 말씀이 우리 마음 속에서 마치 좋은 땅에 떨어진 씨앗과 같이 싹이 나도록 해야 한다. 그리고 우리는 순종함으로써 죄의 길에서 돌이키고 하나님께서 원하시는 길로 가야 한다. 본문을 읽고 다음 질문에 답하라(12-19장).

1. 에스겔이 말하는 두 개의 심판에 관한 상징은 무엇인가? (12:1-20)

에스겔은 언제 이런 심판이 임할 것이라고 말했는가? (12:21-28)

2. 에스겔이 말하는 두 가지 예언은 주로 누구에게 내릴 것이라고 했는가? 우리는 이것을 어떻게 적용할 수 있는가? (13:1-23)

3. 우상을 섬기는 자들이 여호와께 나와서 물었을 때와 유혹을 받은 선지자가 여호와께 나왔을 때 여호와께서는 어떻게 경고하셨는가? (14:1-11)

4. 여호와께서는 범죄한 백성들에게 어떻게 하실 것이라는 것을 네 가지 재앙을 통해서 말씀하셨다. 이 네 가지 재앙은 어떤 것인가? (14:21-23)

5. 악한 포도나무의 비유를 간단히 설명하고 우리의 삶에 적용해보자(15:1-8).

6. 예루살렘의 비유를 읽고 예루살렘이 범죄한 내용에 대해서 예를 들어서 말하고 이것을 어떻게 우리의 삶 가운데 적용할 수 있는지 설명해보자(16:1-63).

7. 각종 나무를 통한 비유 내용은 무엇인가? 이 비유가 주고자 하는 메시지는 무엇인가?(17:1-24)

8. 우리가 범죄했을 때 하나님께서는 어떻게 하실 것이라고 가르치고 있는가? (18:1-32)

9. 암사자와 그 새끼들을 통해 주시는 메시지는 무엇인가? 그 메시지가 우리에게 주는 의미는 무엇인가? (19:1-14)

② 하나님께서는 함부로 심판을 하거나 형벌을 내리지 않으신다. 심판도 공의롭지만 심판을 내리기까지의 과정도 공정하다. 따라서 이스라엘 백성들은 하나님께서 마치 신화 속의 신들처럼 기분에 따라서, 또 신 자신의 난폭한 성격에 따라서 무자비하게 심판하셨다고 결코 말할 수 없다. 이런 사실을 설명하기 위해서 선지자는 먼저 이스라엘의 역사를 통해서 그들이 심판을 받게 되기까지의 과정을 거듭 말하고 있다. 그리고 여러 편의 설교를 통해서 심판에 대한 구체적인 내용을 언급하고 있다. 우리는 본문을 통해서 우리들이 이스라엘과 같이 되지 않도록 경각심을 가져야 할 것이다. 이들의 역사는 곧 우리 교회의 역사일 수 있기 때문이며 오히려 이들보다 더한 경우가 많다. 우리를 그대로 내버려두시는 것은 우리가 잘 해서가 아니라 하나님의 긍휼 때문이라는 사실을 깨달아야 할 것이다. 본문을 읽고 다음 질문에 답하라(20-24장).

1. 이스라엘 역사를 통해서 나타난 하나님의 백성의 범죄 사실을 예를 들어 설명해보자(20:1-44).

2. 본문에는 하나님의 심판에 관한 내용들이 나타나 있다. 이 중에 한 두 가지 예를 들어 설명하고 이에 대해서 우리가 어떤 태도를 취해야 하는지 서로 나누어보자(20:45-22:31).

3. 오홀라와 오홀리바는 각각 무엇을 가리키며 이들에 관해서 하나님께서는 무슨 말씀을 하셨는가? (23:1-49)

4. 본문은 마침내 예루살렘 성에 포위가 시작되는 것과 그것이 얼마나 엄청난 일인가를 극적으로 설명하고 있다. 이를 두 가지 실물 교시를 통해서 설명하고 있는데 이에 대해서 간단히 설명해보자. 그리고 그 비참성에 대해 느낀점을 서로 나누어보자(24:1-15).

삶에 적용하기

이 과는 마치 어두운 터널을 지나는 것처럼 느껴지며 심판의 처참함을 볼 수 있다. 보통 우리가 이 본문을 읽으면 그대로 지나치거나 성경에 왜 이런 내용들이 들어 있는지 불평할 수도 있다. 그러나 이 내용은 구약의 모든 내용과 같이 우리에게 꼭 필요한 말씀이다. 우리는 경고의 말씀에도 불구하고 계속 범죄하고, 역사를 통해서 배우지 못하며 반복해서 죄를 범하는데 만일 이 말씀조차도 없다면 우리가 얼마나 교만하게 살 것인지 상상할 수 있다.

우리는 본문을 읽을 때마다 다시 한번 유다 백성처럼 되지 않도록 다짐해야 할 것이다. 우리 힘으로는 결코 그렇게 할 수 없다. 오직 성령께서 우리를 도와주실 때 하나님 앞에 회개하고, 하나님의 음성을 들으며, 선지자의 음성을 따라 하나님께서 원하시는 의로운 길로 갈 수 있을 것이다. 현대 그리스도인들이 이 메시지를 듣고 깨닫는 은혜가 넘치길 바란다.

이미 하나님의 백성의 심판 경험을 통해서 우리는 교훈을 얻을 수 있다. 그리고 여호와 앞에 나와서 여호와의 영광을 구하고 여호와의 긍휼을 마음껏 경험하며 여호와께 찬양 드리며 영광 돌리는 백성이 되어야 할 것이다. 그렇지 않으면 참감람나무의 가지를 찍어버린 여호와께서 접붙인 돌감람나무인 우리 이방인을 또 찍지 않으신다는 보장이 없을 것이다. 우리 자신을 보면 한편으로는 주님께서 우리를 끝까지 버리지 않으시는 것이 확실하다. 또 다른 한편으로는 주님께서 범죄에 대해서 혐오하고 마침내는 공의로운 심판을 내리실 것이라는 사실도 분명히 알아야 할 것이다.

"아버지 하나님, 오늘 저희들이 이스라엘 백성을 통한 교훈들을 받기 원합니다. 이들이 끝까지 범죄에서 돌이키지 않았을 때 어떤 엄청난 결과가 있었는지 저희들은 역사를 통해서 압니다. 그 아름답던 예루살렘이 파괴되고, 그곳의 남녀노소를 막론하고 모두 죽거나 사로잡혀가게 되었습니다. 성전은 파괴되었습니다. 이런 일들이 저희 삶 가운데 재현되지 않을지라도 그 메시지는 계속 유효하다고 믿습니다. 아버지 하나님, 오늘 저희들이 이 메시지를 받고 겸손하게 하나님 앞에 나와서 회개하고 거룩한 삶을 살 수 있게 도와주옵소서. 저희만 아니라 온 땅의 모든 족속이 이 메시지를 듣고 하나님 앞에 나와서 하나님과 영원토록 살 수 있게 도와주시옵소서. 아멘."

4 열국에 대한 심판

| 에스겔 25-32장 |

큰 그림 보기

여호와께서 불의를 심판하시는 데는 예외가 있을 수 없다. 국가들 또한 예외가 될 수 없다. 국가(혹은 종족)가 한 집단으로 범죄할 수도 있고, 하나님께 나아갈 수도 있다. 한 국가(혹은 종족)가 하나님께 나아가 하나님의 은혜를 받고 주님의 제자가 되는 것은 마태복음 28장 18-20절의 메시지이기도 하다. 그러나 계속 하나님을 대적하며 하나님의 백성들을 핍박하고 하나님의 계획을 방해할 때 하나님께서는 그대로 방치하지 않으신다. 하나님께서는 공의로우시기 때문에 불의에 대해서 개인이든 국가이든 반드시 심판하신다.

하나님의 공의를 볼 수 있는 본문은 네 부분으로 나눌 수 있다. 첫번째는 바벨론과 동조하는 유다의 이웃 나라들을 한 묶음으로 들 수 있다(25:1-17). 두번째는 두로에 관한 예언들을 말할 수 있는데(26:1-28:19), 작은 나라인 두로에 대해서 많은 지면을 할애한 것은 특이한 일이다. 우리는 그 내용을 좀더 공부하며 그 이유를 알아볼 필요가 있다. 세번째는 시돈에 관한 예언으로(28:20-23) 이스라엘의 회복과 더불어 이 예언이 주어진 것을 볼 수 있다(28:24-26). 네번째는 애굽에 관한 예언이다(29-32장). 역시 애굽은 하나님의 백성과의 관계에 있어서 매우 중요한 위치를 차지하고 있기 때문에 많은 내용이 있음을 알 수 있다.

이 과에서는 유다 민족에 대하여 더 크게는 다른 민족들에 대한 하나님의 계획을 언급하고 있다. 이들 예언은 대부분 성취되었다. 그러나 예언의 성격에 따라서 그 당대에 성취될 부분과 메시아가 오셨을 때 성취될 부분과 궁극적으로는 주님이 재림하셨을 때 성취될 부분으로 나뉜다. 따라서 아직 성취되지 않은 부분이 있음을 알고 공부하면 도움이 될 것이다.

깊이 들여다보기

① 유다의 이웃 나라들은 바벨론이 강해짐에 따라 바벨론에 동조하는 것을 볼 수 있다. 우리는 역사 속에서 한 나라가 강해지면 그 주변 나라들이 협력하여 약한 나라들을 더 공략하는 것을 종종 보아왔다. 본문을 읽고 다음 질문에 답하라(25:1-17).

  1. 암몬, 모압, 에돔, 블레셋에 대한 예언을 각각 읽고 그 예언의 방향에 대해서 간단히 요약해보자.

  2. 이들의 행위 가운데 하나님께서 거부하시는 내용은 무엇인가?

② 두로는 아주 작은 나라이기 때문에 별로 가치가 없는 것처럼 보일 수 있다. 그러나 지정학적으로 이스라엘과 북방 나라들과 연결되는 길목에 있어서 두로의 역할에 따라서 이웃 특히 유다에 많은 영향을 줄 수 있을 것이다. 따라서 두로의 행동으로 하나님의 백성들이 도움을 받거나 어려움을 겪을 수 있을 것이다. 불행하게도 두로는 후자의 역할을 한 것을 알 수 있다. 이런 전이해를 가지고 다음 질문에 답하라(26:1-28:19).

  1. 하나님께서 두로에 대한 심판을 명하신 이유가 무엇인가? (26:1-21)

  2. 두로는 당시에 매우 부유한 나라였다. 그들은 어느 정도로 부유했는가? (27:1-25)

3. 두로는 얼마나 큰 심판을 받을 것인가? (27:26-36)

4. 선지자는 두로가 멸망하게 된 가장 중요한 이유를 무엇이라고 하고 있는가? 이를 통해서 우리가 받을 수 있는 교훈은 무엇인가? (28:1-19)

5. 두로의 멸망과 사단의 종말을 비교해보는 것은 매우 흥미로운 일이다. 이 둘 사이에 어떤 유사점이 있는가?

③ 시돈에 내리신 하나님의 말씀을 읽고 다음 질문에 답하라(28:20-26).

1. 시돈은 과연 어떤 심판을 받으며, 그 결과 어떤 교훈을 얻을 것이라고 했는가? (28:20-23)

2. 시돈과 관련하여 이스라엘 백성들에게 어떤 일이 일어날 것인지 설명해보자(28:24-26).

④ 애굽은 하나님의 백성과 밀접한 관계를 가져왔다. 그렇기 때문에 애굽에 대한 하나님의 관심사도 매우 크셨다. 따라서 하나님께서는 애굽에 대해서 그에 상응하는 심판을 내리실 수밖에 없으셨다. 하나님의 백성을 어떻게 대하는가는 곧 하나님에 대해서 어떻게 생각하는가와 연관되기 때문이다. 우리는 여기서 하나님의 뜻에 순종하는 하나님의 백성을 함부로 대해서는 안 된다는 사실을

볼 수 있다. 이런 사실을 생각하며 다음 질문에 답하라(29-32장).

1. 애굽의 종말은 어떻게 예언되어 있는가? (29:1-16)

2. 느부갓네살이 어떻게 애굽을 파괴할 것이라고 말씀했는가? (29:17-21)

3. 애굽의 동맹국들에 대한 예언을 간단히 설명해보자(30:1-26).

4. 두로와 시돈과 마찬가지로 애굽의 멸망에도 이유가 있다. 선지자는 그 이유를 무엇이라고 하는가? 이것을 우리의 신앙 생활에 어떻게 적용할 수 있는가? (31:1-18)

5. 바벨론의 공격으로 인해 애굽이 종말을 맞게 되는데 그것은 바로 교만 때문일 것이다. 애굽과 그 주변 나라들의 종말에 대해서 간단히 설명해보자 (32:1-32).

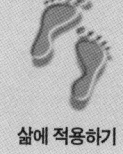

우리는 하나님의 뜻 가운데 사는 것이 가장 안전하다. 하나님의 백성은 율법에 따라 살도록 특별히 지시받았고, 그들은 또한 다른 민족에게 그 메시지를 전할 책임이 있다. 그럼에도 불구하고 그들은 이웃 국가들에게 하나님의 뜻과 섭리를 전하지 않고 오히려 스스로 범죄하여 멸망의 길을 가게 되었다. 이웃 국가들도 예외가 아니다. 그들은 양심과 하나님의 창조 원칙에 따라서 창조주 하나님을 섬기며 살아야 했다. 그리고 하나님의 백성을 통해서 메시지를 받아야만 했다. 그러나 하나님의 순리를 벗어나서 강대국은 강대국대로 약소국은 약소국대로 하나님을 거역하는 죄를 계속 범했다. 따라서 하나님께서는 그에 상응하는 심판을 내리실 수밖에 없었다.

우리는 이 과에서 열국에 대한 심판을 보았다. 시대는 다르지만 지금도 그 원리는 동일하다. 지금은 교회를 통해서 열국에 복음을 전파하고 하나님의 뜻대로 살아야만 하는 시대다. 그러나 그때처럼 교회가 복음을 증거하지 않고 하나님의 뜻을 다른 민족에게 전하지 않으며 자신만을 위해서 사는 과오를 범하고 있다. 따라서 열방들이 자기 길로 가버리고 또 하나님을 믿는 백성들을 대적하는 행위를 하고 있다. 하나님께서는 언젠가 여기에 언급된 내용과 유사한 심판을 내리실 것이다. 주님이 재림하실 때 공의가 다시 한번 이루어지게 될 것이다. 우리는 이것을 역사를 통해서 알았기 때문에 하나님께 순종하고 복음을 모든 족속에게 전하는 데 최선을 다해야 할 것이다.

"하나님 아버지, 오늘 열국의 종말을 보았습니다. 우리 나라가 이렇게 되지 않도록 도와주시옵소서. 또 이웃의 다른 나라들이 이렇게 되지 않도록 도와주시옵소서. 중국, 일본, 인도네시아, 필리핀, 네팔, 인도가 이렇게 되지 않도록 도와주시옵소서. 저희들이 저희만 위해서 살지 않고 이들에게 하나님의 공의와 거룩하심과 은혜에 대해서 증거함으로써 이들도 예수 그리스도의 제자가 될 수 있게 저희들을 도와주시옵소서. 아멘."

Ezekiel

5 유다와 이스라엘의 회복

| 에스겔 33-39장 |

큰 그림 보기

하나님께서는 유다를 완전히 버리지 않으셨다. 유다가 범죄했을 때 그들을 심판하고, 포로로 잡혀가게 하고, 징계하신 것은 사실이다. 그러나 하나님의 징계는 언제든지 회복이 목적이다. 징계를 위한 징계는 세상적이지만 회복을 위한 징계는 하나님의 방법이다. 특히 하나님의 백성의 회복에 대한 예언(37장)은 에스겔서를 읽는 사람들의 마음을 시원하게 해준다.

하나님께서 징계한 백성을 마치 마른 뼈가 다시 생기가 돌고, 그 뼈 위에 살이 돋는 것처럼 되살아나게 한다는 것은 놀라운 진리다. 이것은 곧 부활과 부흥을 의미한다. 하나님께서 하나님의 백성을 징계하신 후 회복시키셨듯이 우리도 하나님의 섭리 가운데 징계하신 후 회복시켜 주실 것이라는 희망을 잃지 말아야 한다(33:1-20). 그리고 에스겔처럼 파수꾼으로서의 책임을 다하여 예루살렘이 함락될 것이라는 뉴스를 전해야 한다(33:21-33). 곧 나쁜 목자와 다윗의 전통을 좇은 목자에 대해서 우리는 이야기해야 한다(34장). 하나님을 배척하는 것의 상징인 세일산에 대해서도 우리는 용감하게 예언해야 한다(35장). 또 하나님의 때에 하나님의 백성을 복귀시킬 것에 대해서도 우리는 언급하지 않을 수 없다(36장). 하나님의 나라에 대해서는 항상 반대하는 세력들이 있을 것이다. 여기서는 그런 세력이 곡의 반역으로 나타나고 있다(38-39장). 이것은 하나님의 나라가 사단의 왕국과 늘 적대적인 구도에 있는 것과 비교할 수 있다. 그러나 메시지의 핵심은 하나님의 백성을 하나님께서 복귀시킬 것이라는 것이다.

우리는 이 예언을 읽으면서 하나님의 마음을 더 깊이 체험할 수 있다. 또한 에스겔서를 통한 영적인 원리들은 현대 교회와 교회의 일원인 우리 각자에게도 적용될 수 있다. 만일 우리가 하나님께 불순종하여 멀리 떠나 있다면 우리는 하나님의 메시지를 들어야 한다. 그리고 하나님께서 마른 뼈와 같이 영적으로 메마른 우리를 회복시키실 것을 믿어야 할 것이다.

① 여호와께서는 에스겔에게 다시 그의 임무와 책임을 상기시켜주셨다. 그리고 자기 민족에게 가서 말씀을 전하라고 하셨다. 에스겔은 사명을 받고 파수꾼으로서의 역할을 감당한다. 우리는 에스겔처럼 파수꾼으로서의 역할을 감당해야 할 것이다. 이제 파수꾼의 사명을 단지 한 민족만 아니라 모든 민족이 해야 하며, 세상 모든 민족이 여호와께 찬양을 드리며 경배를 드릴 때까지 이 파수꾼의 역할을 다해야 할 것이다. 세계 곳곳에서 우리는 이 일을 충성스럽게 이행해야 할 것이다. 이것을 생각하며 다음 질문에 답하라(33장).

 1. 하나님께서 파수꾼에게 기대하는 것은 무엇인가? (33:1-20)

 2. 예루살렘 성이 함락되었다는 사실이 전해진 다음에 파수꾼은 자기 백성에게 어떤 메시지를 전했는가? 이것을 우리에게 어떻게 적용할 수 있는가? (33:21-33)

② 여호와께서는 이번에는 목자의 예를 들어서 설명하셨다. 우리는 상식적으로 목자 가운데 참 목자와 거짓 목자가 있는 것을 알 수 있다. 본문에서도 당시의 거짓 목자와 참 목자에 대한 설명과 함께 다윗의 혈통을 따라서 나온 참 목자 곧 메시아에 대한 예언도 하나님께서 주신 것을 볼 수 있다. 우리는 이 말씀에 비추어보아 우리가 어떤 목자 역할을 하고 있는지 평가해보고 참 목자로서의 삶을 살고 있는지 반성해야 할 것이다. 다음 질문에 답하라(34장).

 1. 여호와께서는 당시의 목자들, 곧 영적인 지도자들에게 무엇이라고 책망하셨는지 구체적인 예를 들어 설명해보자. 이것을 어떻게 현대 교회에 적용할 수 있는가? (34:1-10)

2. 여호와께서는 악한 목자를 제하시고 새로운 목자를 보내주시며 그의 사명을 설명하셨다. 이 내용을 예를 들어서 요약해보자. 그리고 예수 그리스도의 사역과 어떤 점이 유사한지 서로 이야기해보자(34:11-16).

3. 여호와께서 세우실 목자의 특징은 무엇인가? (34:17-31)

3 에스겔은 에돔이 받을 저주와 이스라엘이 받을 복에 대해서 비교하여 설명하고 있다. 여기서 에돔에 대해 다시 말하는 것은 아마도 하나님을 대적하는 모든 나라를 대신하여 에돔을 지적한 것 같다(BKC 시리즈 에스겔, 찰스 디어. 에스겔, 두란노, p. 169-170 참조). 본문에서 우리는 하나님의 백성을 대적하고 하나님의 뜻을 방해하는 모든 나라들이 받을 심판에 대해서 엿볼 수 있다. 앞으로 이 세상의 마지막 때가 될수록 더욱 이런 심판들이 나타날 것을 이 예언들을 통해서 알 수 있다. 반면에 하나님이 택하신 나라, 곧 이스라엘이 받을 복에 대해서도 알 수 있다. 이것은 하나님을 사랑하는 백성에 대한 일반적인 원칙을 말하는 것이다. 우리는 두 나라를 비교하며 우리가 어느 편에 서서, 어떻게 살아야 할 것인가에 대해서 다시 한번 경각심을 가져야 할 것이다. 비록 당장의 열매가 없어도 우리는 끝까지 하나님의 백성의 길을 가야 할 것이다. 이것을 생각하며 다음 질문에 답하라(35-36장).

1. 세일산 곧 에돔에 대한 예언 내용을 간단히 요약하고 우리 삶 가운데 적용해보자(35:1-15).

2. 하나님께서 선택된 백성에게 주시고자 하는 하나님의 복은 무엇인가? (36:1-15)

3. 여호와께서는 언약의 땅을 회복시킬 것이라는 예언을 하셨다. 그 회복시키는 이유에 대해서도 말씀하셨는데 예를 들어 설명해보자(36:16-38).

4 37장은 이 과의 가장 핵심적인 부분이다. 우리는 여기서 마른 뼈들이 살아나고, 거의 멸망했던 나라가 회복되며 새로운 나라로 탄생하는 것을 볼 수 있다. 그 나라는 곧 다윗의 혈통을 좇아서 이루어진 나라를 의미한다. 이 중에는 이미 역사 속에서 이루어진 것도 있지만 미래의 내용도 포함되어 있다. 이에 대해 다음 질문에 답하라(37장).

1. 마른 뼈로 상징되는 이스라엘과 유다는 어떻게 회복될 것인가? (37:1-14)

2. 선지자는 이스라엘과 유다가 함께 회복될 것을 어떤 방법으로 설명했는가? (37:15-23)

3. 회복된 나라의 성격에 대해서 간단히 요약해보자.

이 중에 우리가 현재 누리고 있는 내용들은 어떤 것인지 예를 들어 보자.

5 하나님의 백성이 한 나라를 이루었을 때 곡과 마곡이 어떻게 방해하며 하나님의 왕국을 쓰러뜨리려고 하는지에 대해서 자세히 설명되어 있다. 이것은 아마도 하나님의 백성이 회복된 후에 하나님의 뜻과 백성을 반대하는 강대국들이

다시 한번 하나님의 나라를 말살시키려는 일이 있을 것이라는 예언일 것이다. 이러한 일들은 과거에도 있었지만 마지막 때에 최종적인 전쟁을 통해서 일어날 것임을 짐작해볼 수 있다. 따라서 어떤 것은 이미 이루어졌고, 또 어떤 것들은 미래의 일들에 대한 예언이기도 하다. 여기서는 큰 그림과 방향만 보고, 더 자세히 알기 위해서는 좀더 구체적으로 예언을 공부하는 것이 필요하다. 거기서 끝나지 말고 로마서 9-11장 등 좀더 최근에 기록된 내용들과 요한계시록의 내용과 비교하면서 공부하는 것은 본문을 이해하는 데 큰 도움이 될 것이다. 본문을 읽고 다음 질문들에 답하라(38-39장).

1. 곡과 마곡에게 예언한 내용은 어떤 것인가? (38:1-23)

2. 하나님께서는 곡을 어떻게 하시겠다고 말씀하셨는가? 이것을 우리에게 어떻게 적용할 수 있는가? (39:1-20)

3. 결국은 여호와께서 포로로 잡혀갔던 이스라엘 백성들과 유다 백성들을 축복하시고 그들이 회복되고 여호와의 뜻대로 살게 될 것을 말씀하셨다. 이것을 간단히 요약해보자(39:21-29).

삶에 적용하기

이 과를 통해서 하나님께서는 하나님의 백성에게 무관심하지 않으심을 알 수 있다. 심지어 범죄했을지라도, 그들이 포로로 잡혀가서 고난을 받을 때도 그것은 징계였지 영원히 버리시는 것은 아니었다. 하나님은 하나님의 백성에 대해서 끝까지 후회하지 않으시고 사랑하신다는 사실을 우리는 확인해볼 수 있다(롬 11:29 참조). 또 우리는 과거와 마찬가지로 앞으로도 계속 하나님의 백성을 말살시키려는 세력들이 존재할 뿐만 아니라 세상 끝날 때까지 이들과 대적해야 할 것도 알고 있다.

그러므로 우리는 여호와의 뜻을 좇아 여호와께 순종하며 여호와의 능력을 힘입어 계속 여호와께 충성해야 한다. 그리고 우리가 범죄했을 때마다 속히 회개하고 돌아와야 할 것이다. 여호와께서 우리를 받아주실지 의심할 필요가 없다. 역사적으로 이스라엘 백성들을 받아주신 것처럼 우리를 받아주실 것이다. 이미 역사적으로 이스라엘 백성들을 마른 뼈와 같은 상태에서 다시 생명력을 주시고 회복의 축복을 주신 것처럼 우리를 회복시키실 것에 대하여 의심할 여지가 없다. 우리는 여호와의 마음을 알고, 평생 동안 여호와의 뜻에 순종해야 할 것이다. 그리고 우리 교회들이 회복되어 부흥을 맛보도록 계속 기도하고 여호와의 뜻을 찾아야 할 것이다. 우리는 하나님의 백성들이 소생한 것처럼, 모든 민족들이 소생할 것이라고 예언한 것처럼 그 날을 바라보며 만민들에게 여호와의 사랑과 긍휼과 공의를 증거해야 할 것이다.

"하나님 아버지, 다시 한번 당신의 깊은 뜻과 계획을 볼 수 있어서 기쁩니다. 우리가 다 이해하지 못하지만 지금 우리가 살고 있는 때는 에스겔 때 못지않게 악하다는 사실입니다. 그리고 여호와께서 종종 우리를 징계하시지만 우리가 알지 못하고 지나갈 때가 많습니다. 이제 오늘의 말씀을 생각하며 우리가 영적으로 무뎌지지 않고 민감하도록 도와주시옵소서. 우리의 영혼이 메말랐을 때 회복시켜주시옵소서. 그래서 우리 교회와 영혼이 회복되어서 여호와의 사랑을 체험하며, 만민에게 이 사랑을 증거하는 사람들이 되게 해주시옵소서. 하나님의 백성이 회복될 때가 임박한 것에 대해서 다시 한번 찬양드립니다. 아멘."

6 새로 탄생한 유다와 이스라엘의 영적 생활

| 에스겔 40-48장 |

큰 그림 보기

본문은 에스겔서의 절정이라고 볼 수 있다. 1-39장이 준비 단계였다면 40-48장은 완성 단계라고 볼 수 있다. 33-39장이 이스라엘을 다시 포로에서 돌아오게 하는 복귀 단계였다면 40-48장은 복귀한 이스라엘 백성들이 하나님의 영광을 어떻게 다시 경험하고 살 것인가에 대한 내용이다. 40-48장을 좀 더 세부적으로 본다면 세 가지로 나눌 수 있다. 첫번째는 새로운 성전 건축에 대한 청사진(40-43장), 두번째는 그 성전에서 이루어질 새로운 예배(44-46장), 마지막으로 백성들의 새로운 땅 분배에 대한 내용(47-48장)이다.

교회는 본문을 여러 가지로 해석했다. 그 중에서 몇 가지만 살펴보겠다. (1)먼저 이 예언이 문자 그대로 미래에 이루어질 것이라는 견해다. 어떤 형태로든지 이 땅에 천년왕국이 세워질 것이고, 그때 하나님의 백성을 중심으로 예배와 하나님의 백성의 삶이 전개될 것이다. 이것은 주로 세대주의자들이 문자적으로 해석한 것이다. (2)또 하나는 이 예언이 교회 시대를 말하고 있다는 해석이다. 메시아가 온 후에 이 땅에는 하나님 나라가 세워지고, 그 곳에 다시 한번 하나님께서 원래 의도하셨던 예배와 삶이 전개될 것이다. 이 관점에 의하면 예언은 현재 성취된 것과 앞으로 성취될 미래적인 요소를 함께 내포하고 있다. 또한 아직은 온전한 상태에 이르지 않았지만 성령께서 이 땅에 영적으로 하나님 나라를 더 온전케 하실 것이라는 기대를 갖게 하는 내용이다. (3)이밖에도 포로로 잡혀온 유다 백성이 복귀한 후에 전격적으로 성취될 것에 대한 예언이라는 견해가 있다. (4)순전히 교회 시대에 대한 상징적인 예언이라는 견해도 있는데, 이 둘은 현실성이 없는 해석이라고 볼 수 있다.

결론적으로 우리는 예언의 해석이 한쪽의 견해만 국한되지 않고 여러 가지 견해가 어우러져 나타나는 것을 볼 수 있다. 먼저 우리는 예언이 당시에 어느 정도 성취된 점을 생각할 수 있는데 이스라엘 백성들이 복귀했을 때 이미 어느 정도 성취되었을 것이라는 점이다. 그리고 교회 시대가 왔을 때도 성취되었다. 그러나 주님이 재림하실 즈음에 하나님의 백성인 선민을 통해서 하나님의 질서가 예배와 더불어 이루어질 것을 포함하여 완전한 성취가 아직 남아 있다는 통합적인 해석을 했을 때 그 의미가 밝혀진다. 로마서 9-11장과 연결시켜서 우리는 이런 해석이 가능하다.

하나님께서 구약에 예언하신 대로 메시아를 보내시고, 그 메시아를 통해서 교회를 세우시고, 그 가운데 하나님께서 온전히 거하시며, 선교가 이루어질 것이다. 이로써 여호와께서 세계적으로 영적인 성전을 마련하시고, 마지막으로 하나님의 백성들까지도 손으로 만들지 않은 영적 성전의 일부가 될 것이다. 우리는 그때를 향해서 달려가고 있다. 그리고 그리스도의 신부된 교회는 요한계시록 5장 9-10절과 7장 9-10절에서 말씀하는 어린 양의 보좌 앞에서 있을 잔치에 참여하고 삼위일체 하나님께 영원한 경배를 드릴 것이다. 우리는 본문에서 그와 같은 그림을 볼 수 있다.

깊이 들여다보기

1️⃣ 본문은 앞으로 지어질 성전에 대하여 자세하게 묘사하고 있다. 아주 생생하기 때문에 마치 건축의 청사진을 보는 듯하다. 출애굽기 20-40장의 성전 건축과 비교해볼 필요가 있는데 이 성전은 현대를 살고 있는 우리에게는 이미 교회를 통해서 이루어졌다고 할 수 있다. 그러나 온전하게 이루어지는 것은 미래의 일로 이스라엘 백성의 거국적인 회개를 통해서 완성될 것이다. 우리는 어떤 형태로 이루어질지 지켜봐야 할 것이다. 과연 세대주의자들의 말처럼 이스라엘에 이러한 성전이 문자 그대로 이루어지고 옛날 구약 시대의 예배가 문자 그대로 드려질지에 대해서 아직 잘 모른다. 그러나 우리는 이스라엘 백성에게 어떤 변화가 있을 것이라는 것을 예측해볼 수 있다. 이런 점을 생각하며 다음 질문에 답하라(40-43장).

1. 앞으로 세워질 성전에 대해서 읽고 느낀 바를 서로 간단히 나누어보자(40-42장).

* 내용이 길고, 우리가 이해하기에는 정보가 부족하다. 따라서 지금은 세부적인 해석보다는 오히려 큰 그림을 보는 것이 중요하다.

2. 성전에 나타난 여호와의 영광에 대해서 간단히 설명해보자(43:1-27).

* 이 부분은 여호와의 영광이 이스라엘 백성들에게서 떠난 후(11장) 다시 여호와의 영광이 이스라엘 백성에게 임하는 장면이다. 이것은 에스겔서의 핵심 부분이다.

② 에스겔은 성전이 완성된 다음에 하나님의 백성이 어떻게 성전에서 예배를 드릴 것인지 설명하고 있다. 역시 앞에서 언급한 해석 방법에 따라서 몇 가지로 받아들일 수 있을 것이다. 그러나 중요한 것은 여호와에 대한 계시와 예배의 필요성이다. 여호와께서는 하나님의 백성과 함께 성전에서 계시든, 또한 지금 현재 교회를 통해서 우리와 함께 계시든 늘 우리와 함께 계시기를 원하신다. 지금은 성전 건물이 아니고, 우리 자신이 곧 '성전'이다. 교회는 건물이 아닌 하나님의 사람들이다. 여기에 있는 예언들을 문자 그대로 받아들이든, 그렇지 않든 우리는 지금 이 예언이 이루어져가고 있는 상황 가운데 살고 있다. 우리는 에스겔이 예언했을 때보다 좀더 확실한 위치에 서 있다고 보아야 할 것이다. 모든 종족 중에 교회가 세워지고, 그 종족들이 모두 하나님께 영광을 돌리며 종족들이 연합하여 아름다운 하나님의 교회로 이루어가고 있다는 점이다. 이 사실을 생각하며 다음 질문에 답하라(44-46장).

1. 본문은 성전을 출입하는 사람들이 어떤 임무가 있는지 설명하고 있다. 이에 대하여 느낀 점을 말해보자(44:1-45:8).

2. 에스겔은 제물과 다른 규칙들에 대해서 말하고 있다. 이에 대한 예를 들고 우리 자신에게 적용해보자(45:9-46:24).

* 신약에서는 예수 그리스도께서 모든 제물의 본체가 되셔서 단번에 자신을 드렸기 때문에 제물을 드릴 필요가 없다고 말씀하고 있다(히브리서 참조). 우리는 이런 점을 참작하며 읽어야 한다. 따라서 처음부터 끝까지 희생의 신학(Theology of Sacrifice)에 대해서 얘기하고 있다. 에스겔이 예언했을 때는 이것이 미래의 일에 관한 일이라 희미하게만 알 수 있다. 우리는 십자가의 사건이 이미 과거에 있었던 일이므로 보다 확실하게 이해할 수 있다. 이는 곧 주께서 십자가에서 단번에 자신을 제물로 드리신 것을 가리키고 있는 것이다.

3 성전 건축, 성전에서의 삶, 성전에서의 예배 의식, 실제적인 삶에 대해 말씀하셨다. 우리는 성전에서 강처럼 물이 흘러서 죽어 있던 사막까지 다시 되살리는 모습을 읽을 때 말할 수 없이 기쁘다. 우리가 확실하게 이해하지 못해도 하나님의 나라에 대한 소식이 전 세계로 흘러가서 세계를 소생시키는 환상을 보기 때문이다. 이런 일들은 지난 수백 년 동안 현대 선교 운동으로 우리에게 좀더 현실적으로 다가왔다(47:1-12). 그리고 땅을 분배하고, 그 땅을 보존하여 자손들에게 넘겨주는 실제적인 삶이 있다. 히브리서를 보면 저자는 이 땅을 더 좋은 본향, 곧 천국의 삶으로 연결시키는 것을 볼 수 있다. 아직 이 본문에서는 그렇게까지 연결시키지는 않고 있다. 영적으로 볼 때 우리는 이 은혜를 어느 정도는 이미 누리고 있다(47:13-48:29). 이 부분은 48장 35절에서 절정을 이룬다. 여호와 삼마라고 말씀하셨는데, 이는 곧 문자적으로 여호와께서 계시다는 뜻이다. 우리는 여호와께서 계시는 도성을 추구한다. 구약의 백성이든 신약 시대에 살고 있는 우리든 여호와께서 계시는 도성이 우리의 이상이다. 이것을 생각하며 다음 질문에 답하라(47-48장).

1. 성전 밑에서 나오는 물이 흘러서 사막까지 이르러 생명을 되살리는 장면을 간단히 설명하고 이를 우리 자신들에게 적용해보자(47:1-12).

2. 땅을 분배하는 과정을 간단히 요약해보자. 그리고 느낀 점을 서로 나누어 보자(47:13-48:29).

3. 하나님께서 거하시는 도성을 간단히 요약하고 이 도성이 하루 속히 이 땅에 올 것을 위해서 기도하자(48:30-35).

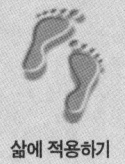
삶에 적용하기

1-39장이 어두운 터널을 지나는 것 같다면 40-48장은 햇살이 비치는 화창한 날씨를 연상케 하며 우리 마음 속에 희망과 기쁨을 준다. 본문을 해석하는 데 있어서 여러 가지 견해가 있고 다 이해하지 못해도 단순히 읽는 것만으로도 우리 마음 속에 소망과 기대감을 준다. 분명한 것은 하나님께서 회복시키시고, 하나님께서 함께 하시며, 이상적으로 예배를 드리는 때가 올 것이다. 그리고 그와 같은 소식이 하나님의 백성이 드리는 예배를 통해서 모든 곳으로 흘러나갈 것이라는 점이다. 처음에는 물이 발목에 잠길까 말까 하지만 나중에는 사람이 잠길 정도로 깊어지는 것 같은 발전이 있고, 생명력이 있으며, 희망적인 모습을 볼 수 있다.

우리는 두 가지 사실을 잊지 말아야 한다. 먼저 제물이 있었다는 것과 그 제물이 당시 사람들은 몰랐지만 예수 그리스도가 희생 제물이라는 것이다. 단번에 드리신 바 된 예수 그리스도의 희생 제물은 많은 제물이 제시하는 본체다. 우리는 더 이상 짐승을 제물로 드리며 예배를 드릴 필요가 없다. 우리는 예수 그리스도 한 분을 의지하고, 그분의 십자가를 의지할 때 매일 수천 번, 수만 번 드리는 제사보다 더 귀중한 제물을 하나님께 바치는 것이 된다. 염소와 송아지의 피로 하지 않고 오직 자신의 몸을 단번에 드리신 예수 그리스도를 진지하게 묵상해야 할 것이다.

다른 하나는 여호와께서 성전에 계시다는 것이다. 여호와 삼마는 여호와께서 계신 성을 의미한다. 우리는 그 성에 아직 들어가지는 못했다. 그러나 지금도 여호와께서 우리 마음 속에 계시는 것을 부인할 수 없다. 여호와께서 계시는 곳이 온전한 곳이라면 우리가 지금 그 온전한 곳에 아직 들어가지는 못했어도 그 일부를 누리며 살고 있다. 이 기쁜 소식을 우리만 소유하지 않고, 마치 물이 사막까지 흘러서 생명을 소생시키듯 모든 족속에게 이 소식을 전해서 그들이 영생을 얻는 것을 보아야 할 것이다.

"하나님 아버지, 오늘 우리에게 성전의 모습을 보여주신 것을 감사합니다. 예배를 가르쳐주신 것 감사합니다. 또 우리가 예배를 드리는 가운데 땅을 분배하듯 일상 생활을 해야 한다는 사실을 알려주셔서 감사합니다. 그리고 일상 생활이나 성전에서 예배드리는 것이나 다 여호와께 영광돌리는 것임을 깨닫게 해주셔서 감사합니다. 그리고 여호와께서 이 성에 계신 것처럼 우리와 함께 계시는 것을 감사합니다. 언제일지 모르지만 더 온전하게 함께 계실 것을 바라보며 우리는 오늘도 용기를 잃지 않고 이 땅에서 삽니다. 하나님이시여, 우리의 예배를 받아주시고 우리 가운데 계속 거하여주시옵소서. 그래서 우리의 발길이 가는 곳마다 이 생명의 물도 함께 흘러갈 수 있게 도와주시옵소서. 지금도 세계 각처에 이런 생명의 물꼬를 트고 있는 많은 하나님의 백성들을 축복하시고 그들에게 능력을 부어주옵소서. 고난을 이길 수 있는 영광을 허락해주옵소서. 아멘."

다니엘
DANIEL

다니엘

■ 저자
저자는 다니엘이다. 8장 이후에 나오는 자신이 저자라는 주장으로도 알 수 있다. "나 다니엘은"이라는 표현들은 직접적으로 자신이 저자임을 나타내고 있다(엑스포지터스 주석 Vol. 7, 글리슨 아처, 다니엘서, p. 4 참조). 다니엘은 '하나님은 나의 심판자이시다' 라는 뜻이 있다. 다니엘은 B.C. 605년 여호야김 왕이 통치할 때 바벨론에 포로로 잡혀갔다. 그의 족보를 보면 왕족이며 귀족이라는 암시를 하고 있다(1:3 참조). 그와 함께 한 친구들은 하나냐와 미사엘과 아사랴였다. 그리고 이들의 이름은 후에 다니엘은 벨드사살, 하나냐는 사드락, 미사엘은 메삭, 아사랴는 아벳느고라고 각각 바꾸어서 불렀다(1:6-7 참조). 다니엘은 당대에 있어서 인격이 훌륭하다는 평판을 받고 있었다. 심지어 에스겔은 다니엘을 노아와 욥의 순결성에 비교했다(겔 14:14, 16, 18, 20, 28:3 참조). 다니엘은 70년 동안 하나님의 백성들이 포로 생활을 하는 기간 내내 바벨론에서 하나님의 백성을 섬겼다.

■ 연대
비판적인 현대 신학자들은 다니엘서가 B.C. 167년에 쓰여졌다고 한다. 그러나 책 속의 증거로 보았을 때 다니엘서는 B.C. 6세기 경에 쓰여진 것을 알 수 있다. 다니엘서는 느부갓네살이 예루살렘을 정복하며 유다를 정복하고 포로로 잡혀갔던 B.C. 605-604년(1:21)부터 고레스 원년(B.C. 537년 경)까지 연결되었다. 따라서 다니엘서는 B.C. 532년이나 530년경에 완성된 것으로 보는 것이 타당하다(엑스포지터스 주석, p. 6 참조).

■ 목적
다니엘서는 대선지서 중에서 예레미야애가를 제외하고는 제일 짧은 책이다. 그러나 이 책이 구약의 책 가운데 신약에서 가장 많이 인용된 것으로 보아 그 중요성을 짐작할 수 있다. 사용된 언어를 보면 2-7장은 아람어로, 1장과 8-12장은 히브리어로 기록되었다(엑스포지터스 주석, p. 6참조).

■ 신학적 메시지
(1) 하나님의 전인적인 통치
   하나님께서 이스라엘, 이방 국가, 더 나아가서 우리 한 사람 한 사람을 통치하심을 볼 수 있다. 특히 1-6장에서 하나님께서 그 백성들을 통치하시는 가운데 베푸신 기적들을 볼 수 있다.

(2) 기도의 능력

생사를 판가름하는 순간에 기도를 통해서 생명을 보존하는 내용들이 말해주듯이 다니엘서에는 기도의 능력이 잘 나타나 있다.

(3) 하나님의 장기적인 구속 계획

다니엘서는 장기적으로 보았을 때 어떻게 하나님의 백성들을 구속할 것인가에 대한 책이기도 하다. 이 책은 가깝게는 유다 백성들이 포로 상태에서 돌아온 후 그리스도가 오시기까지 있어야 할 일들과, 멀게는 세상 종말이 어떻게 이루어질 것인가에 대한 내용들이 있다.

(4) 하나님의 은혜

이 모든 것 가운데 가장 중요한 것은 하나님께서 백성들을 향해서 베푸시는 은혜가 그 이면에 담겨져 있다. 이 책은 하나님께서 그 백성들을 버리지 않으시고 계속 보호하고 인도하신다는 확증들을 우리에게 전달하고 있다(엑스포지터스 주석, p. 8-9).

■ 다니엘서의 구성

1장	이미 일어난 일				6장	7장	앞으로 일어날 일			12장
	다니엘의 꿈 해석						천사들이 다니엘의 꿈을 해석해주다			
1장	2장	3장	4장	5장	6장	7장	8장	9장		12장
다니엘과 친구들	느부갓네살의 꿈들	풀무 속의 친구들	느부갓네살의 회고	벨사살	다리오 왕	네 짐승	유다 민족의 계획			
							수양, 수염소	70년 후		구체적인 계획
히브리어로 쓰여짐	아람어로 쓰여짐						히브리어로 쓰여짐			
서론: 포로중에 있는 유대인들	하나님께서 모든 사람을 주관하신다.		이방인들이 하나님을 대적할 수 없다			하나님께서 모든 사람을 주관하신다	유다는 하나님의 계획 가운데서 하나님께 순종함으로 큰 축복을 받을 것이다. 그리고 말세까지 하나님께서 계획을 가지고 계신다.			

(젠슨의 차트를 참조하여 새로 구성함)

■ 다니엘서와 구약의 구성

시대구분	창조로부터 애굽 이주	출애굽으로부터 신생 국가 형성기	가나안 정복과 혼란기	통일 왕국	분국에서 포로	포로로부터 귀환
주제	태초	출애굽과 가나안 입성 준비	가나안 정복의 허와 실	왕정의 정착	두 나라의 종말	새로운 시작
역사적 관점	창 1-11 창 12-50	출, 레, 민, 신	수, 삿, 룻, 삼상 1-10	삼상 11-31, 삼하, 왕상 1-11, 대상, 대하 1-9	왕상 12-22, 왕하, 대하 10-36	스, 느, 에
신학적, 선지자적 선포	하나님의 창조와 인간의 범죄 구속사의 시작	하나님의 구속과 하나님의 백성으로 사는 법	세상과 죄의 성격과 하나님의 구속의 의지	하나님의 왕국과 통치에 대한 모형	하나님의 계획에 대한 방해와 죄의 결과	하나님의 계획에 대한 하나님의 확고부동한 뜻
주요 사건	창조, 타락, 홍수, 바벨탑, 아브라함의 선택과 그 후손들	430년 노예, 출애굽, 시내산 사건, 율법, 성막, 광야 생활, 재교육	가나안 정복, 사사 통치	사울의 실패, 다윗의 집권, 솔로몬의 불신	분국, 앗수르 침입 B.C. 722 바벨론 침입 B.C. 596	70년 포로 귀환
주요 인물	아담, 아브라함, 노아	바로, 모세, 제사장들	여호수아, 사사들, 사무엘	사울, 다윗, 솔로몬	르호보암, 여로보암, 호세아, 시드기야	다니엘, 고레스, 느헤미야
				욥, 시, 잠, 전, 아	사, 렘, 애, 율, 미, 합, 습(유다), 호, 암(이스라엘), 옵, 욘, 나(인접국)	단, 겔, 학, 슥, 말

■ 다니엘서와 주변 국가들과의 관계

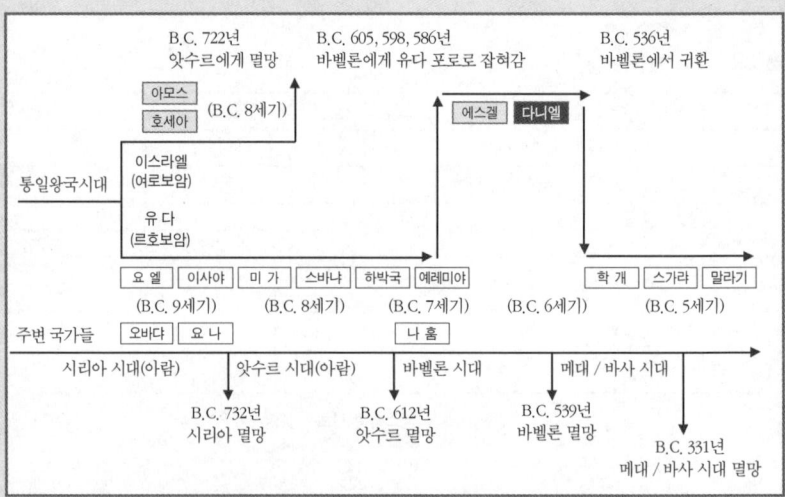

■ 다니엘서의 개요

1. 이미 일어난 일(1-6장)
2. 앞으로 일어날 일(7-14장)

DANIEL

1 이미 일어난 일

| 다니엘 1-6장 |

큰 그림 보기

다니엘서는 크게 두 부분으로 구분된다. 전반부는 주로 과거의 사건들로 다니엘이 왕궁에서 일하게 된 경위(1장), 느부갓네살의 꿈에 대한 다니엘의 해몽(2장), 금 신상 앞에 절하지 않았기 때문에 타는 풀무 가운데 던져졌으나 하나님의 능력을 힘입어 살아 나온 세 청년(3장), 느부갓네살의 두번째 꿈(4장), 벨사살의 오만한 태도에 대한 하나님의 심판(5장), 사자 굴에 들어갔다가 무사히 나온 다니엘(6장)에 관해 이야기하고 있다. 다니엘서를 통해서 우리는 하나님께서는 능력으로 그 종들을 보호하시고 다스리며, 이 세상의 권력자도 모두 하나님의 통치를 받고 있다는 점을 발견할 수 있다.

다니엘과 그의 세 친구처럼 충성스러운 사람이 있는가 하면 세상 풍조와 타협하며 사는 사람들도 있다. 그러나 다니엘서에는 국가 권력 앞에서도 굴하지 않고 하나님의 뜻대로 순종하며 살아가는 신앙인의 모습을 보여주고 있다. 이것은 세속의 물결과 권력의 물결과 정치적인 불의가 팽배한 현대 사회에서 우리가 어떻게 살아야 할 것인가를 명확하게 말씀해주고 있다. 또한 이 말씀은 우리도 능히 세상과 구별되어 하나님의 백성답게 살 수 있다는 자신감을 주고 있다.

깊이 들여다보기

① 다니엘은 온갖 세파 속에서도 흔들리지 않고 충성스럽게 하나님을 섬기는 신앙인의 모델이다. 1장에 다니엘에 대해 소개하고 있는데 이에 대해 다음 질문에 답하라(1장).

1. 본문은 다니엘을 어떻게 소개하고 있으며, 다니엘에게 주어진 임무는 무엇인가? (1:1-7)

2. 다니엘의 신앙심에 대하여 설명하고, 다니엘을 통해서 배울 점을 서로 나누어보자(1:8-16).

3. 하나님께서는 다니엘에게 어떻게 능력을 나타내셨는가? (1:17-21)

② 느부갓네살이 이상한 꿈을 꾸었는데 해석할 수 있는 사람이 없었다. 마침내 여러 경로를 통해서 다니엘이 해몽자로 정해졌다. 이 모든 과정은 하나님께서 다니엘을 사용하시고자 하는 계획을 잘 나타내고 있다. 하나님께서는 우리의 삶을 인도하시고 우리가 순종할 때 하나님의 종으로 사용하신다. 본문을 읽고 다음 질문에 답하라(2장).

1. 느부갓네살은 어떤 꿈을 꾸었는가? (2:1-35)

2. 다니엘은 이 꿈에 대하여 어떻게 해석했는가? (2:36-45)

3. 느부갓네살 왕은 다니엘의 해몽에 대해 어떤 반응을 보였는가? (2:46-49)

  * 다니엘 당시에는 지금처럼 완성된 성경이 없었고 하나님께서 역사하실 수 있는 교회도 없었기 때문에 주로 꿈, 환상, 선지자를 통해서 하나님의

뜻을 나타내셨다. 그러나 모든 꿈을 하나님의 메시지로 보아서는 안 된다. 우리는 모든 꿈을 기록된 말씀에 비추어보고, 그 속에 하나님께 영광 돌리는 요소가 있어야 한다. 그러므로 그리스도인은 무분별한 꿈에 지배받지 말아야 한다. 그렇지 않으면 우리도 하나님을 의지하지 않고 오히려 어떤 느낌 또는 악한 영들의 영향을 받을 가능성이 있다. 지금은 오히려 이미 기록된 말씀에 근거하여 하나님께서 우리에게 주신 인격과 삶 전체를 사용하여 우리의 갈 길을 선택하는 신앙이어야 한다.

3 불 속에 들어갔던 세 청년의 이야기는 마치 기적처럼 들린다. 그러나 우리는 하나님의 기록된 말씀을 통해 이 일이 실제로 있었던 것임을 알 수 있다. 우리는 이 일을 기적이란 말로 설명할 수밖에 없다. 하나님께서는 전능하시다. 이에 대하여 다음 질문에 답하라(3장).

1. 세 청년이 불 속에 던져진 이유는 무엇인가? 이를 통해 우리는 어떤 교훈을 얻을 수 있는가? (3:1-12)

2. 이들은 느부갓네살이 금 신상에 절하도록 기회를 주었을 때 어떻게 했는가? (3:13-18)

* "그리 아니하실찌라도 왕이여 우리가 왕의 신들을 섬기지도 아니하고 왕의 세우신 금신상에게 절하지도 아니할 줄을 아옵소서"(18절). 이 말씀은 우리에게 큰 충격을 준다. 지금 온 세계가 다원주의와 포스트모더니즘의 영향을 받아 무엇이든지 자기에게 유익하거나 자기 기분에 맞으면 괜찮다는 시대에 불변하는 하나님의 말씀이 우리에게 있다는 것은 매우 귀중한 일이다. 우리는 말씀에 우리 자신들을 의탁하고 오늘도 말씀대로

살아야 할 것이다.

3. 느부갓네살은 결국 세 사람을 어떻게 했으며, 그 결과는 어떻게 나타났는가? (3:19-30)

④ 느부갓네살의 두번째 꿈은 매우 비극적이며 두려운 내용이었다. 이에 대해 다음 질문에 답하라(4장).

1. 느부갓네살의 두번째 꿈은 어떤 내용인가? (4:1-18)

2. 다니엘은 꿈을 어떻게 해몽했는가? (4:19-27)

3. 이 꿈은 어떻게 이루어졌으며, 우리에게 주는 교훈은 무엇인가? (4:28-37)

⑤ 우리는 다니엘서를 읽으며 벨사살 왕이 참으로 어리석은 사람이었다고 생각할 것이다. 그러나 우리도 쉽게 교만해질 수 있음을 잊어서는 안 될 것이다. 본문을 읽고 다음 질문에 답하라(5장).

1. 벨사살 왕은 어떤 죄를 범했는가? (5:1-4)

2. 벨사살 왕에 대한 하나님의 심판은 어떤 경로를 통해서 나타났는가? (5:5-31)

6️⃣ 다니엘은 권세가 있었지만 안전하지 못했다. 이것은 지금도 마찬가지다. 우리가 세상에 살면서 어디에도 안전한 곳은 없다. 우리는 오직 하나님의 뜻을 행할 때만 안전하다고 할 수 있다. 이에 대해 다음 질문에 답하라(6장).

1. 다니엘이 사자 굴에 들어가게 된 배경은 무엇인가? (6:1-15)

2. 하나님께서는 다니엘을 사자 굴에서 보호하셨다. 이런 다니엘의 모습은 우리의 신앙에 어떻게 도움이 될 수 있는가? (6:16-23)

3. 하나님께서는 다니엘을 모함한 사람들에게 어떤 벌을 내리셨는가? 우리는 어떤 교훈을 얻을 수 있는가? (6:24-28)

삶에 적용하기

다니엘서는 포로 가운데 있던 유다 민족에게 엄청난 용기를 주었을 것이다. 하나님께서 항상 살아 계셔서 만국을 통치하시며, 특별히 바벨론도 다스리신다는 사실을 알려주었다. 이런 사실을 안 백성들은 희망을 잃지 않고 70년 동안 포로 생활을 하면서 힘을 얻었을 것이다. 세상의 관점에서는 오히려 느부갓네살이 권력을 잡고 있고, 벨사살이 세상을 통치하고 있으며, 다리오가 사람의 운명을 좌지우지하는 것처럼 보였을 것이다. 그러나 살아 계신 하나님께서 한 번도 권력을 이양하지 않으시고 계속 하나님의 백성과 온 세상을 통치하고 계셨다. 이러한 사실은 지금도 동일하다. 하나님께서 우리 정계를 통치하시며, 정치가들을 세우기도 하시고, 폐하기도 하시며, 우리 주변 강대국의 흥망성쇠를 결정하신다.

우리는 다니엘처럼 타협하지 않고 주님을 섬겨야 할 것이다. 직장, 학교, 선교지 등 어느 곳에 있든지 다니엘과 같은 삶을 살아야 할 것이다. 그럴 때 우리는 혼자가 아니라 전능하신 하나님과 함께 사는 것이다. 모든 것이 어둡게 보이고, 우울하며, 자신이 왜소하게 느껴지고, 주변 환경들이 너무 답답할 때 다니엘서를 묵상하며 용기를 얻자.

"하나님 아버지, 감사합니다. 우리 삶의 환경이 어두울지라도 그리고 불의한 세력들이 득세할지라도 하나님께서는 방관하지 않으시고 지금도 통치하고 계신다는 사실을 보여주셨습니다. 하나님께서 왕들과 대통령과 총리들을 세우기도 하시고 폐하기도 하신다는 사실을 알게 하셨습니다. 다니엘과 그의 친구들처럼 우리도 당신을 충성스럽게 좇기를 원합니다. 그럴 때 현실적으로는 핍박도 있고, 때에 따라서는 좋은 결말을 얻지 못할 수도 있습니다. 그리 아니하실지라도 우리는 당신을 섬기기를 원합니다. 우리에게 능력을 주시고 은혜를 베푸소서. 아멘."

2 앞으로 일어날 일

| 다니엘 7-12장 |

큰 그림 보기

이 과에서는 특별히 앞으로 일어날 일들에 대해서 다루었다. 예언서의 성격에 따라 예언은 역사적으로 가깝게 일어날 일들과 멀리 미래에 있을 일들을 동시에 포함하고 있다. 다니엘 7-12장도 역사의 수평선 위에 있는 여러 개의 봉우리를 동시에 주목했다. 따라서 저자는 가까운 봉우리와 멀리 있는 봉우리를 동시에 보며 기록한다. 일례로 선지자는 B.C. 175-164년 안티오쿠스 에피파네스 4세가 유다 민족을 핍박하는 무참한 광경을 보았다. 그러나 저자는 거기서 머물지 않고 재림이 임박했을 때 다가오는 대환란 사건으로까지 확대해서 보여주었다. 우리가 주의해야 할 것은 성경 해석에서 주관적 해석이 지나치게 강조되어서는 안 된다. 물론 이 부분을 해석하는 데 있어서 해석상 정확한 연대가 나오는 부분도 있지만 메시지의 중요한 관점이 정확한 연대보다는 큰 그림을 보여주는 데 있음을 잊지 말아야 한다.

직접적으로는 포로들이 귀환한 후에 유다 민족들이 정착하고, 주변 여러 나라들이 흥하고 망하는 과정에서 하나님의 백성이 어떤 대우를 받게 될 것인가를 말하고 있다. 더 나아가서 정한 때에 메시아가 올 것이고, 메시아가 온 후에 흩어졌던 하나님의 백성들이 다시 모이고, 모인 후 이들은 일정 기간 대환란을 통과하게 될 것이다. 그 후에 예언서의 여러 곳에 약속된 대로 주님께서 재림할 것이다. 이와 같은 내용들은 신약의 내용들과 대동소이하다. 따라서 다니엘이 초기에 만들어진 청사진을 제시했다고 볼 수 있다. 그리고 우리는 예수님께서 오셔서 예언하신 내용들과 요한계시록을 통해서 좀더 구체화된 청사진으로 볼 수 있다.

다니엘서의 짧은 내용을 통해서 우리는 역사 전체의 흐름을 볼 수 있다. 우리는 다니엘처럼 온 우주를 통치하시고 언젠가 다시 오실 주님께 순종하며 살아야 할 것이다. 이웃을 사랑하고, 온 마음과 정성을 다해서 하나님을 예배하며 살아야 할 것이다. 그리고 복음이 온 땅에 전파되어서 다시 오실 주님을 맞이할 준비를 할 수 있도록 우리는 힘을 다해 선교에 동참해야 할 것이다. 따라서 성경 공부에서 정확한 연대를 찾기보다는 성경에서 말하는 말씀의 핵심을 찾아내서 지금 우리에게 주는 메시지가 무엇인가를 찾아내는 데 더 심혈을 기울여야 할 것이다.

깊이 들여다보기

①다니엘은 미래에 관한 꿈을 꾸게 되었다. 이 꿈은 당시에 큰 국가들의 장래에 관한 내용이었다. 우리는 역사적으로 보았을 때 꿈 내용들이 그대로 성취된 것을 알 수 있다. 이제 이 꿈에 대하여 다음 질문에 답하라(7장).

1. 다니엘은 어떤 꿈을 꾸었는가? (7:1-14)

2. 다니엘의 꿈 가운데 아직까지 성취되지 않은 내용들을 한 두 가지 이야기하고 이에 대해 서로 토의해보자(7:9-14 참조).

3. 다니엘은 이 꿈을 어떻게 해석했는가? (7:15-28)

②다니엘은 수양과 수염소에 대한 꿈을 꾸었다. 이에 대해 다음 질문에 답하라(8장).

1. 다니엘은 어떤 이상을 보았는가? (8:1-14)

2. 다니엘은 이 이상을 어떻게 해석하고 있는가? (8:15-27)

③ 아마도 다니엘의 예언 가운데 이 부분은 종말에 관해서 가장 종합적으로 우리에게 말씀해주고 있다. 역시 한 사건 한 사건을 역사적인 시간과 결부시키기보다는 커다란 그림을 보는 것이 필요하다. 다니엘이 서있던 시점에서부터 시작하는 것이 올바른 해석이라고 할 수 있다. 그것은 포로가 된 지 70년이 지난 어느 시점이었을 것이다. 다니엘은 이제 거의 70년이 되어가기 때문에 자신의 백성들이 본토로 돌아가리라는 기대와 염려 가운데 기도했다. 하나님의 뜻에 합당한 기도는 매우 강력한 힘을 갖고 있다. 또한 그는 백성이 귀환한 후에 있을 일들에 대해서도 역시 큰 그림을 제시하고 있다(9:20-27).

1. 이스라엘 백성들이 포로로 잡혀간 지 70년 만에 돌아가리라는 약속은 누가 받았으며 이 사실을 깨달은 다니엘은 어떻게 행동했는가? (9:1-3)

2. 다니엘이 자신의 백성이 70년 후에 귀환하리라는 사실을 깨달은 후 하나님께 어떻게 기도를 드렸는가? (9:3-19)

3. 다니엘이 기도하는 가운데 어떤 이상을 보게 되었는지 간단히 요약하고 이 내용을 통해서 우리가 명확히 알 수 있는 것들을 구분해보자. 나머지에 대해서는 주석서나 기타 참고서를 통해서 그 의미를 규명해보자. 그러나 이런 의미들은 하나의 제안일 수 있음을 동시에 염두에 두라.

* 여기서 이레는 대개 7년으로 본다. 따라서 70이레는 7×70=490년을 의미한다. 그러나 숫자들은 정확한 날짜를 알기 위한 것이기보다는 상징적인

뜻이 있다는 사실을 잊지 말아야 한다. 분명한 것은 일정한 시간이 지난 후에 예언대로 기름 부음을 받은 메시아가 오고, 일정한 시간이 지난 후에 예루살렘 성이 다시 중건될 것이라는 사실이다. 또 기름 부음을 받은 분이 핍박을 받고 돌아가실 것이라는 사실도 명확하다. 그리고 이스라엘 백성들이 말할 수 없는 고난을 받게 될 것이라는 사실도 나와 있다. 그 기간은 이레의 절반이라고 했는데 결국 약 3년을 의미한다. 이 3년은 가깝게는 예루살렘 성이 로마군에게 포위되어 고통 받는 기간을 상징하기도 하고, 또 멀리는 7년 대환란 가운데 특별히 하나님의 백성이 깊은 고난을 받는 기간을 말하기도 한다.

4️⃣ 10-12장까지는 유다 민족들의 개혁에 좀더 국한시켜서 기록하고 있다. 여기에는 환상과 예언들과 교훈들이 섞여 있다. 역시 여기서도 대체적인 큰 그림만 보기 바란다. 본문을 읽고 다음 질문에 답하라(10-12장).

1. 다니엘은 힛데겔 강가에서 어떤 이상을 보았는가?(10:1-21)

  우리에게 어떻게 적용할 수 있는가?

* 하나님께서 다니엘에게 말씀하신 내용들은 우리에게도 적용된다. 예를 들면 "다니엘아 두려워하지 말라 네가 깨달으려 하여 네 하나님 앞에 스스로 겸비케 하기로 결심하던 첫날부터 네 말이 들으신 바 되었으므로 내가 네 말로 인하여 왔느니라." 등이다. 다니엘이 기도할 때 하나님께서 들으시고 응답하신다는 것이다. 이것은 우리가 역사의 흐름을 주관하는 일에 기도를 통해서 참여할 수 있다는 것을 뜻한다.

2. 여호와께서 다니엘에게 보여준 남방 왕과 북방 왕에 대한 내용들은 무엇인가? (11:1-45)

3. 다니엘은 마지막 있을 일에 대해서도 예언했다. 그는 유다 백성의 관점에서 우리에게 세상의 종말에 대하여 예언한 것을 볼 수 있다. 이 내용을 간단히 요약하고 우리가 배울 수 있는 교훈에 대하여 서로 나누어보자 (12:1-13).

삶에 적용하기

다니엘서에는 상징적인 말들이 많고, 여러 왕국과 왕들에 대해서 나오기 때문에 한 번에 내용을 다 이해할 수는 없을 것이다. 더 어려운 것은 선지자가 왕들과 왕국에 대해서 얘기하면서 먼 미래에 대해서 함께 말씀하고 있기 때문이다. 그럼에도 불구하고 신약과 비교하면서 공부할 때 커다란 그림은 볼 수 있다. 그리고 예수님께서도 다니엘서를 많이 인용하셨고 신약의 저자들도 많이 인용했다.

이스라엘과 유다 왕국의 범죄와 하나님의 심판 그리고 용서와 회복의 역사와 예언을 통하여 메시아의 오실 것에 대한 예언과 그 후 교회 시대와 예수 그리스도의 재림을 이중적으로 예언하는 본서를 통하여 우리는 종말론적인 하나님의 역사관을 배워 이 시대를 읽고 또 종말론적인 삶을 살아야 할 것이다. 특히 다니엘의 철저한 신앙적인 삶은 우리의 삶의 모범이 된다.

"하나님 아버지 감사합니다. 인류를 향한 엄청난 계획을 다니엘을 통하여 깨닫게 해주셔서 감사합니다. 저희들이 이 땅을 보면 많이 실망할 수밖에 없습니다. 아마 다니엘도 우리와 동일했을 것이라고 생각됩니다. 다니엘 당시의 구체적인 상황은 지금 우리가 처한 상황과 다르지만 체감되는 내용들은 비슷할 것 같습니다. 우리가 다니엘처럼 구름 타고 오실 인자를 기대하며 이 땅에서 우리가 마땅히 해야 할 일들을 하며 하나님의 방법대로 살 수 있게 도와주시옵소서. 하나님의 백성답게 살며 하나님의 뜻이 이루어지도록 기도하며 또 최선을 다해 참여할 수 있게 도와주옵소서. 아멘."

호세아

HOSEA

■ **저자와 배경**

브에리의 아들 호세아는 북부 왕국을 위해 예언한 선지자였다. 그가 예언을 시작한 때는 여로보암 왕이 통치하던 시기였다(호 1:1). 여로보암 왕은 B.C. 793-753년(왕하 14:23-29)에 통치했다. 그는 강력한 왕으로서 북동쪽으로는 다윗과 솔로몬이 통치하던 영역까지 영토를 넓혔다(엑스포지터스 주석, 레온 우드, "호세아" p. 161 참조). 따라서 이스라엘이 멸망한다는 예언은 이 당시에 매우 허황되게 들렸을 가능성이 크다. 그러나 엘리야, 엘리사, 아모스와 더불어 북부 왕조에 대한 하나님의 마지막 경고의 목소리였다. 호세아는 극적인 표현과 삶을 통해서 이스라엘이 반드시 멸망한다는 사실을 선포해야만 했다.

■ **신학적 메시지**

호세아는 이스라엘 백성들이 하나님과 맺은 언약을 어겼고, 따라서 반드시 심판을 받을 것이라고 예언했다. 호세아는 결혼이라는 강력한 상징을 통해서 심판의 메시지를 증거했다. 마땅히 하나님을 섬겨야 할 하나님의 백성이 하나님을 떠나서 다른 신들을 섬기는 것은 범법 행위며, 이를 회개하고 돌아오지 않는다면 반드시 심판이 있을 것이라는 것이다. 그리고 돌아왔을 때 호세아가 음란한 여자 고멜을 받아준 것처럼 하나님께서도 받아주실 것이라는 사랑 깊은 메시지를 전하고 있다.

■ **호세아서와 주변 국가들과의 관계**

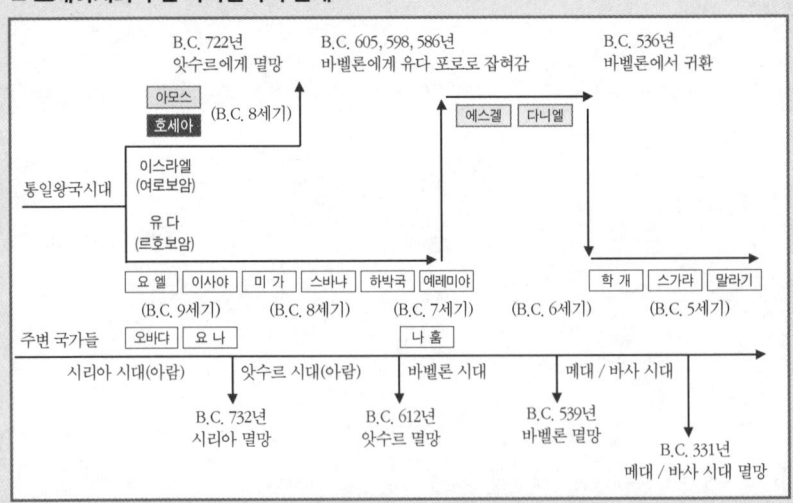

■ 호세아서의 구성

결혼 상징을 통해 나타난 이스라엘에 대한 하나님의 사랑 1-3장	이스라엘에 대한 공소와 형벌과 회복 4-14장
- 호세아의 결혼과 자녀들 - 이스라엘에 대한 심판과 회복에 대한 약속 - 고멜에 대한 호세아의 사랑	- 이스라엘의 공소 사실 - 이스라엘의 형벌 - 이스라엘의 회복

■ 호세아서의 개요

1. 결혼 상징을 통해 나타난 이스라엘에 대한 하나님의 사랑(1-3장)
2. 이스라엘에 대한 공소와 형벌과 회복(4-14장)

1 결혼 상징을 통해 나타난 이스라엘에 대한 하나님의 사랑

| 호세아 1-3장 |

큰 그림 보기

호세아서에서 신학적으로 가장 문제가 되는 것은 호세아와 고멜의 결혼 관계다. 여호와께서는 호세아에게 '음란한 아내'를 취하여 '음란한 자식들'을 낳으라고 명하셨다(1:2). 문제는 어떻게 선지자가 음란한 여자와 결혼을 할 수 있는가이다. 만일 하나님께서 음란한 여자와 결혼하는 것을 눈감아주셨다면 율법서에 나타난 지시 사항과 모순이 된다. 율법서에서는 하나님의 종들이 순전한 결혼을 해야만 된다고 가르치고 있기 때문이다. 따라서 여기에 대한 논란이 많다. 예를 들어 칼빈, 루터 등은 이것이 단지 상징적이며 은유적(allegorical)인 이야기일 뿐 실제 상황이 아니라고 했지만 이 주장은 문제가 많다. 실제 상황을 설명하는 여러 가지 내용들을 보면 이렇게 해석하기 어렵다. 또한 케일(Keil) 등의 주석가들은 이것이 하나의 내적인 경험을 말하는 것이지 실제가 아니라고 했다. 1장과 3장의 여자가 다르다는 주장도 한 번 결혼한 호세아가 다른 여자를 취해서 하나님의 사랑을 나타낸다는 것은 적합한 방법이 아니다. 우리는 하나님께서 이런 방법을 사용하셨다고 믿을 수 없다. 어떤 해석을 내리든지 완전한 해답은 얻지 못할 것이다.

월터 카이저 박사의 제안은 큰 도움을 주고 있다. 그는 해석에서 음란한 아내라는 말을 열쇠로 삼고 있다. 음란한 아내라는 것은 히브리어로 볼 때 실제로 음란한 여자라기 보다는 음란한 경향이 있는 여자로도 볼 수 있다는 것이다. 그리고 비록 그가 음란했지만 결혼 당시에는 음란한 여자가 아니었을 수도 있다고 주장한다. 이러한 사실들은 고멜이 낳은 첫째 아들과 둘째, 그리고 셋째 아들들 사이에서도 힌트를 얻을 수 있다. 첫째 아들은 정상적인 아들로서 이스라엘 백성들에 대한 경고의 상징으로 주어졌다(1:4, 5절 참조). 그러나 다른 딸과 아들은 문맥과 내용으로 보아 고멜의 음란한 행위가 드러난 후에 낳은 것으로 짐작할 수 있다. 그 이름들의 의미를 보아도 그럴 수 있다. 만일 처음부터 고멜이 음란한 여자였다면 호세아가 고멜의 음란한 행위를 발견하고 그를 쫓아낸 것은 일관성이 없는 행동이다. 3장 내용은 호세아가 그 아내의 음란한 행위를 발견하고 쫓아낸 것으로 간주할 수 있다. 이는 다시 그 여자를 돈을 주고 건져내는 사실을 통해 짐작해볼 수 있다.

호세아와 고멜의 결혼 상징의 해석은 어렵지만 메시지는 아주 명확하다. 이스라엘 백성들은 하나님과의 언약 관계를 통해서 마치 결혼한 것처럼 깊은 관계를 맺었다. 그런데 이스라엘이 그 언약을 깨고 다른 신을 섬기며 하나님을 저버렸다. 고멜처럼 음란한 이스라엘을 하나님께서는 포기하지 않으시고 마치 호세아가 고멜을 다시 취하듯 사랑과 긍휼로 다시 취한다는 의미를 우리는 깨달아야 한다. 우리 자신에게 이 말씀들을 적용해보면 우리와 하나님과의 관계와 같다. 죄로 물들은 우리를 포기하지 않으시고 예수 그리스도의 보혈로 구속하셔서 우리를 하나님의 백성으로 만드신 것이다. 호세아서에는 이스라엘 백성을 향한 하나님의 뜨거운 사랑이 계속 나타나고 있다.

깊이 들여다보기

1 호세아의 가정에 대해서 다음과 같은 질문에 답하라(1:1-2:1).

1. 호세아와 고멜의 결혼에 대해서 간단히 설명해보자(1:1-2).

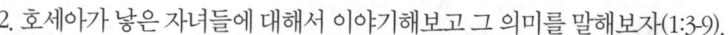
2. 호세아가 낳은 자녀들에 대해서 이야기해보고 그 의미를 말해보자(1:3-9).

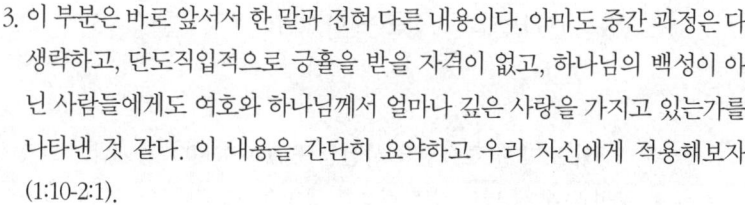
3. 이 부분은 바로 앞서서 한 말과 전혀 다른 내용이다. 아마도 중간 과정은 다 생략하고, 단도직입적으로 긍휼을 받을 자격이 없고, 하나님의 백성이 아닌 사람들에게도 여호와 하나님께서 얼마나 깊은 사랑을 가지고 있는가를 나타낸 것 같다. 이 내용을 간단히 요약하고 우리 자신에게 적용해보자 (1:10-2:1).

② 여호와께서는 이스라엘 백성들을 적나라하게 고발하셨다. 결혼 상징을 통한 이 고발은 인간에게 가장 강력하게 느껴지는 메시지의 표현 방법이다. 이에 대해 다음 질문에 답하라(2:2-23).

1. 고발 내용을 간단히 요약하고 느낀 점을 서로 나누어보자(2:2-13).

2. 고발당한 이스라엘을 향해서 여호와께서 어떻게 하겠다고 말씀하셨는가? (2:14-22)

3. 특히 23절을 주목할 필요가 있다. 이것은 성경 전체의 메시지이기도 하다. 23절 내용을 간단히 설명하고 요한복음 3장 16절과 비교해보자. 어떤 유사점이 있는가?

③ 3장은 중간에 많은 것들을 생략하고 중요한 것만 설명하고 있다. 선지자는 듣는 자들이 내용을 다 알 것이라는 전제 하에 요점만 말씀했다고 본다. 다음 질문에 답하라(3장).

1. 여호와께서 호세아에게 음부가 된 아내를 다시 데려오라고 하셨다. 어떤 값을 치르고 데려오라고 하셨는가? 이 의미는 무엇인가? (3:1-3)

* 은 15개와 보리 한 호멜 반은 사실상 큰 값이 아니다. 출애굽기 21장 32절에 보면 노예 한 명의 값과 비슷한 것을 알 수 있다. 아마도 이것은 고멜에게 다시 돌아오는 선물로 준 값이라고 보아야 할 것이다(엑스포지터스 주석, "호세아서" p. 181, 월터 카이저 강의안 참조).

2. 호세아와 고멜의 이야기를 통해서 실제로 하나님께서 말씀하시는 것은 이스라엘과 하나님의 관계다. 이런 사실들에 대하여 간단히 요약해보자 (3:4-5).

삶에 적용하기

호세아서를 읽을 때 이스라엘 백성들이 어떻게 여호와 하나님의 사랑을 배반하고 제 길로 갔을까?라는 의구심을 가질 수 있다. 그러나 좀더 자세히 보면 우리도 이스라엘 백성과 큰 차이가 없음을 알 수 있다. 우리가 얼마나 많은 사랑을 받았는가? 하나님께서 우리를 창조하셨으며, 예수 그리스도를 십자가에 못박아 돌아가시게 함으로써 죄사함을 받은 사람들이다. 그리고 성령님을 통해서 하나님께서 우리와 늘 함께 하심에도 불구하고 우리는 얼마나 많이 하나님을 멀리 하고 우리 마음대로 사는지 생각해볼 때 우리와 이스라엘 백성이 다를 게 없다. 그러므로 이스라엘 백성들처럼 경고를 받고도 회개하지 않고 포로로 잡혀가는 징계를 받기보다는 오히려 빨리 회개하고 하나님께 나와서 하나님의 사랑과 은혜를 깊이 체험해야 할 것이다.

"하나님 아버지, 오늘 다시 한번 우리의 죄를 회개하고 나옵니다. 하나님께서 그동안 많은 사랑을 베푸셨음에도 불구하고 우리는 자주 하나님을 떠나곤 했습니다. 오늘 당신 앞에 나와서 회개하고 당신의 사랑을 사모합니다. 다시 한번 감사를 드립니다. 우리의 허물을 용서하시고 우리를 영원토록 버리지마옵소서. 주님의 백성이 아니었고, 긍휼을 받을 자격이 없던 우리를 백성으로 삼으시고 사랑과 긍휼을 베풀어주시니 다시 한번 감사드립니다. 아멘."

2 이스라엘에 대한 공소와 형벌과 회복

| 호세아 4-14장 |

큰 그림 보기

월터 카이저 박사에 의하면 4장 1절은 호세아서에서 중요한 전환점이다. 1-3장까지는 결혼 상징을 통해서 여호와께서 이스라엘 백성들을 인내와 긍휼로 사랑한다고 말씀하셨다. 그러나 4장부터는 여호와께서 범죄한 이스라엘 백성들을 향하여 말씀하신다. 마치 재판정의 검사처럼 이스라엘 백성들을 향해서 공소 사실들을 언급하셨다. 이를 간단히 요약하면 다음과 같다. 첫째로 이스라엘 백성들이 범한 죄에 대해서(4:1-7:16), 둘째로 이스라엘 백성들이 받아야 할 형벌에 대해서(8:1-10:15), 셋째로 이스라엘 백성들의 회복에 대해서(11:1-14:9) 말씀하셨다.

이 메시지는 원래 앗수르의 침범을 앞에 두고 있던 이스라엘 백성을 향한 것이다. 그리고 오늘을 사는 우리에게도 동일하게 해당되는 메시지다. 우리도 하나님의 심판과 죄의 결과에 대해서 심각하게 생각하지 않고 계속 죄를 범할 때 하나님께서 형벌을 내리신다는 사실을 인정해야 할 것이다. 물론 우리는 율법이 아닌 은혜의 원리에 따라서 살고 있다. 그러나 은혜를 주시는 하나님이시지만 우리의 범죄 행위를 끝까지 방관하지는 않으실 것이다. 따라서 우리는 자신의 삶을 다시 한번 돌아보아 하나님 말씀 앞에서 회개하고, 아무 조건 없이 우리를 용서하시는 하나님께로 신속하게 돌아와야 할 것이다.

깊이 들여다보기

① 4장 1절은 4-14장의 서론이면서 동시에 또 4장 1절-7장 16절의 서론이기도 하다. 하나님께서는 그 땅에 진실도 없고, 인애도 없으며, 하나님을 아는 지식도

없다고 보셨다. 오히려 저주와 사위(거짓말), 살인과 투절(도둑질하는 것), 간음과 폭력이 심하여 살인 행각이 계속 이어진다고 말씀하셨다(New Living Bible 참조). 이것은 지금 우리의 현실과 너무나 흡사하다. 따라서 이 메시지는 비단 B.C. 8세기 경뿐만 아니라 현재 우리에게도 동일하게 적용된다. 당시에 죄된 행실에 대해서 혐오감을 가지고 고소하셨던 하나님께서 지금도 싫어하실 것이라는 것은 자명하다. 따라서 우리는 말씀에 자신을 비추어보고, 우리 사회와 나라와 비교해보며 하나님 앞에 회개하고 우리 사회가 이 메시지를 받을 수 있도록 중보기도 해야 할 것이다. 이스라엘에 대한 하나님의 공소 사실들에 대하여 다음 질문에 답하라(4:1-7:16).

1. 4장에는 일반적인 공소(4:1-4), 제사장들에 대한 죄들(4:5-11), 백성 전반에 걸친 공소 사실(4:12-19) 등 세 종류의 사람들에 대한 하나님의 공소 사실이 나온다. 이 세 가지 부류의 공소 사실들을 읽고 그 중에 대표적인 죄들을 예로 들어보자(4:1-19).

2. 5장에는 제사장과 백성과 왕(5:1-7), 에브라임과 유다에 대한 경고(5:8-15)가 있다. 주로 무엇에 대해서 경고하는지 예를 들어보고 우리의 삶 가운데 적용해보자(5:1-15).

3. 여호와께서는 이스라엘 백성들의 공소 사실을 제시하면서 부드러운 권고의 말씀들을 잊지 않으셨다. 6장 1-6절은 마치 부모가 죄 가운데 빠진 자녀에게 호소하는 것과 같다. 신약에서 탕자의 비유에 해당된다. 아마도 "나는 인애를 원하고 제사를 원치 아니하며 번제보다 하나님을 아는 것을 원하노라"(6:6)는 말씀의 정점이며 우리를 향하신 하나님의 마음이기도 하다. 그러나 이스라엘 백성들은 돌아오지 않고 계속 범죄했고 여호와께서는 그 범죄 내용을 다시 말씀하고 계신다. 그들이 어떤 죄들을 범했는지 예를 들어보자(6:7-11). 이런 이스라엘 백성에 대한 선지자의 호소에 대하여 설명하

고 자신에게 적용해보자(6:1-5).

4. 7장에서는 좀더 국가적인 차원에 대해서 말씀하고 있다. 국내 정책들에 대해(7:1-7), 대외 정책에 대해서(7:8-16) 말씀하고 있다. 이들이 이런 정책들을 어떻게 잘못 세웠는지 예를 들어 설명해보자(7:1-16).

② 여호와께서는 공소 사실뿐만 아니라 더 나아가서 이스라엘 백성들이 받아야 할 형벌에 대해서도 말씀하고 있다. 이에 대해 다음 질문에 답하라(8장).

1. 어떤 심판들이 있다고 말씀하셨는지 예를 들어 설명해보자(8:1-14).

2. 가장 중요한 메시지는 이스라엘 백성들이 앗수르에 의해서 파멸되고, 앗수르가 이스라엘 백성들을 포로로 잡아간다는 것이다. 이 부분을 간단히 요약해보자(9:1-17).

특히 포로로 잡혀간 결과 이루어질 일에 대해서 이야기해보자(9:10-17).

* 죄로 말미암아 한 나라가 포로로 잡혀가고 많은 사람이 죽는 것보다 더 무서운 것은 여호와의 영광이 더 이상 백성들과 함께 하지 않고 떠나는 것이다. 우리는 종종 이것들을 간과하고 피부에 와닿는 부분만 생각하기 쉽다. 그러나 더 큰 안목으로 보면 여호와의 영광이 우리를 떠났을 때만큼 비극적인 것은 없다. 이스라엘 백성들이 바로 그것을 경험했다. 우리

는 이 메시지를 깊이 생각하며 묵상해야 한다.

3. 이스라엘 백성들이 경고를 받았을 때만 해도 상황은 별로 나쁘지 않게 보였다. 그러나 하나님의 안목에는 그들이 범죄에 빠져 있고, 그에 따른 심판과 형벌이 기다리고 있었던 것이다. 이런 형벌 가운데 하나가 포로로 잡혀가는 것인데 그 내용을 간단히 예를 들어 설명해보자(10:1-15).

③ 여호와께서는 결혼 상징을 통해서(1-3장) 비록 범죄한 백성들이지만 계속 이스라엘 백성을 사랑한다고 결론적으로 말씀하신다. 결국 이스라엘 백성들의 회복을 통해서 그 사랑이 표현되는 것을 알 수 있다. 여호와의 끊임없는 사랑에 대해서 다음 질문에 답하라(11:1-14:9).

1. 여호와께서 어떻게 이스라엘 백성을 사랑하셨는지 실례를 들어보자 (11:1-7).

2. 여호와께서 회복시키겠다는 그 말씀들을 간단히 설명해보자(11:8-11).

3. 인간은 매우 어리석다. 인간은 끊임없이 여호와의 사랑과 경고를 받으면서도 계속 죄를 범한다. 이것은 이스라엘 백성들뿐만 아니라 우리도 마찬가지다. 여기서 또 한번 이스라엘의 어리석음을 볼 수 있다. 얼마나 어리석은지 예를 들어서 설명하고 우리에게 적용해보자(11:12-12:14).

4. 이스라엘 백성들이 얼마나 처참하게 되었는지 말씀하고 있는 본문은 이 책

에서 또 하나의 절정을 이루고 있다. 이스라엘 백성들이 어디에서, 어떤 상황 속에서, 어떤 죄를 범했는지 예를 들어보자(13:1-16).

5. 이스라엘 백성들이 회개했을 때 여호와께서 내리실 축복에 대해서도 말씀하신다. 그 축복의 내용들을 간단히 요약해보자(14:1-9).

삶에 적용하기

호세아서는 결혼 상징을 통해서 하나님의 심령을 백성에게 나타내고 있는 책이다. 우리는 호세아서를 통해서 마치 모성애를 보는 것 같다. 자녀를 향한 어머니의 사랑의 목소리와 온몸으로 사랑하는 모습을 볼 수 있다. 또한 부부가 서로 사랑하며 어떤 죄가 있어도 용서하고 받아들이는 부부애와도 같다. 호세아의 강력한 메시지를 듣고도 이스라엘 백성들은 회개하지 않고 각기 제 길로 갔다. 따라서 B.C. 722년 앗수르에게 이스라엘 백성들은 포로로 잡혀가고 그 나라는 쑥밭이 되어버렸다. 우리는 역사의 경고를 깨달으며 하나님의 말씀을 받아들여야 한다.

여호와께서는 호세아서를 통해서 지금 우리에게도 한없는 사랑의 호소를 하신다. 우리는 국가적으로, 가정적으로, 개인적으로 하나님의 메시지를 받아들여야 할 것이다. 또한 세계적으로도 이 메시지는 동일하게 유효하다. 모든 족속들이 이 메시지를 받고 회개해야만 할 것이다. 우리는 회개의 역사가 일어나도록 기도하고, 또 실제적으로 이런 메시지를 전하는 데 참여해야 할 것이다. 그러나 무엇보다도 우리 자신들이 호세아서의 메시지를 받고 여호와 앞에 새롭게 자신을 드려야 할 것이다.

"사랑하시는 아버지 하나님, 우리를 사랑하시되 마치 불륜을 범하여 멀리 떠나간 여인을 다시 찾아서 용서하고, 아내로 받아들인 것처럼 사랑하신다고 이 책을 통해 말씀하신 것을 감사합니다. 우리는 하나님의 사랑을 받고서도 이스라엘 백성들처럼 아둔하고 사악하여 계속 범죄 가운데 빠지곤 합니다. 우리를 버리지 마시고 계속 크신 사랑으로 품어주시옵소서. 그래서 여호와께서 우리를 최종적인 하나님의 나라에 들어갈 때까지 보호해주시고 인도해주옵소서. 또 하나님의 사랑을 우리만 품고 있지 말고 모든 족속에게 알리는 데 우리의 일생을 사용할 수 있게 도와주시옵소서. 아멘."

요엘

JOEL

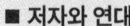

요엘

■ 저자와 연대

브두엘의 아들 요엘이 저자라고 1장 1절에서 언급하고 있다. 요엘은 '야훼는 하나님이시다'라는 뜻이다. 따라서 요엘서는 하나님 중심적인(Theocentric) 책으로서 모든 피조물을 통치하시는 야훼가 중점적인 메시지다(David A. Hubbard, IVP 주석 시리즈 요엘과 아모스서, 1989, p. 34 참조). 요엘서가 쓰여진 연대는 포로 이후라고 주장하는 사람도 있으나 복음주의자들은 요시야 왕 때라고 본다. 약 B.C. 830년(B.C. 9세기경)일 것이다. 아마도 이 때 메뚜기 재앙이 일어났던 것으로 추정할 수 있다(1:4). 만일 이것이 사실이라면 '주의 날'이라는 말을 유행시킨 첫번째 선지자가 될 것이다.

요엘서는 특히 신약에서 많이 인용된 책 가운데 하나인데 사도행전 2장 17-21절 (욜 2:28-32), 로마서 10장 13절(욜 2:32), 요한계시록 6장 12절(욜 2:31 암시), 마태복음 24장 29절과 마가복음 13장 24절과 누가복음 21장 25절(욜 2:10), 마태복음 13장 39절과 요한계시록 14장 11절(욜 3:13), 요한계시록 14장 20절과 19장 15절(욜 3:13의 상징 사용), 요한계시록 9장 3-11절(욜 2:1-11 연상) 등에서 인용되었다.

■ 요엘서의 목적과 신학적 메시지

요엘서는 유다와 이스라엘이 크게 번성했던 웃시야 왕 시대에 기록된 책이다. 외적으로는 크게 발전했지만 이들은 하나님을 경외하지 않고 우상을 섬기는 배도의 길로 들어섰다. 이 때 하나님께서는 요엘을 보내서 곧 다가올 자연 재해와 먼 훗날 있을 더 큰 하나님의 심판과 더 나아가서 말세 즉 주의 날에 임할 세상의 종말에 대해서 말씀하셨다. 우리는 요엘서를 통해서 하나님의 통치와 주의 날의 참혹함에 대해서 알 수 있다. 그러나 회개했을 때 하나님께서 긍휼과 회복을 주시며, 특히 말세에 성령을 보내주실 것에 대해서 언급하고 있다. 이 책은 오순절에 관한 예언이라는 의미에서 매우 중요하다. 이 예언이 오순절 날 성취되었기 때문에 우리에게는 더욱 의미가 깊다. 요엘서의 예언이 성취되었기 때문에 우리는 '주의 날' 곧 이 세상의 종말에 대한 예언도 이루어질 것이라는 사실을 알 수 있다. 따라서 회개를 통해 하나님 앞에서 회복되어야 한다는 요엘서의 메시지를 통회하는 마음으로 받아들여야 할 것이다.

■ 요엘서와 주변 국가들과의 관계

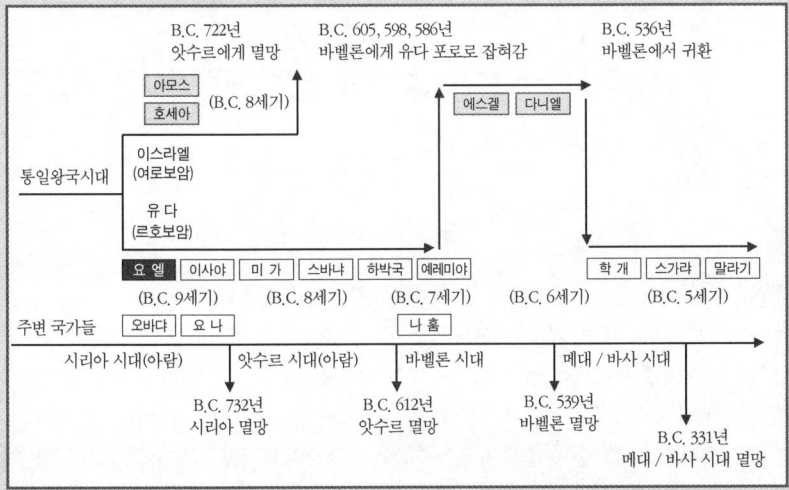

■ 요엘서의 구성

1:1-2:11	2:12-27	2:28-3:21
메뚜기 재앙	회복, 회개	주의 날

■ 요엘서의 개요
메뚜기 재앙과 이스라엘의 회복과 축복(1:1-3:21)

1 메뚜기 재앙과 이스라엘의 회복과 축복

| 요엘 1-3장 |

큰 그림 보기

하나님께서는 이스라엘 백성이 죄에서 돌이키도록 여러 가지로 경고하셨다. 메뚜기 재앙은 상징적 메시지를 주기 위한 하나님의 사랑의 제스처 중에 하나였다. 그러나 이스라엘 백성들은 계속 죄를 저질렀다. 마침내 이스라엘은 앗수르에게 멸망당하게 된다. 하지만 하나님께서는 포기하지 않으시고 먼 훗날 주의 날에 이스라엘 백성이 회복될 것과 이들이 누릴 축복에 대하여 말씀하셨다.

깊이 들여다보기

1. 인간적으로 볼 때 유다와 이스라엘이 이 시기에 매우 크게 번성했을지도 모른다. 그러나 여호와의 관점에서 이들은 범죄했으며 하나님을 떠나고 있었다. 그래서 하나님께서는 선지자를 통해서 그들의 실제 모습을 보여주시고 여호와의 심판의 상징으로 메뚜기 재앙을 경험하게 했다. 이에 대해 다음 질문에 답하라(1:1-2:27).

   1. 메뚜기 재앙은 어떤 재앙인가? (1:1-4)

2. 가뭄도 심하게 들었는데 어느 정도였는가? (1:11-12, 17-20)

3. 그 결과는 어떠했는가? (1:5-20)

4. 요엘은 마침내 임박한 주의 심판의 날에 대해서 경고했다. 이것은 아마도 메뚜기 재앙이 비유하고 있는 가까운 미래의 재앙을 의미했을 것이다. 이스라엘에게는 앗수르를 통한 멸망을, 유다에게는 바벨론을 통한 포로 생활을 의미할 것이다. 이 부분을 간단히 요약하고, 그 참담한 날에 대해서 어떻게 말하고 있는지 설명해보자(2:1-17).

5. 2장 18절은 요엘서의 가장 중요한 열쇠다. 비록 하나님의 백성이 재앙 중에 있었지만 여호와께 나아와서 회개할 때 여호와께서 도와주실 것이라는 내용이 핵심이다. 회개한 후에 여호와께서 어떻게 하신다고 말씀하셨는가? (2:18-27)

② 이 작은 책 속에 미래에 관한 내용들이 많이 언급되었다는 것은 신비스러운 일이다. 우선 하나님께서는 이 책을 통해서 종말에 대한 큰 그림을 우리에게 보여주신다. 그 중에 하나가 성령님이 오실 것에 대한 약속이다. 이에 대해 다음 질문에 답하라(2:28-3:21).

  1. 성령님이 오실 것에 대한 약속을 간단히 설명하고 어떤 일들이 있을 것이라고 하셨는지 예를 들어보자. 그리고 현재 우리의 경험과 비교해보고 서로 나누어보자(2:28-32).

2. 오순절 이외에도 여러 가지 일이 있었다. 그 중에서도 하나님의 관심사는 이스라엘의 회복이었다. 이스라엘에 대해서 무엇이라고 말씀하셨는가? 한 구절의 말씀이지만 구약 역사를 생각하며 묵상해보자(3:1).

3. 다른 나라에 대해서는 무엇이라고 예언했는가? (3:2-13)

4. 하나님께서 주의 날에 우주 전체가 엄청난 충격을 받을 것이라고 말씀하셨다. 이에 대해서 예를 들어서 설명해보자(3:14-15).

5. 이런 와중에서 여호와께서 애굽과 하나님의 백성들에게 어떻게 할 것이라고 말씀하셨는가? 여기서 어떤 교훈을 얻을 수 있는가? (3:16-21)

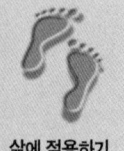

삶에 적용하기

우리는 요엘서를 통해서 우리의 외적 환경이 일시적으로 좋아진 원인이 우리가 하나님의 뜻대로 살고 있는 덕분이라고 단정해서는 안 된다. 먼저 우리가 하나님 앞에서 어떻게 사는가에 대해서 항상 성찰해야 한다. 특히 모든 것이 형통할수록 그렇다. 모든 것이 잘못될 때는 오히려 하나님을 더 의뢰하는 경향이 있지만 모든 것이 잘 될 때는 우리가 하나님 없이도 살 수 있는 것처럼 교만해질 수 있다. 그러므로 우리는 요엘의 메시지를 더 진지하게 받아들여야 할 것이다. 역사적으로 보았듯이 요엘의 메시지는 그대로 이루어졌고 앞으로도 이루어질 것이다. 따라서 우리는 겸손하게 여호와를 의지하고 살아야 할 것이다. 오늘도 이 세상을 심판하시고 공의를 이루실 여호와를 의지하고, 겸손하게 여호와를 경배하며 살아야 할 것이다. 그리고 우리는 모든 세상이 그렇게 살 수 있도록 더욱더 하나님의 선교에 참여해야 할 것이다.

"아버지 하나님, 요엘의 예언대로 이스라엘과 유다를 심판하시며 포로로 잡혀가게 하시고, 또 유다를 회복시키시고 오늘날 하나님의 백성들을 회복시키실 계획을 알려주셔서 감사합니다. 우리가 하나님의 계획 속에 살고 있음을 오늘 다시 한번 깊이 깨닫습니다. 우리가 이 세상 사람들처럼 살지 않고 오히려 매순간 여호와를 의지하며 살게 해주옵소서. 그리고 하나님의 섭리와 계획에 대해서 모르고 있는 백성들이 하나님을 알고 회개할 수 있도록 최선을 다하게 하옵소서. 약속대로 오순절 날 성령을 보내주셔서 오늘 우리 가운데 거하시고 교통하시며 역사하심에 감사와 찬양을 돌리옵나이다. 아멘."

아모스

AMOS

■ 저자, 시대적 배경, 연대

아모스서는 북방은 여로보암 2세가, 남방은 웃시야 왕이 통치하던 시대를 배경으로 했다(1:1). 이 시기는 이스라엘과 유다가 승승장구하여 솔로몬의 번성기에 버금가는 번영을 맛보던 때였다. 이처럼 엄청난 외적인 발전에 비해 부자는 더 부자가 되고 가난한 자는 더 가난해지는 내적인 아픔을 겪고 있었다. 사회적으로는 공의가 묵살되었고 여호와 하나님을 섬기지 않고 다른 신들을 섬기는 우상 숭배도 다반사로 일어났다. 선지자는 이런 시대를 배경으로 하나님의 공의와 심판에 대해서 힘차게 외쳤다. 연대는 아마도 B.C. 760-755년이라고 볼 수 있다(IVP 주석 요엘서와 아모스서, Hubbard, p. 90). 엑스포지터스 주석에서도 아모스의 사역 기간을 B.C. 760-750년으로 보고 있다.

■ 신학적 메시지

여호와께서 이스라엘의 사회적 불의에 대하여 심판을 선언하는 내용이다. 이스라엘 민족이 번성하자 여호와를 버렸고, 여호와께서는 이에 상응하는 조처로서 이스라엘 백성을 버리겠다고 선언하는 심판의 내용이 아모스서의 주된 메시지다(IVP 주석 요엘서와 아모스서, p. 107-108 참조). 따라서 이스라엘을 향한 하나님의 뜻을 명확하게 선포하는 것이 이 책의 또 다른 면이다. 이런 사실이 4장 12절 말씀 가운데 잘 나타나 있다. "그러므로 이스라엘아 내가 이와 같이 네게 행하리라 내가 이것을 네게 행하리니 이스라엘아 네 하나님 만나기를 예비하라."

이 책은 현대인들이 읽기에 유익한 책이다. 특히 우리 사회가 현재 처해 있는 상태를 생각할 때 아모스는 매우 시기 적절한 메시지를 전하고 있다. 우리는 지금 현재 하나님을 떠나 있고 우리 자신의 부귀와 영화에 초점을 맞추고 있다. 온갖 잡신을 섬기는 풍조가 날로 심해지고 있다. 그러므로 우리는 아모스서의 메시지를 듣고 여호와를 만날 준비를 해야 할 것이다. 그리고 공의를 행하는 사람들이 되어야 할 것이다.

■ 아모스서와 주변 국가들과의 관계

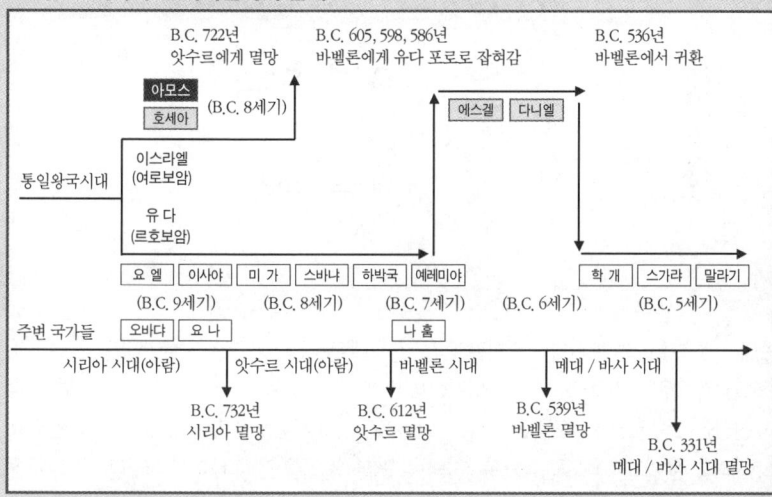

■ 아모스서의 구성

1-6장			7-9장
이웃 나라와 이스라엘에 관한 심판			예언적 비전
1:1	2:5	6:14	
이웃 국가의 심판	이스라엘의 심판		심판에 대한 다섯 가지 비전과 회복에 대한 소망

(엑스포지터스 주석 아모스서 참조)

■ 아모스서의 개요

공의를 사랑하시는 하나님(1:1-9:15)

1 공의를 사랑하시는 하나님

| 아모스 1-9장 |

큰 그림 보기

우리는 종종 신앙을 예배와 동일시할 때가 있다. 예배를 잘 드리면 신앙심이 좋고, 철야 기도를 열심히 하면 신앙적으로도 성숙한 사람이라고 생각하기 쉽다. 대개 예배를 잘 드리는 사람이 신앙심이 좋은 경우가 많다. 그러나 예배와 도덕성과 사회적 책임이 분리되어 있다면 아무리 예배를 잘 드릴지라도 영적으로 성숙하다고 할 수 없을 것이다. 이때 이스라엘 백성들은 예배도 잘 드리지 않았을 뿐만 아니라, 사회적 책임감도 없었다. 가난한 자와 사회적 공의 등에 대해서 관심이 없었다. 부익부 빈익빈 현상은 곧 이 시대의 상황을 잘 반영하고 있다.

이러한 현상은 현대 사회에서도 있다. 지금까지는 교인들이 예배는 잘 드리지만 사회적으로 공의를 이루거나 도덕적으로 책임을 다하지 못했다. 그러나 이제는 예배도 잘 드리지 않고, 도덕적으로도 문란하며, 사회적으로도 이웃을 생각하지 않는 시대가 되었다. 바로 지금 우리는 아모스의 메시지를 명심해야 할 것이다. 그리고 회개하고 다시 돌아와야 할 것이다. 그렇지 않을 때 하나님께서 이스라엘 백성과 유다를 심판하시며, 포로로 잡혀가게 하고, 이웃 많은 나라들을 징계하신 것처럼 우리를 심판하실 것이다. 우리 이웃에는 항상 우리를 호시탐탐 노리는 적들이 있다. 우리는 하루 속히 여호와 앞에 나와서 여호와를 섬기며 사회적으로 가난한 자를 돕고 도덕적으로 청결한 삶을 살아야 할 것이다.

깊이 들여다보기

① 이스라엘의 이웃 나라의 심판에 관한 예언에 대해서 다음 질문에 답하라(1:1-2:5).

1. 다메섹에 관한 하나님의 심판은 무엇인가? (1:1-5)

2. 가사와 두로에는 어떤 심판이 내릴 것인가? (1:6-10)

3. 에돔, 암몬, 모압, 유다에 대한 심판은 무엇인가? (1:11-2:5)

4. 우리는 어떤 자세로 살아야 할 것인가?

②아모스서에는 주로 이스라엘의 심판에 대한 말씀이다. 아모스가 지금 막 번성하고 있는 이스라엘에게 심판의 말씀을 증거했을 때 그들은 비웃었을 것이다. 비록 하나님께서 하시는 말씀에 깊은 감동은 없을지라도 언제든지 여호와께서 말씀하시면 우리는 신속하게 반응해야 한다. 불순종한 이스라엘 백성을 생각하며 다음 질문에 답하라(2:6-6:14).

1. 이스라엘 백성들의 역사를 통해서 보았을 때 어떤 교훈을 얻을 수 있을까? 그리고 어떤 심판들이 내려졌으며 우리는 어떤 교훈을 얻을 수 있는가? (2:6-16)

2. 여호와께서 이스라엘 백성들을 심판하시는 이유가 무엇이라고 말씀하셨는가? 심판을 하시기 전에는 반드시 그 비밀을 선지자를 통해서 알려주신다고 하신 점을 참조하라(3:1-15).

3. 이스라엘 민족에 대해서 여호와께서는 무엇이 잘못되었다고 지적하셨는가? 특히 지도층에 대해서 어떻게 생각하셨는가? 4장 12절과 같이 우리는 하나님을 만날 준비를 해야 한다. 하나님을 만나기 위해서 어떻게 살아야 하는가?(4:1-13)

4. 여호와께서는 계속해서 이스라엘 백성들의 잘못을 지적하신다. 죄를 지적할 때 여호와의 마음도 아프셨다(5:1-3). 여호와께서는 무엇 때문에 그처럼 마음 아파하셨는가? (5:1-27)

5. 여호와께서는 향락에 빠져 있는 사람들을 향해 계속 경고하신다. 경고의 내용은 무엇인가? 우리에게 적용할 점은 무엇인가? (6:1-14)

③ 아모스는 겉으로는 번성하고 있으나 속으로는 여호와를 떠나 우상을 섬기고, 사회적 비리를 저지르는 이스라엘 백성들을 향해서 심판의 메시지를 증거했다. 또한 선지자는 미래에 대한 비전을 본다. 그 비전 가운데는 심판에 관한 것만 있지 않고 심판 이후 회복에 대한 메시지도 나타나고 있다. 이에 대하여 다음 질문에 답하라(7-9장).

1. 선지자가 말하고 있는 세 가지 환상은 무엇인가? 이것이 우리에게 주는 메시지는 무엇인가? (7:1-9)

2. 아모스와 아마샤는 서로 각각 어떤 주장을 했는가?

우리는 이것을 통해서 어떤 영적인 원리들을 찾아낼 수 있는가? (7:10-17)

3. 네 번째 환상은 무엇에 관한 것이었는가? (8:1-3)

4. 여호와께서는 가난한 사람을 착취하는 자들을 향해서 무엇이라고 선언하시는가? (8:4-14)

5. 다섯 번째 환상은 가장 절정에 이르는 메시지다. 다섯 번째 환상은 무엇에 관한 것인가?

이 환상이 주는 의미는 무엇이며, 특별히 희망적인 부분은 어떤 것들인가?

이를 통해서 우리가 얻을 수 있는 교훈은 무엇인가? (9:1-15)

삶에 적용하기

이스라엘 백성들이 잘못된 길로 갈 때 여호와께서는 아모스를 부르셔서 선지자의 사명을 주셨다. 아모스가 하나님의 심판을 예언함으로써 회개하고 돌아선 이스라엘 백성들이 꽤 있었을 것이다. 그러나 대다수의 사람들은 회개하지 않고 각기 제 길로 갔다. 전 세계의 수많은 백성들이 지금도 하나님의 심판의 목소리를 듣지 못한 채 멸망을 향해서 달려가고 있다. 거의 20억에 가까운 사람들이, 종족으로 보면 3,000-4,000 종족이 하나님의 경고를 한 번도 듣지 못했다. 우리는 이들을 향해서 아모스와 같이 하나님의 심판이 임했다는 사실을 알려야 할 것이다. 이들 모두가 여호와 하나님 앞에 회개하고 돌아와서 하나님 왕국의 백성이 되어야 할 것이다. 그래서 하나님께서 하나님의 왕국을 회복할 때 우리가 다같이 그곳에서 하나님께 영광 돌릴 수 있어야 할 것이다.

"하나님 아버지, 오늘 아모스를 통해서 우리에게 꼭 필요한 메시지를 주신 것 감사합니다. 우리 개인적으로, 가정적으로, 국가적으로 볼 때 이 메시지는 지금 우리를 향한 것입니다. 우리가 이 메시지를 듣고 그대로 지나치지 않게 도와주옵소서. 우리가 말씀대로 하나님 만날 준비를 할 수 있게 해주옵소서. 그리고 가난한 자나 부유한 자나 우리 모두 각자 사회적인 책임을 깨닫도록 도와주옵소서. 특히 부유한 자들이 가난한 자를 생각하게 해주옵소서. 그래서 공의가 하수처럼 이 땅에 흘러넘치게 도와주옵소서. 아멘."

Amos

오바댜
OBADIAH

■ **저자와 연대**

오바댜라는 이름은 '여호와를 섬기는 자'라는 의미가 있고, 구약에는 11명의 또 다른 오바댜가 나온다. 저자는 아마도 남부 왕국 사람이었던 것 같다. 그는 에돔을 향하여 예언했다. 예레미야 49장 7-16절은 이 책과 매우 가까운 내용이다. 연대에 대해서는 다양한 의견들이 있지만 역대하 21장 16-17절을 배경으로 하는 것이 가장 적절하다고 본다. 따라서 B.C. 845년경으로 보는 것이 타당하다.

■ **신학적 메시지**

오바댜서는 하나님의 백성에게 희망을 주기 위한 예언서다. 하나님께서 에돔에 대해서 심판하심으로 공의를 이루시며 에돔이 반드시 굴욕을 당하게 되리라는 것이 이 책의 주제다(IVP 주석 오바댜, 요나, 미가서, p. 25-26 참조). 혹자는 말하기를 이 책에는 이스라엘 백성의 배타적인 사상이 나타났다고 한다. 그러나 오히려 하나님의 계획을 끝까지 반대하는 민족에 대한 하나님의 공의로운 심판을 상징하는 책이라고 보는 것이 더 타당할 것이다. 그 이유는 열국에 대한 하나님의 태도 때문이다. 하나님께서는 열국을 구원하시기 위하여 이스라엘 백성을 택한 것이지, 이스라엘을 무조건 편애하시는 것이 아니다.

■ **오바댜서와 주변 국가들과의 관계**

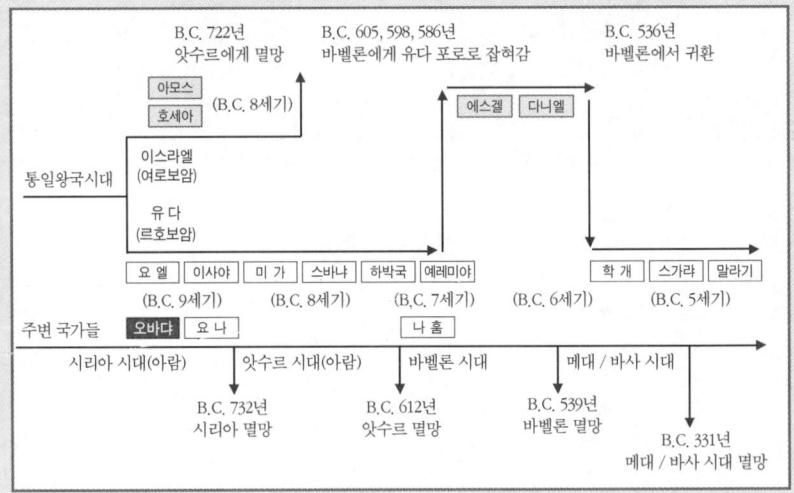

■ 오바댜서의 구성

1:1-1:9	1:10-1:15	1:17-1:21
심판을 받는 에돔	심판을 받는 이유	하나님의 백성에 대한 약속

■ 오바댜서의 개요
교만의 상징인 에돔의 심판(1장)

1 교만의 상징인 에돔의 심판

| 오바댜 1장 |

큰 그림 보기

하나님께서는 온 세상을 사랑하신다. 이것은 아담과 하와의 창조와 그들에게 주신 은혜를 통해 알 수 있다. 그러나 그들이 타락했을 때 하나님께서는 이들의 구원을 위해서 한 사람을 택하시고, 그 사람을 통해서 한 부족을 이루신다. 후에 이 부족은 하나의 국가, 곧 이스라엘을 이루게 된다. 하나님께서 이스라엘을 통해서 구세주를 보내주시겠다고 약속하셨다(창 3:15, 창 12장). 따라서 하나님께서는 이스라엘 백성을 특별히 대우하셨다. 이들의 생존은 곧 하나님의 계획의 실현을 의미하기 때문이다. 하나님의 계획과 연관된 하나님의 백성을 말살시키려 하거나 모욕했을 때 하나님께서는 그에 상응하는 형벌을 내리신 것을 볼 수 있다. 오바댜서가 바로 그 예 가운데 하나다. 이것은 에돔을 특별히 미워하고 이스라엘 백성들은 특별히 사랑하시기 때문이 아니라, 단지 에돔의 범죄와 교만과 이스라엘 백성의 독특한 역할이다. 이 책의 마지막에서는 모든 족속을 구원하시고자 하는 하나님의 의도가 분명히 나타나는데, 이를 통해서도 우리는 만민을 구원하시고자 하는 하나님의 뜻을 알 수 있다.

깊이 들여다보기

1 오바댜가 말하는 에돔에 대한 심판은 어떻게 나타났는가? (1:1-9)

② 에돔은 교만의 상징이 되었다. 에돔의 입지 조건 또한 높은 곳에 위치하고 있었다. 그들은 입지 조건처럼 태도 역시 뻣뻣했던 것 같다. 특히 하나님의 백성을 향해서 교만했던 것을 역사를 통해서 알 수 있다. 우리가 교만해서는 안 되지만 특히 하나님의 계획을 방해하는 자리에 있어서는 안 된다. 에돔은 어떤 죄를 범했는가? 이것을 우리에게 어떻게 적용할 수 있는가? (1:10-14)

③ 공의의 하나님께서는 실수가 없으시다. 하나님께서는 열국이 심판받을 것이라고 말씀하셨다. 이에 대해 다음 질문에 답하라.

1. 열국이 받을 형벌에 대하여 설명해보자(1:15-16).

2. 반면에 이스라엘 백성들의 승리에 대해서도 말씀하셨다. 이스라엘 백성들은 어떤 승리를 얻을 것인가?(1:17-21)

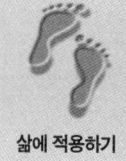
삶에 적용하기

하나님께서는 아무런 계획 없이 이 세상을 방치해두지 않으신다. 하나님께서는 창조하실 때도, 이스라엘 백성을 택하실 때도 계획이 있으셨다. 따라서 하나님의 계획에 방해가 되는 국가, 가정, 개인들을 간섭하셨고 하나님께서는 공의를 반드시 행하셨다. 근시안적으로 죄인과 악한 나라들이 승승장구하는 것처럼 보일 수도 있다. 그러나 긴 안목으로 보면 하나님께서는 반드시 공의를 베푸신다. 불의로 가득한 현대를 살아가는 우리에게도 하나님께서 반드시 공의를 베푸실 것이라는 확신을 주기 때문에 커다란 위로가 된다. 어제나 오늘이나 영원토록 동일하신 하나님께서는 우리를 평강으로 인도하신다. 따라서 우리는 하나님의 공의에 우리 자신을 맡겨야 한다. 그리고 결코 하나님의 계획에 반대하는 입장에 서지 말아야 한다. 오히려 적극적으로 하나님의 뜻 가운데서 하나님께서 원하시는 일을 해야 할 것이다. 이스라엘 백성들을 통해서는 열국에 하나님의 공의와 영광을 나타내고자 하셨다. 현재는 교회를 통해서 모든 족속에게 복음을 전하기를 원하신다. 우리는 복음 전파에 적극적으로 참여해야 할 것이다.

"하나님 아버지, 하나님의 계획이 얼마나 중요하고 또 그 계획이 어긋났을 때 하나님께서 얼마나 안타까워하시는지를 보았습니다. 그러나 에돔은 하나님께 정면으로 대들었습니다. 이스라엘 백성들을 함부로 대함으로써 하나님의 계획을 무너뜨리려 했습니다. 그러나 당신께서 그 계획을 신실하게 실행하셔서 이스라엘 백성을 통해서 예수 그리스도를 보내주셨고, 또 하나님의 말씀과 기초가 되는 선지자들과 사도들을 주신 것을 감사합니다. 오늘도 하나님의 계획에 정면으로 도전하는 사람들이 많지만 저희들은 오히려 적극적으로 하나님의 뜻에 순종하며 살기 원합니다. 그래서 만왕의 왕 되신 주가 모든 족속에게 알려지기 원합니다. 우리를 주님의 도구로 사용해주옵소서. 아멘."

요나

JONAH

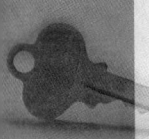

요나

■ **저자**

저자는 1장 1절에 근거하여 요나임을 알 수 있다. 요나는 북부 왕국에서 나와서 북쪽으로 간 선지자다. 그의 이름은 '비둘기'라는 의미를 갖고 있다. 아마도 그는 여로보암 2세 때에 활동한 선지자였을 것이다(왕하 14:25 참조)..

■ **연대**

열왕기하 14장 25절의 내용으로 보아 요나서의 기록 연대는 B.C. 8세기 곧 여로보암 2세가 통치했던 B.C. 780-753년일 것이다(IVP 주석 오바댜 요나 미가서, p 51 참조).

■ **신학적 메시지**

(1) 이방 국가인 앗수르에게 하나님의 심판과 구원에 관한 메시지를 전하기 위한 것이었다.
(2) 하나님께서는 모든 민족들에 대해 관심을 가지고 계시다는 사실을 대표되는 이스라엘 민족에게 알려주기 위한 것이었다(창 12:3, 시 67, 시 117, 대하 6:32-33 참조).
(3) 요나 자신이 하나님의 긍휼과 용서와 구원에 대한 상징과 기호의 역할을 하기 위한 것이었다.

■ **요나서와 주변 국가들과의 관계**

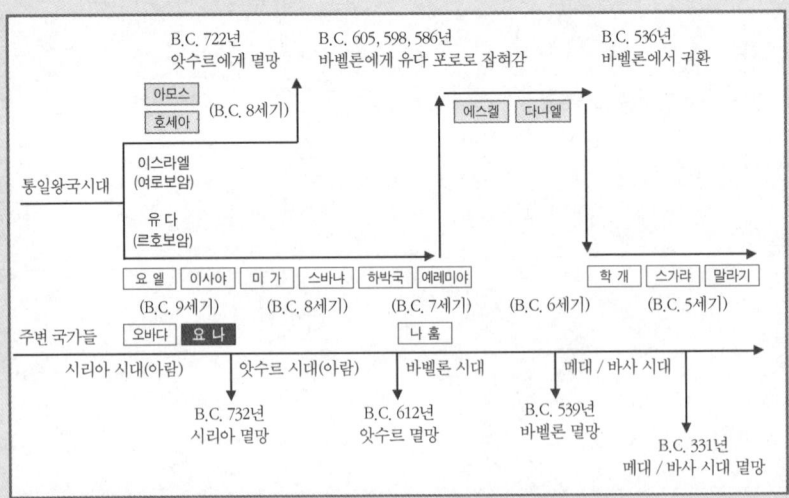

■ 요나서의 구성

바다에서의 요나 1-2장	니느웨에서의 요나 3-4장
- 요나의 소명(1:1-3) - 요나와 선원들(1:4-16) - 요나의 건짐과 감사(1:17-2:10)	- 요나의 두번째 소명(3:1-3) - 니느웨에서의 요나의 사역(3:4-10) - 니느웨의 구원과 요나의 분노(4:1-11)

■ 요나서의 개요
민족주의와 하나님의 범세계적인 사랑(1-4장)

1. 민족주의와 하나님의 범세계적인 사랑

| 요나 1-4장 |

큰 그림 보기

하나님께서는 인류를 창조하셨고 모든 인류에게 관심을 가지고 계신다. 따라서 모든 족속과 나라들이 하나님께 나오기를 기대하신다. 창세기 1-11장의 말씀도 우리에게 이와 같은 메시지를 주고 있다. 창세기 12장 1-3절은 모든 족속과 민족들이 어떻게 하나님의 은혜와 축복을 받을 수 있는가에 대한 청사진이다. 그리고 요한계시록 5장 9-10절, 7장 9-10절과 요한계시록 21장과 22장에서는 하나님께서 마지막으로 모든 족속을 구원하신 후에 선교가 완성되고 새 하늘과 새 땅이 마련되어 모든 족속이 하나님께 영광과 경배를 돌리는 모습을 말씀해주고 있다. 이것이 곧 하나님의 처음 생각이요 또 마지막 생각이시다.

그런데 이스라엘 백성들은 자신들이 모든 족속을 위해 선택되었다는 사실을 망각하고 민족 우월주의에 빠져버렸다. 그리고 자기 민족이 하나님께 더 괴임을 받고 특별한 대우를 받고 있다고 생각했던 것이다. 요나서는 바로 그런 이스라엘 민족의 자세에 대하여 잘 보여주고 있다. 요나로 상징되는 유다 민족 사상을 하나님께서 책망하시고 고쳐주시는 사실을 요나서를 통해서 볼 수 있다.

이 역사적인 이야기를 통해서 우리는 이스라엘 백성들의 잘못된 생각과 그들이 어떻게 그 생각을 고쳐야 하는지에 대해서 잘 읽을 수 있다. 요나서는 그 당시뿐만 아니라 오늘날의 교회도 이런 오류를 범할 가능성이 있다. 교회도 자신들만 구원받고 자신들을 위해서 하나님이 존재하는 것처럼 생각할 수 있다. 하나님께서 교회를 세우신 목적 가운데 하나가 모든 족속이 하나님의 은혜를 받고 구원받는 것이다. 교회를 향해서도 이스라엘 백성에게 주었던 동일한 메시지를 지금 이 책을 통해서 주신다. 그러므로 요나서는 현대적인 책이기도 하다.

깊이 들여다보기

1️⃣ 하나님의 소명을 거역하고 도망간 요나에 대한 다음 질문에 답하라.

1. 요나에게 준 소명은 무엇이었는가? (1:1-2)

2. 요나는 자신의 소명에 어떤 반응을 보였는가? 요나의 소명을 우리에게 어떻게 적용할 수 있는가? (1:3)

3. 요나가 바다에서 당한 일을 요약하고 이를 통한 교훈을 서로 나누어보자 (1:4-17).

4. 요나가 물고기 뱃속에서 무엇을 했는지 이야기하고 우리에게 적용해보자 (2:1-10).

2️⃣ 요나는 마침내 니느웨 성에 도착하여 하나님께서 원래 의도하셨던 대로 하나님의 메시지를 선포했다. 이에 대하여 다음 질문에 답하라(3-4장).

1. 요나가 돌이켜서 순종하게 된 과정을 설명하고 이를 통해서 우리가 얻을 수 있는 교훈은 무엇인가? (3:1-3)

2. 요나는 니느웨 성에 도착해서 무슨 일을 했는가? 이것을 우리에게 어떻게 적용할 수 있는가? (3:4)

3. 니느웨 성 백성들의 반응은 어떻게 나타났으며, 우리가 얻을 수 있는 교훈은 무엇인가? (3:5-10)

4. 요나는 하나님께 무엇을 불평했는가? (4:1-4)

5. 요나는 니느웨 성 사람들의 회개를 기뻐하지 않고 오히려 화를 냈다. 요나는 어떤 행동을 취했으며 하나님은 어떤 방법으로 요나를 일깨워주셨는가? (4:5-11)

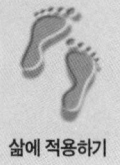
삶에 적용하기

요나서는 구약이지만 신약에 가까울 정도로 선교에 대한 명확한 의미가 들어 있다. 따라서 선교의 책이라고 말할 수 있다. 구약에서는 주로 이방인들이 이스라엘 백성들에게 와서 하나님을 만나게 되는 소위 수동적인 선교에 대해서 말하고 있지만, 요나서는 능동적으로 가서 이방인들에게 선포하는 말씀들이 기록된 것이 특색이다. 하나님께서는 이스라엘 민족을 택해서 하나님의 율법과 계시를 주시고, 더 나아가서 메시아가 그들로부터 나오게 하셨다. 이로써 예수 그리스도께서 온 세상의 죄를 위해서 십자가를 지셨다. 그 과정을 구속사라고 부른다.

그러나 요나서는 그런 과정을 뛰어넘어 우리에게 하나님의 모든 족속에 대한 구원 의지를 나타내고 있다. 우리는 이 책을 좀더 진지하게 받아들여서 우리도 요나와 똑같은 책망을 받지 않도록 해야 할 것이다. 우리가 세상을 향한 하나님의 계획 속에 살 때 하나님 뜻대로 산다고 볼 수 있다. 우리는 요나처럼 살지 말고 세상을 품은 그리스도인으로서 하나님의 원래 계획하심과 섭리에 처음부터 순종하며 사는 것이 올바른 신앙일 것이다.

"하나님 아버지, 요나서를 통해서 하나님의 마음을 다시 한번 볼 수 있게 해주신 것 감사합니다. 특별히 모든 족속을 향한 하나님의 마음을 알게 되었습니다. 이스라엘 백성만 사랑하신 것이 아니라 모든 족속들을 사랑하시고, 이스라엘 백성을 선택하셔서 메시아를 주신 것 감사합니다. 우리가 원래 하나님의 뜻을 저버리고 이기적인 목적으로 하나님의 은혜를 사용하지 않게 도와주옵소서. 우리가 하나님의 은혜를 먼저 받은 사람들로서 모든 족속에게 하나님의 사랑을 선포하는 은혜의 도구로 사용될 수 있도록 도와주시옵소서. 아멘."

미가

MICAH

■ 저자와 연대

저자는 미가서 1장 1절에 의해 미가임을 알 수 있다. 미가의 원래 의미는 '누가 야훼와 같으신가'라는 뜻이다. 미가는 남부 유다를 향해 예언한 이사야와 북부 이스라엘을 향해 예언한 요나, 아모스, 호세아 등과 더불어 B.C. 8세기 경에 예언했다. 특히 요담(B.C. 740-731)과 아하스(B.C. 732-715), 히스기야(B.C. 716-686) 시대에 예언한 것을 알 수 있다. 따라서 미가가 예언하기 시작한 시기는 최소한 사마리아가 앗수르에게 함락된 해인 B.C. 722년 이전인 것이다. 아마도 사마리아가 함락되기 최소한 10년 전부터 사역했을 것이다.

■ 시대적 배경

북부 왕국과 남부 왕국은 여로보암 2세와 웃시야 왕이 통치하던 때에 다시 한번 전성기를 경험했다. 외적으로는 번영했으나 내적으로는 우상 숭배와 도덕적 타락으로 인해 사회적 문란이 극에 달했고, 불의가 횡행하였다. 이러한 풍조는 다음 왕들로 계속 이어졌으며 미가는 이러한 풍조 가운데서 사회적 불의에 대해 선지자적인 예언을 했다. 따라서 호세아서와 미가서는 어떤 의미에서는 구약에 나타난 사회 복음이라고 말할 수 있다. 예언의 주요 대상은 유다이지만 유다에 국한시키지 않고 유다와 이스라엘 모두를 향해서 예언했다.

■ 신학적 메시지

(1) 하나님께서는 이스라엘 백성들의 죄에 대한 심판과 구원에 대한 소망을 동시에 주고 있다. 그리고 그 구원은 메시아의 오심으로 이루어질 것이라고 예언하고 있다. 따라서 우리는 미가 5장 2절에서 유명한 메시아에 대한 예언을 볼 수 있다.

(2) 하나님을 경외하는 것이 사회적인 공의를 이루는 것으로 이어져야 진정한 경건이라고 미가는 언급하고 있다. 따라서 여호와께서 우리에게 구할 것은 "오직 공의를 행하며 인자를 사랑하며 겸손히 네 하나님과 함께 행하는 것이 아니냐"(미 6:8)라고 명확하게 선포했다.

(3) 미가서는 이스라엘 민족의 실패와 메시아가 오실 것과 하나님 나라에 대한 내용들을 가장 잘 배분하여 예언했다. 이 가운데 상당 부분이 이미 우리 시대에 성취되었다.

■ 미가서의 구성

1-2장	3-5장	6-7장
범죄와 심판	회복과 위로	용서와 예배

■ 미가서와 주변 국가들과의 관계

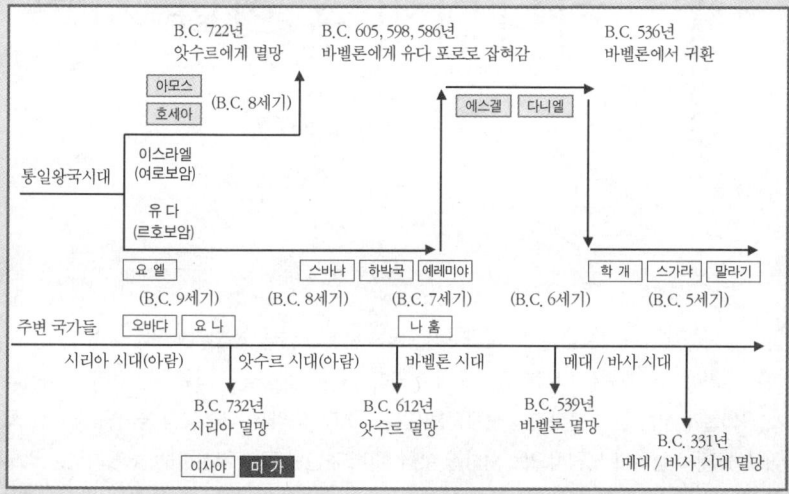

■ 북부 왕조와 남부 왕조와 미가서의 관계

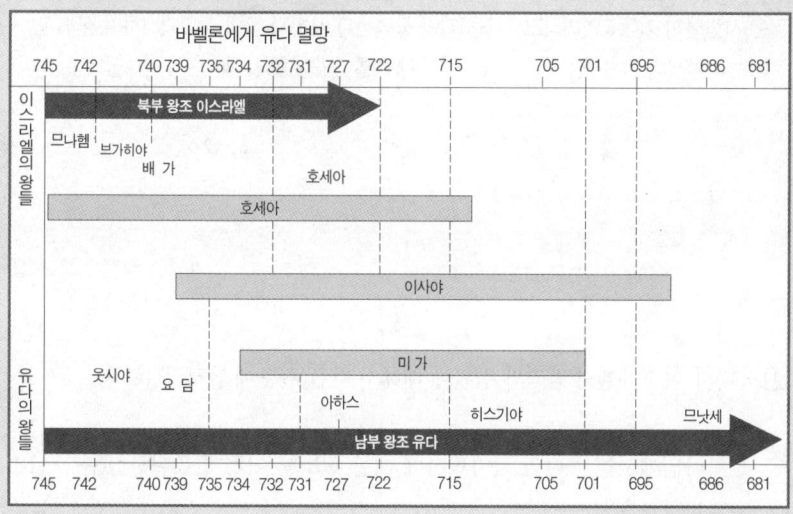

■ 미가서의 개요

하나님의 공의와 심판(1-7장)

1 하나님의 공의와 심판

| 미가 1-7장 |

큰 그림 보기

미가는 당대에 도덕적으로 문란하고 타락한 북부 왕조와 남부 왕조뿐만 아니라 현대를 살아가는 우리에게도 귀중한 메시지를 선포하고 있다. 미가는 하나님을 경외하는 것이 이 세상에서 공의롭게 사는 것과 불가분의 관계임을 명확히 했다. 따라서 각종 우상 숭배도 매우 큰 죄이나, 불의를 행하고 도덕적으로 문란한 삶을 살며, 가난한 자를 멸시하는 등 사회적인 악도 큰 죄임을 선지자는 말씀했다. 그에 대한 해결책으로 우리가 어떻게 살아야 할 것인가를 명확하게 말씀했다.

많은 사람들이 기독교인이라고 자처하지만 도덕성과 사회적 공의를 도외시하며 살고 있다. 우리는 미가서의 메시지를 듣고 회개하여 주께로 돌아가야 할 것이다.

깊이 들여다보기

① 유다와 이스라엘의 범죄와 심판에 대해서 다음 질문에 답하라(1-2장).

    1. 하나님께서는 유다와 사마리아에 대한 진노를 어떻게 표현하셨는가? (1:1-16)

2. 하나님께서 이같이 기뻐하시지 않는 이유는 무엇인가? (2:1-13)

② 구속과 위로의 부분을 읽고 다음 질문에 답하라(3-5장).

1. 하나님께서는 이스라엘 백성들이 어떤 형벌을 받을 것이라고 말씀하시는가? (3:1-12)

2. 하나님께서 백성을 향해 어떤 일을 행하실 것인가? (4:1-13)

이는 곧 하나님의 영광스러운 나라에 대한 설명이다. 이것을 공부하고 하나님의 나라가 현재 우리에게 어떻게 다가와 있는지도 서로 나누어보자.

3. 본문에 나와 있는 구세주에 대한 예언 가운데 구체적인 예를 들어보고 우리가 신약에서 볼 수 있는 내용과 비교해보자(5:1-15).

③ 심판과 마지막 축복에 대해서 다음 질문에 답하라(6-7장).

1. 하나님께서는 하나님의 백성들을 향해 어떤 불평을 가지고 계셨는가? (6:1-16)

2. 하나님께서는 책망만 하지 않으시고 약속도 주셨다. 여기에 나타난 최종적인 약속들을 예를 들어 설명하고 우리가 현재 경험하는 것들과 비교해보자 (7:1-20).

삶에 적용하기

대부분의 선지서들이 역사 이야기처럼 보이며, 단지 한 나라에 대한 역사로 생각하기가 쉽다. 그러나 자세히 보면 지금 우리에게 필요한 메시지들이 들어 있다. 우리는 현대에 적합한 메시지를 자주 들어야 한다. 선지자의 메시지를 들을 때마다 우리는 옷깃을 여미며 가던 길을 멈추고 돌아보아야 할 것이다. 미가서의 경우도 메시지는 분명하다. "사마리아를 기억하라. 앗수르에 의해서 B.C. 722년에 파괴된 사마리아를 기억하라. 예루살렘을 기억하라. B.C. 606년에 포로로 잡혀간 자랑스럽던 예루살렘을 기억하라." 이것이 곧 선지자들의 메시지다.

우리는 지금 사마리아와 예루살렘보다 더 낫다고 할 수 없다. 오히려 더 타락했고 불의를 더 저지르고 있다. 그러므로 성령께서 주시는 메시지를 듣고 하나님께 순종하고, 공의를 행하며, 긍휼을 베풀고, 도덕성을 다시 찾아야만 할 것이다. 선지자의 메시지를 서로 주고받으며 회개의 시간을 갖고 이제부터라도 우리 모두 공의를 베풀며 정의를 위해 살기를 결심해야 할 것이다.

"사랑하시는 하나님 아버지, 구체적이면서도 시기 적절한 메시지를 주신 것에 대해서 감사드립니다. 저희가 하나님을 믿는다고 하면서 미지근할 때가 너무 많았습니다. 또 우리 자신만을 생각할 때가 많았습니다. 우리 사회 공동체와 교회 공동체를 위해서 기도합니다. 미가가 주는 메시지를 들을 수 있게 도와주옵소서. 그리고 교회만을 위해서 사는 것이 아니라, 이 사회의 공의를 위해서 불의를 거부하고 가난한 자를 생각하며, 불행한 사람들을 생각할 수 있게 도와주옵소서. 그리고 우리 자신들을 위해서는 최소한 소비하고 다른 사람들을 위해서 최대한 베풀 수 있게 도와주옵소서. 이런 역사가 우리 사회뿐만 아니라 전 세계적으로 일어날 수 있도록 도와주옵소서. 우리가 거룩한 부담감을 갖고 살 때 모든 족속에게 이 메시지가 전파될 수 있게 도와주시옵소서. 그래서 하나님의 공의가 물이 바다를 덮은 것처럼 이 사회와 전 세계를 덮는 날이 하루 속히 올 수 있게 도와주시옵소서. 아멘."

나훔

NAHUM

나훔

■ 저자
저자는 1장 1절에 의해 나훔이라는 사실을 알 수 있다. 나훔은 '위로'라는 의미다. 요나서는 니느웨를 향해서 외쳤을 때 니느웨가 회개했다는 말씀인 반면에 나훔서는 니느웨가 회개하지 않고 멸망할 것이라는 경고가 있는 말씀이다.

■ 연대
나훔이 기록된 시기는 아마도 B.C. 7세기 중반이었을 것이다. 앗수르가 아직도 강한 상태에 있는 것으로 보아서 이 나라가 멸망한 B.C. 612년 이전에 주어진 것으로 추측된다. 니느웨가 결국은 패망할 것이라는 예언이다. 따라서 나훔서가 쓰여진 시기는 B.C. 664-612의 어느 때일 것이다(IVP 주석 나훔 하박국 스바냐 p. 19-20 참조).

■ 신학적 메시지
(1) 하나님의 위엄에 관한 것이 두드러지게 나타나 있다(나 1:2-8).
(2) 하나님께서는 긍휼의 하나님이시지만 악에 대해서는 그대로 방관만 하지 않으신다는 사실이 강하게 나타나 있다(나 1:9-15).

■ 나훔서와 주변 국가들과의 관계

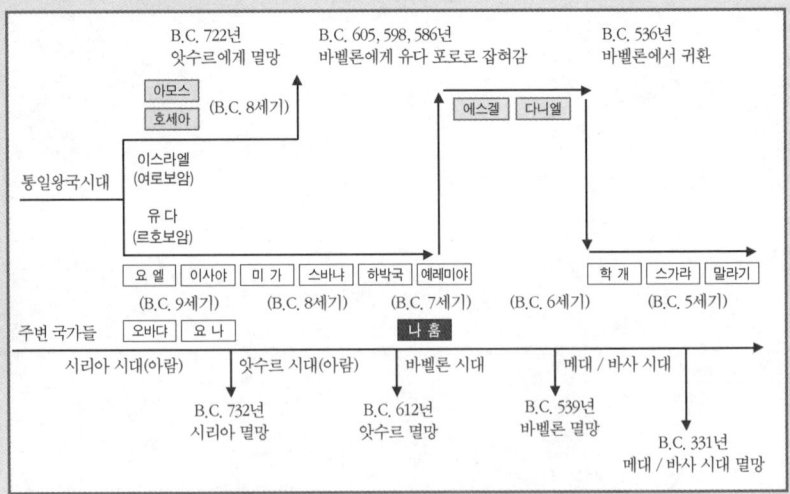

■ **나훔서의 구성**

여호와의 엄위 1:1-15	니느웨의 패망 2:1-3:19
니느웨에 대한 심판	포위와 패망 묘사

■ **나훔서의 개요**

니느웨의 심판과 패망

1 니느웨의 심판과 패망

| 나훔 1-3장 |

큰 그림 보기

나훔서는 짧지만 고난받는 사람들에게 한없는 위로를 준다. 악한 니느웨의 파멸이 통쾌하기보다는 오히려 하나님께서 살아 계셔서 불의가 끝까지 승리할 수 없기 때문이다. 하나님께서는 요나를 통해서 니느웨에게 긍휼을 베푸셨다. 그러나 우리가 잘 알지는 못하지만 하나님께서는 니느웨에 대하여 더 이상 참을 수 없다고 판단하셨기 때문에 결국은 심판을 내리신 것 같다. 만일 니느웨가 회개했다면 어떻게 되었을까? 아마도 하나님께서는 니느웨를 향해서 긍휼을 베푸시고 그들을 구원하셨을 것이다. 하나님께서는 공의의 하나님이시기 때문에 차별하지 않으신다. 이스라엘 백성들을 구원하신 것처럼 니느웨도 구원하기를 원하시는 것이 곧 하나님의 마음이다. 그러나 회개하지 않아 하나님의 심판을 받았고 B.C. 612년에 그들은 지도에서 사라져버렸다.

이 메시지는 니느웨에게 주어진 것이라기보다는 유다 민족에게 주어진 것이다. 유다 민족이 니느웨의 멸망을 보며 회개하고 옳은 길로 들어서라는 경고였을 것이다. 유다는 겸손하게 나훔의 메시지를 받고 회개해야 했다. 그러나 그들은 이 메시지를 흘려버렸다. 따라서 유다도 하나님께서 주시는 기회를 잃어버린 것이다. 우리는 유다를 생각하며 하나님이 주시는 경고와 메시지를 그대로 흘려버리지 않도록 다짐해야 할 것이다. 우리 개인도 그리고 국가도 겸손한 자세로 여호와께서 경고하는 메시지를 진지하게 들어야만 한다. 우리가 겸손한 마음으로 나훔서를 공부할 때 여호와께서 꼭 필요한 교훈들을 주실 것이다.

깊이 들여다보기

1 니느웨의 멸망에 관한 선언에 대하여 다음 질문에 답하라(1장).

1. 니느웨의 멸망에 대해 선언하신 하나님의 모습을 묘사해보자. 그리고 우리 자신에게 적용해보자(1:1-6).

2. 니느웨의 파멸과 유다의 회복에 대한 내용을 요약하고 이것이 우리에게 어떤 의미를 주는지 서로 나누어보자(1:7-15).

② 본문을 읽고 니느웨를 포위한 사람들의 모습을 설명해보자(2장).

③ 전쟁에 대하여 묘사하는 본문을 읽고 다음 질문에 답하라(3장).

1. 니느웨가 파멸된 전쟁이 처참했다는 사실을 본문을 통해서 볼 수 있다. 이에 대하여 본문에서 예를 들어 설명해보자(3:1-17).

2. 니느웨가 파멸될 당시의 처참한 모습 가운데 앗수르 왕과 그 백성에 대한 예언 내용을 간단히 설명해보자(3:18-19).

삶에 적용하기

나훔서는 구약 중에서 전쟁 모습을 가장 적나라하게 설명한 책이다. 이 책을 읽노라면 당시의 처참했던 모습이 눈에 선하다. 성이 불타고 사람들이 피를 흘리며 쓰러지는 아비규환의 모습을 연상할 수 있다. 사람들은 왜 전쟁을 치르며 무참하게 죽어가야 했는지 알지 못했을 것이다. 그러나 나훔의 생각을 통해서 하나님의 메시지를 받은 사람들은 하나님의 예언이 이루어진다고 생각했을 것이다. 결국은 B.C. 605년에 유다도 종말을 맞이하게 되었다.

우리는 구약의 역사를 통해서 배워야 한다. 개인의 신앙 생활에 대해서, 또 국가를 위해서 교훈을 얻을 수 있다. 그리고 우리는 위정자들이 하나님의 공의와 심판을 깨닫게 해달라고 하나님께 기도해야 한다. 더 나아가서 세계의 지도자들을 위해서도 기도해야 한다. 하나님께서는 반드시 공의를 이루실 것이다. 그리고 불의한 자를 심판하실 것이다. 우리가 작지만 선을 행하고 공의를 행할 때 상을 받게 될 것이다. 오늘도 우리는 용기를 잃지 않고 계속 의로운 사람으로서 공의를 베풀며 살 수 있다.

"하나님 아버지, 당신의 위엄을 나훔서를 통해서 볼 수 있습니다. 당신은 긍휼도 많으시지만 동시에 위엄이 가득하신 분이요, 능력이 무한한 분이십니다. 그리고 당신의 뜻대로 역사를 주관하는 분이십니다. 역사는 당신의 손에 달려 있습니다. 진심으로 감사합니다. 이 역사의 종말이 사단의 손에 달려 있지 않고 엄위하신 당신의 손에 달려 있는 것을 감사합니다. 나훔의 예언대로 니느웨가 멸망한 것처럼 이 세상도 이제 하나님의 심판에 따라서 멸망하고 그 다음에 공의가 넘칠 것을 기대합니다. 온 세상이 공의로 뒤덮일 것을 바라봅니다. 이 소망을 가지고 오늘을 살아갑니다. 지금처럼 혼란스러운 정세 속에서도 희망을 잃지 않고 오늘 나의 할 일을 주님 주신 소명에 따라서 열심히 살겠습니다. 감사와 찬양과 영광을 존귀하신 하나님께만 돌리옵나이다. 아멘."

1. 니느웨의 심판과 패망

하박국
HABAKKUK

■ 저자

저자는 하박국 1장 1절에 의해 하박국임을 알 수 있다. 그의 이름은 '가슴에 품는 자'라는 뜻을 갖고 있다. 다시 말하면 '하나님과 친밀한 관계'를 의미한다.

■ 연대

하박국서는 북부 왕국인 이스라엘이 앗시리아에 의해 멸망하고(B.C. 722년) 신생 왕국인 바벨론이 통치하던 시기에 쓰여졌다. 구체적으로 말한다면 B.C. 605년 유다가 바벨론의 침입을 받고 비참하게 포로로 잡혀갔고, B.C. 597년에 다시 바벨론의 침범이 있었다. 그리고 B.C. 586년의 침범은 마침내 유다가 멸망하는 계기가 되었다. 따라서 B.C. 625년과 유다가 멸망하기 전인 B.C. 586년 사이에 이 책이 쓰여졌다고 볼 수 있다.

■ 신학적 메시지

하박국은 두 가지 의문이 있었다. 하나는 하나님께서 이스라엘 백성들의 범죄를 왜 그냥 두시는가?(1:1-4) 이 질문에 대하여 하나님께서는 곧 바벨론을 통해서 유다를 징계하실 것이라고 말씀하셨다(1:5-11). 그러자 유다보다 더 악한 바벨론을 통해서 유다를 징계하신다면 공의는 어디에 있는가? 라는 질문이 생겼다(1:12-17). 2장에 이에 대한 대답이 있다. 하박국서는 하나님께서 과연 불의를 심판하시겠는가 아니면 그대로 두시겠는가에 대해 질문하고 있다. 하나님의 대답은 명료하다. 하나님께서는 반드시 불의를 심판하시고, 또한 하나님과 언약을 맺은 백성들을 끝까지 보존하실 것이다. 이 책을 통해서 오늘날 우리에게도 공의를 사모하는 백성들이 실망하지 않고 끝까지 믿음으로 살아야 한다는 교훈을 하나님께서 주셨다.

■ 하박국서와 주변 국가들과의 관계

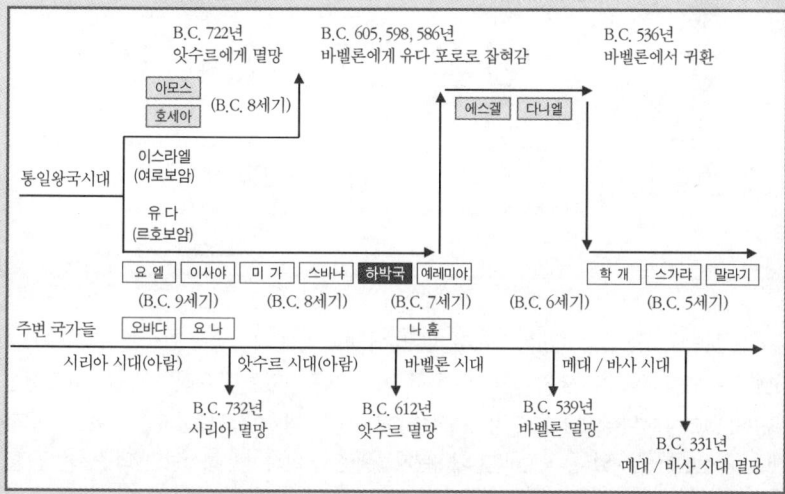

■ 하박국서의 구성

1장			2장	3장
1:1-4	1:5-11	1:12-17	두번째 질문에 대한 대답	하박국의 기도
첫번째 질문	그에 대한 하나님의 대답	두번째 질문		

■ 하박국서의 개요

오직 의인은 믿음으로 살리라(1:1-3:19)

1. 오직 의인은 믿음으로 살리라

| 하박국 1-3장 |

큰 그림 보기

우리는 하박국처럼 깊은 회의를 가지며 하나님께 묻고 싶을 때가 종종 있을 것이다. 2001년 9월 11일 뉴욕에서 수천 명의 사람들이 무모하게 테러로 죽었을 때 우리는 왜 그들이 그렇게 죽어야 했는지 의아해했다. 물론 미국이 각성하라고 그렇게 했다고 말할 수는 있을지 모르지만 너무 잔인한 일이었다. 꼭 간악한 테러분자들의 손을 빌려야만 하셨는가?라는 질문을 할 수 있을 것이다. 그리고 왜 이라크 전쟁으로 이라크 국민들이 전쟁의 고통을 당하는가? 등 이런 질문들이 얼마든지 있을 수 있다. 하나님의 백성들의 경우도 예외가 아니다. 이들이 억울하게 고난을 받는 일들은 역사가 시작된 후로 끊이지 않고 있다. 아마 누구나 그런 경험을 어느 정도는 가지고 있을 것이다. 바로 그런 사람들에게 이 책이 좋은 길잡이가 될 것이다.

하나님께서 하나님의 백성을 징계하시기 위해 나라들이나 사건들을 도구로 사용하신다. 그러나 그것은 하나님의 적극적인 의도라기보다는 권선징악의 목적으로 허용하시는 것이다. 하나님은 불의를 언제든지 불의로 보신다. 따라서 하나님께서 바벨론을 심판하셨듯이 반드시 불의를 심판하시고 하나님의 백성은 끝까지 보호하신다. 지금 하나님의 백성은 교회라고 생각할 수 있다. 하나님께서는 교회가 잘못했을 때 징계하실 수 있다. 그러나 하나님께서는 그 징계의 도구도 징계하신다. 그리고 최종적으로 믿음으로 사는 사람들을 보존하실 것이다.

깊이 들여다보기

① 본문을 읽고 하박국의 첫번째 불평과 하나님의 대답에 관하여 다음 질문에 답하라(1:1-11).

1. 하박국이 무엇을 불평했는지 그 내용을 요약해보자(1:1-4).

2. 이에 대해 하나님께서는 어떻게 대답하셨는가? 그리고 우리 생활 가운데 어떻게 적용 할 수 있는가? (1:5-11)

② 하박국의 두번째 불평과 하나님의 대답에 관하여 다음 질문에 답하라(1:12-2:20).

1. 하박국은 악한 나라가 언제까지 계속될 것인지 의문을 품고 있었다. 그에게는 악한 바벨론이 승승장구하는 것처럼 보였다. 지금도 악한 자가 흥하는 것을 보았을 때 역시 악한 일을 해서라도 잘 살아보고 싶은 생각이 들 때가 있다. 하박국의 질문 내용을 요약해보자(1:12-17).

2. 하나님의 대답은 명료했고 하나님의 대답은 두 가지 차원에서 주어졌다. 그 가운데 하나가 4절에 잘 나타나 있는데 서로 이야기해보자(2:1-5).

또 하나의 대답은 좀더 구체적인 심판의 내용으로 나타났는데, 그 내용들을 예를 들어서 설명해보자(2:6-19).

3. 결론적으로 하나님께서 주신 대답은 무엇이며 이것을 우리 생활 가운데 어떻게 적용할 수 있는가? (2:20)

③ 하박국은 하나님의 대답을 듣고 더 이상 불평하지 않고 오히려 찬양과 기도로 하나님께 나왔다. 그 내용들을 간단히 설명해보자. 특히 이것을 우리 생활 가운데 어떻게 적용할 수 있는지 서로 나누어보자. 또 3장 16-18절과 빌립보서 4장 1-6절을 비교하여 어떤 교훈을 얻을 수 있는지 서로 이야기해보자(3:1-19).

삶에 적용하기

하박국은 너무 마음이 아프고 부당하다고 생각했기 때문에 감히 하나님께 도전했다. 욥도 그런 적이 있다. 하박국처럼 담대하게 하나님께 도전하는 것은 쉬운 일이 아니다. 하박국의 동기는 순수했다. 하박국의 도전은 결코 하나님께 반항하기 위한 것이 아니었다. 그는 실제로 하나님과 언약을 맺은 백성이 범죄하는 것이 안타깝기 때문이었다. 또 하나님의 언약의 백성이 더욱 불의한 바벨론에 의해서 파멸될 것이라는 소식을 들었을 때 더욱더 혼란 가운데 빠질 수밖에 없었다. 그래서 두 가지 질문을 했던 것이다. "어떻게 하실 것입니까?" 그리고 하나는 "언제까지이십니까?" 그에 대한 해답을 받은 하박국은 마음이 잠잠해졌다. "오직 의인은 믿음으로 말미암아 살리라"는 말씀을 받고 그는 더 이상 불평하지 않았다.

그렇다. 우리는 믿음으로 살아야 한다. 그리고 하나님께서는 반드시 공의를 이루실 것이다. 억울할 때도 기쁠 때도 믿음으로 살아야 한다. 특히 지금처럼 전 세계가 테러와 전쟁의 공포 속에서 왜 이런 일이 있어야 됩니까? 라는 의문이 생겨도 믿음으로 살아야 할 것이다. 하나님께서 반드시 공의를 이루실 것을 믿어야 한다. 이 메시지는 현대인들에게 주는 의미가 매우 크다. 이것을 알지 못하는 전 세계에 흩어진 모든 족속에게 우리는 이 메시지를 전해야 할 것이다. 그들도 어려운 일을 당했을 때 믿음으로 살 수 있도록 혜택을 주어야 할 것이다.

"하나님 아버지, 우리에게 귀중한 하나님의 마음을 알려주셔서 감사합니다. 불의가 극성을 부리는 때에 은혜의 메시지를 주셔서 감사합니다. 언제까지 테러분자들이 전 세계를 흔들 것입니까? 라는 질문을 해보지만 이미 해답을 주셔서 우리의 마음을 잠잠케 해주심을 감사합니다. 주여, 당신이 지금도 통치하고 계시고 테러분자들이 이 세상을 통치할 수 없음을 명확히 해주셔서 감사합니다. 성전에 계신 당신께 영광과 찬양을 돌립니다. 우리는 성령이 주시는 내적 기쁨으로 어려운 환경들을 이겨나가겠습니다. 오늘도 그렇게 살기를 원합니다. 아멘."

스바냐

ZEPHANIAH

■ 저자

저자는 스바냐다(1:1 참조). 이 이름에는 '여호와가 숨긴다', '여호와가 보호한다'는 뜻이 있다. 아마도 스바냐는 므낫세 왕이 우상 숭배를 위해서 많은 아이들을 죽일 당시에 태어나서 여호와의 보호를 받았을 것이다(왕하 21:16).

■ 연대와 시대적 배경

스바냐가 예언할 당시의 정치적 배경은 어둡고 암울했다. 앗시리아는 멸망을 향해서 치닫고 있었고 마침내 B.C. 612년에 바벨론에게 멸망되었다. 바벨론은 신진 국가로서 B.C. 625년에 왕국이 세워져 갈수록 강해졌다. 그리고 이 당시에 유다는 이스라엘이 B.C. 722년에 그들의 죄로 말미암아 하나님께로부터 징계를 받은 것을 보았음에도 불구하고 많은 죄를 범했다. 특히 므낫세 왕과 암몬 왕은 도덕적으로 타락했을 뿐만 아니라 우상을 섬기는 일이 극에 달했다. 유다 왕 요시야 시대(B.C. 640-609년)에 와서 개혁이 일어났다. 특히 B.C. 621년에 개혁이 일어났는데 아마도 이 선지서는 그 전의 상황을 놓고 예언한 것이라고 볼 수 있겠다. B.C. 627년경부터 예언한 것이 아닌가 볼 수 있는데 이 때 예레미야도 역시 예언을 시작했다.

■ 신학적 메시지

스바냐는 무엇보다도 종말에 관한 내용이 강하게 나타나 있다. IVP 주석「나훔 하박국 스바냐」의 저자인 데이빗 베이커(David Baker)는 선지서 중에서 스바냐서가 가장 조직적으로 '주의 날'에 관한 예언했다고 말하고 있다(p.84 참조). '주의 날'을 말할 때 가깝게는 바벨론에 의해서 유다가 심판을 받고 파멸할 것이라는 점과 또 멀리는 주님의 재림 시에 일어날 사건을 동시에 말하고 있다. 그리고 이 '주의 날' 가운데는 심판과 함께 축복도 있다. 하나님께서 불의는 심판하시되 남은 자들과 충성된 자들을 회복시키시는 축복이 있음을 상기할 수 있다. 축복 중에서 가장 두드러진 부분은 스바냐 3장 14-17절에 언급되었으며, 17절 말씀은 그 중에서도 핵심이라고 볼 수 있다. "너의 하나님 여호와가 너의 가운데 계시니 그는 구원을 베푸실 전능자시라 그가 너로 인하여 기쁨을 이기지 못하여 하시며 너를 잠잠히 사랑하시며 너로 인하여 즐거이 부르며 기뻐하시리라."

■ 스바냐서와 주변 국가들과의 관계

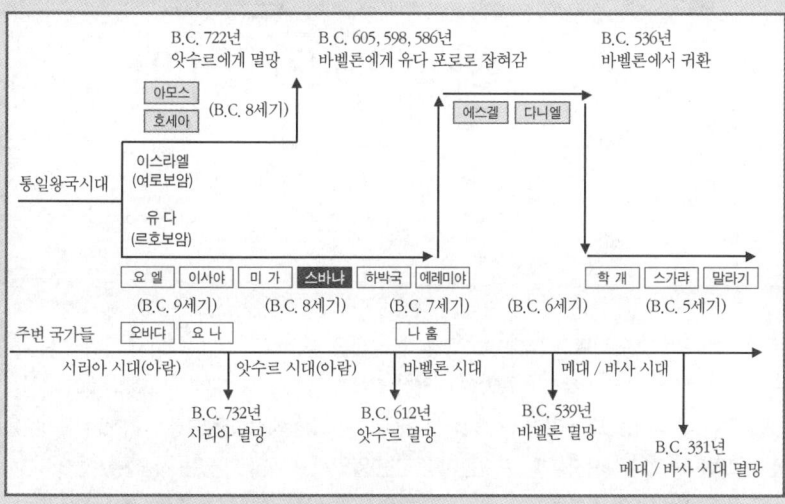

■ 스바냐서의 구성

하나님의 경고와 심판 1:1-3:7 ||	하나님의 구원 3:8-20
유다 1:1-2:3	나라들 2:4-3:7	남은 자들 3:8-3:20
유다의 심판	모든 나라들의 심판(2:4) 유다 예루살렘에 관한 심판(3:1) 모든 나라들의 도시(3:6)	유다의 회복(3:8)

■ 스바냐서의 개요

주의 날과 하나님의 심판(1-3장)

1 주의 날과 하나님의 심판

| 스바냐 1-3장 |

큰 그림 보기

우리는 미래에 대해 모르고 현재만 보고 살 때 비전을 잃게 된다. 더 나아가서 현재에 충실하지 못하게 된다. 그러나 우리가 종말에 대하여 확실히 알 때 그에 대한 준비와 더불어 비전을 갖게 된다. 스바냐는 그런 의미에서 범죄 가운데 빠져 있는 백성들을 향해서 엄청난 메시지를 전하고 있다. 그의 메시지를 많은 사람이 듣지는 않았지만 들을 귀 있는 사람들은 들었다. 지금도 많은 사람이 이 말씀을 듣고 회개하지는 않지만 남은 자들에 해당되는 충성된 사람들은 이 메시지를 들을 것이다. 이들은 미래에 임할 심판을 생각하며 현재의 불의를 회개하고 남은 자들에 포함되기 위해 최선을 다하게 될 것이다.

충성된 사람들을 위해서 여호와 하나님께서는 축복을 준비하시고 기쁜 날을 예비하셨다. 주의 날에는 칼의 양날과 같이 한 쪽은 심판을 또 다른 쪽은 축복을 갖다 주실 것이라고 말할 수 있다. 우리가 이 칼의 양날 중에 어떤 쪽에 속해 있는가에 따라서 우리의 삶이 달라질 것이다. 우리는 지금 바로 이런 메시지를 들어야 할 것이다. 비전 없이 앞만 보고 이 세상을 사랑하며 살다가 심판의 날을 맞이할 것인가, 아니면 미래를 바라보며 장차 다가올 심판이 있다는 사실을 알고 허리를 동여매고 거룩한 삶을 살다가 하나님의 기쁜 날을 맞이할 것인가를 결정해야 한다. 우리는 오늘도 이 메시지를 받으며 다음 질문들을 놓고 씨름할 필요가 있다.

깊이 들여다보기

① 주의 날과 예루살렘의 심판에 관하여 다음 질문에 답하라(1장).

1. 어떤 심판이 이루어지며, 그 심판의 성격은 어떠한가? (1:1-3)

2. 무엇 때문에 예루살렘과 유다를 심판할 것이라고 말씀하셨는가? (1:4-6)

3. 심판에 대해서 계속 말씀하고 있는데 주의 날에 이루어질 심판의 성격에 대해서 예를 들어 설명해보자(1:7-18).

② 나라들에 대한 심판에 대하여 다음 질문에 답하라(2장).

1. 하나님께서는 모든 나라들이 회개하고 하나님께 나오기를 바라고 있다. 그것은 유다 백성만 아니라 모든 민족들이 나오기를 원하신다. 이런 마음을 어떻게 알 수 있는가? (2:1-3)

2. 어떤 나라들이 심판받을 것이라고 말씀하셨는가? 그리고 그 심판의 성격은 어떠한가? (2:4-15)

③ 주의 날의 심판과 축복에 관한 다음 질문에 답하라(3장).

1. 심판은 누구에게 내려지며 그 심판은 어떤 성격을 띠게 될 것인가? (3:1-8)

2. 하나님의 약속은 누구에게 이루어지며 그 약속의 성격은 어떤 것인가? (3:9-13)

주의 날에 여호와께서 이스라엘의 왕이 되시어 내릴 축복에 대해서 이스라엘이 노래한 부분을 설명하고 그 내용을 우리에게 적용해보자(3:14-20).

삶에 적용하기

우리는 눈을 들어 여호와께서 오실 날을 바라보아야 할 것이다. 만일 우리가 현실에 너무 집착했다면 이제는 믿음의 자세를 바꾸어야 할 것이다. 그리고 주가 오실 날을 기다리며 신앙을 재정비해야 할 것이다. 주께서 오실 준비가 다 되어 있다. 스바냐 시대에 임박한 심판이 예언대로 이루어진 것처럼 오늘날 주님이 재림하실 날도 아주 가까이 다가와 있다. 모든 징조들이 그것을 우리에게 확인시켜주고 있다. 최근에 일어난 테러들도 역시 그런 징조 가운데 하나다. 민족이 민족을 대항해서 싸우며 또 이스라엘 땅이 그 싸움의 중요한 원인이 된다는 것들도 간과해서는 안 될 것이다.

주님의 재림이 가까운 때에 우리는 이 메시지를 듣고 유다 백성들처럼 범죄의 길을 가지 말아야 한다. 오히려 언약의 백성들과 남은 자처럼 여호와의 율법을 사모하며 여호와를 기뻐하며 살 수 있도록 올바른 믿음의 길을 가야 할 것이다. 그럴 때 비로소 여호와께서 오시는 날이 심판의 날이 아니라, 축복의 날이 될 것이다. 그리고 스바냐가 노래했듯이 우리가 "여호와가 너의 가운데 계시니"라고 기뻐할 것이다.

"사랑하시는 아버지 하나님, 우리의 삶을 지켜보시고 우리가 세상에 너무 집착해 있다면 우리를 깨우치옵소서. 교회들을 깨우치옵소서. 교인들이 일어날 수 있게 해주옵소서. 임박한 주의 날에 대비할 수 있게 해주옵소서. 공의를 베풀며 고아와 과부를 도와주고 불쌍한 자를 구제하며 여호와를 흠모하는 사람들로 변화시켜주옵소서. 자기 자신만 위해서 사는 교회와 성도들이 되지 않도록 도와주옵소서. 이런 소식을 모든 족속에게 전하며 그 족속들이 심판의 날을 생각하며 회개할 수 있게 최선을 다하는 우리가 될 수 있게 도와주시옵소서. 그래서 우리 모두가 스바냐가 노래한 것처럼 "너의 하나님 여호와가 너의 가운데 계시니"라고 노래할 수 있게 도와주시옵소서. 아멘."

학개

HAGGAI

학개

■ 저자

저자는 1장 1절의 말씀에 따라 학개임을 알 수 있다. 학개의 가족 사항에 대해서는 별로 언급된 것이 없다. 그는 아마도 B.C. 537년 포로들이 돌아올 때 함께 돌아왔을 것이다. 그리고 스가랴와 함께 성전 건축 재개 사역을 했음을 알 수 있다(스 5:1-2, 6:14 참조).

■ 역사적 배경

이스라엘 백성들은 예루살렘 성전이 파괴된 후(B.C. 586년) 70년간 이국 땅에서 포로 생활을 했다. 때가 되어 이스라엘 백성들은 고레스 왕의 명령에 따라서 예루살렘으로 돌아왔다. 이 때 약 오만 명의 일행들과 함께 스룹바벨, 대제사장 여호수아, 선지자 학개와 스가랴가 돌아왔다. 이들은 성전 재건을 위해 기초를 놓았으나 사마리아와 또 다른 여러 가지 압력으로 말미암아 난관에 부딪쳐 성전 공사를 중단했다. 약 16년 동안 공사가 중단된 뒤 B.C. 520년 다리오 왕 때에 성전 건축이 재개되어 마침내 B.C. 515년에 성전이 봉헌되었다.

■ 신학적 메시지

학개는 네 번의 설교를 통해서 중단된 성전 건축을 재개하도록 촉구했다. 그는 1년 동안 사역했고, 스가랴가 이어서 사역했다. 학개에게 있어서 성전 건축은 하나님의 임재와 하나님의 뜻을 순종하는 것이었다. 바로 이를 행하는 것은 곧 하나님의 말씀을 순종하여 하나님께서 원래 의도하셨던 하나님의 임재를 그 백성이 체험하게 하는 데 그 목적이 있었다.

■ 학개서와 주변 국가들과의 관계

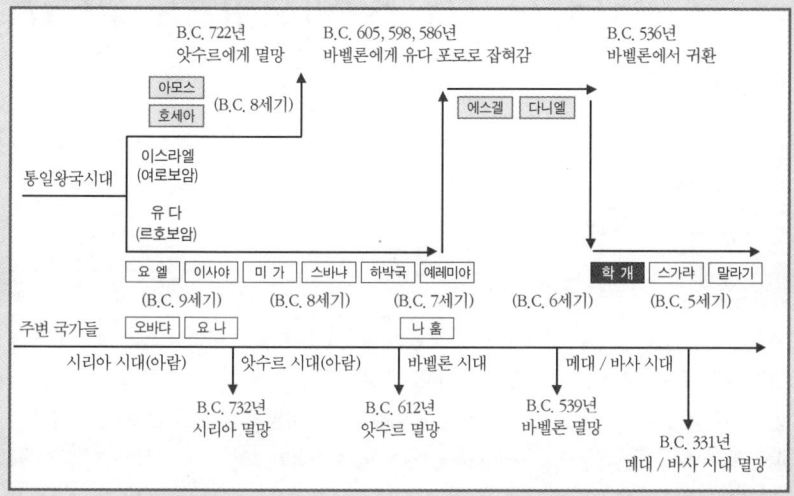

■ 학개서의 개요
성전 건축에 대한 권고(1-2장)

1 성전 건축에 대한 권고

| 학개 1-2장 |

큰 그림 보기

학개는 일편단심 성전을 재건축하는 일에 헌신했다. 그는 사회적 악이나 혹은 우상 숭배 등을 지적하지 않았고, 나라들의 운명에 대해서도 자세히 설명하지 않았으며, 오직 성전을 재건하라고 네 편의 메시지를 외쳤다. 아마도 이것은 하나님을 가장 우선적으로 순종하고 하나님께 예배드리는 것을 가장 중시하라는 강력한 메시지일 것이다. 이 당시 대부분의 유대인들은 바벨론에 잘 정착해서 예레미야의 예언대로 70년 후에 다시 본국으로 돌아가게 될 것이라는 약속도 잊은 채 자신들의 생활에 깊이 빠져 있었을 가능성이 크다. 그래서 고레스의 명령을 듣고 돌아간 약 5만 명의 유대인들은 대개 가난하고 별 볼일 없는 사람들이었을 것이다. 이들은 바벨론에 있으나 유대 땅으로 돌아가나 큰 차이가 없다고 생각했기 때문에 차라리 고향으로 돌아가자고 온 사람들이었을 것이다. 그러나 예기치 않은 저항에 부딪치고 또 생활이 피폐해졌을 때 바로 실망하고 원래 하나님이 명령하셨던 성전 건축 일을 뒷전으로 미루어버렸다.

우리는 무엇보다도 우선적으로 하나님을 섬기고 경배해야 한다. 그럼에도 불구하고 우리의 생활과 사업과 교육과 자녀들과 우리들이 사는 집이 더 우선순위를 차지할 때가 많다. 우리는 힘들고 어려울 때는 하나님께 매달렸고 하나님의 이름을 먼저 불렀다. 그러나 우리나라가 어느 정도 잘 살게 되었을 때 하나님은 뒷전으로 밀려나고 여가 생활과 스포츠와 건강 관리가 우선순위를 차지했다. 따라서 주일에도 하나님의 백성들이 교회에 와서 예배드리고 하나님을 깊이 만나기보다는 산이나 들로 놀러나가는 데 급급하다. 이런 현상은 학개 시대의 사람들에게 나타났던 것과 비교해볼 때 원리적으로는 큰 차이가 없다.

따라서 학개 시대에 하나님의 성전 짓는 일을 게을리 하지 말라고 외쳤던 메시지는 오늘날 우리에게 주는 메시지다. 이 말씀을 우리에게 적용한다면 먼저 하나님을 찾고 하나님과 만나는 것을 최우선으로 하라는 것이다. 지금이야말로 하나님의 백성들이 정신을 차리고 하나님의 일에 더 열심을 내야 한다. 우리 마음 속에 더 깊은 열정을 품고 하나님을 찾아야 한다. 그렇지 않으면 세속화와 향락주의에 빠져서 하나님을 멀리하고 우리 자신만 중시하는 이기적인 삶을 살게 될 것이다. 다행히도 학개 시대의 사람들은 학개의 메시지를 듣고 다시 성전을 건축하기 시작했다. 비록 학개는 1년 동안 메시지를 증거하고 그 후에는 자취를 감추었지만 뒤이어 스가랴가 나타나서 성전을 완공할 때까지 15년에 걸친 예언을 통해서 그들을 격려하며 경고한 것을 볼 수 있다. 우리도 학개 시대에 포로 중에서 돌아왔던 사람들처럼 하나님의 메시지를 듣고 하나님 앞에 나와야 한다.

깊이 들여다보기

① 본문을 읽고 첫번째 메시지에 대하여 다음 질문에 답하라(1장).

1. 학개가 포로에서 돌아왔던 사람들을 향해 책망한 내용을 간단히 요약해보자(1:1-6).

2. 하나님의 일을 뒷전으로 미루고 자신을 위해서만 살려고 했을 때 부요하게 되기보다는 오히려 더 가난하게 되었다. 학개는 이 사실을 지적했는데 간단히 예를 들어 설명해보자(1:7-11).

3. 이 메시지를 들은 백성들이 어떤 반응을 보였는지 이야기해보자(1:12-15).

② 두번째 메시지에 대하여 다음 질문에 답하라(2:1-9).

　1. 성전을 지으려는 백성들에게 하나님께서는 어떤 약속을 주며 격려하셨는가?

　　이것을 우리에게 어떻게 적용할 수 있는가? (2:1-5)

　2. 성전을 중시하는 백성들에게 어떤 영광이 임할 것이라고 말했는가? (2:6-9)

③ 세번째 메시지에 대하여 다음 질문에 답하라(2:10-19).

　1. 학개는 이스라엘 백성들의 범죄를 지적했는데 그 내용을 간단히 설명해보자(2:10-14).

　2. 학개는 앞으로 이스라엘 백성들에게 주어질 축복에 대해서 약속했다. 이 약속을 우리에게 적용해보자(2:15-19).

④ 2장 20-23절은 학개의 네 번째 메시지다. 학개는 마지막으로 총독 스룹바벨을 통해서 앞으로 다가올 메시아에 대한 소망을 갖게 했다. 스룹바벨이 설명한 내용을 간단히 요약해보자. 그는 다윗의 혈통에서 난 사람으로 앞으로 올 메시아에 대한 하나의 상징적인 존재였음을 기억하라.

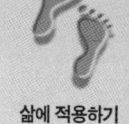

우리는 기대감을 가지고 비록 다시 성전을 짓지는 않지만 하나님의 사역에 우리 자신을 드려야 할 것이다. 그리고 모든 족속들 가운데서 하나님의 사람들이 나와서 하나님을 섬길 수 있도록 최선을 다해야 할 것이다. 우리는 마지막 때에 여호와께서 모든 민족과 족속 중에서 빼낸 사람들과 더불어 손으로 만들지 않은 영원한 성전에서 찬양드리는 환상을 바라보며 학개서를 되새겨야만 할 것이다. 학개가 말씀한 것처럼 우리가 실망했다면 다시 일어나서 여호와의 손길을 경험하며 여호와께 더 가까이 가야 할 것이다.

사람들이 모두 세상 일에 몰두하여 하나님의 성전에 대해서 관심이 없을 때 학개가 나타나서 사람들의 시선을 다시 여호와의 성전으로 향하도록 했다. 이 일의 대표적인 인물은 스룹바벨이었다. 성전 건축의 핵심 인물이었던 그는 메시아적인 상징으로 학개에 의해 추앙되고 있다. 우리가 열심을 낸다고 해서 메시아적인 사람으로 추앙되지는 않는다. 그러나 우리가 세속적인 일에 집착하고 우리와 세상만 생각하는 상태에서 벗어나 하나님의 집과 하나님의 영광에 초점을 맞출 때 앞으로 재림할 메시아와 함께 여호와의 집에서 영원히 사는 축복을 누리게 될 것이다.

"하나님 아버지 감사합니다. 우리가 비록 성전을 짓는 일을 하지는 않지만 영적으로는 성전을 짓는 것처럼 많은 민족과 족속 가운데 구원받은 사람들이 나와서 교회를 세우는 일이 우리 앞에 있습니다. 우리가 그 일에 충성할 수 있도록 도와주옵소서. 또 이 일에 충성을 다할 때 학개를 통해서 우리에게 주신 메시지처럼 만군의 여호와가 우리와 함께 계시며 우리에게 명령하시는 것을 감사합니다. 그리고 우리를 굳세게 하며 우리가 강건할 수 있도록 역사하심을 감사합니다. 용기가 필요한 때에 용기를 주셔서 감사합니다. 포로에서 돌아와서 성전을 짓다가 중단했던 사람들이 다시 시작한 것처럼 우리도 다시 일어나서 하나님의 영적인 성전을 짓는 데 최선을 다하겠습니다. 저희와 늘 함께 하시옵소서. 아멘."

스가랴

ZECHARIAH

스가랴

■ 저자

스가랴 1장 1절 말씀에 의해 저자는 잇도의 손자 베레갸의 아들 스가랴라는 사실을 알 수 있다. 그러나 스가랴 5장 1절, 6장 14절, 그리고 느헤미야 12장 16절 등에서 스가랴가 잇도의 자손이라고 했다. 이것은 아마도 잇도가 스가랴의 조부였는데 그의 아들 베레갸가 일찍 죽었거나 다른 이유로 스가랴가 대를 이었기 때문에 그렇게 표시했을 가능성이 크다. 느헤미야 12장에서는 잇도가 레위 족속이며 제사장이라고 말했다(12:4). 따라서 스가랴는 선지자였을 뿐만 아니라 제사장이었던 것을 알 수 있다.

■ 연대

스가랴는 B.C. 6세기의 선지자에 속한다. 그 배경을 보면 북부 왕조는 B.C. 722년 앗수르에게 함락되었고 남부 왕조도 B.C. 606년부터 시작해서 최종적으로 B.C. 586년에 바벨론에게 멸망당했다. 따라서 처음 바벨론에 의해서 침범을 받은 B.C. 606년부터 B.C. 536년까지 70년 동안 포로 생활을 하게 되었다. 바벨론 왕국은 페르시아(바사) 제국에 의하여 B.C. 539년에 멸망되었고 고레스 대왕이 즉위하게 되었다. 고레스 대왕은 유대인들이 성전을 재건할 수 있도록 예루살렘으로 귀환하는 것을 허락했다. 에스라서 2장에 의하면 약 5만 명이 총독 스룹바벨의 지도 하에 예루살렘으로 귀환했다(B.C. 538-537).

이 당시 여호수아가 대제사장의 역할을 했다. 이들은 B.C. 536년(3:8-13)에 성전의 기초를 놓았다. 그러나 이 기초는 16년 동안 방치되었다. B.C. 520년 다리오 왕이 다시 조서를 내려 16년 만에 성전 작업이 시작되어 B.C. 516년에 마침내 완공했다. 학개와 스가랴는 성전 건축을 계속 하도록 격려하는 예언을 한 선지자들이다. 학개는 네 번의 메시지를 B.C. 520년에 전하고 사라져버렸고, 스가랴가 같은 해에 나와 성전이 봉헌될 수 있도록 격려하여 마침내 B.C. 515년에 성전이 봉헌되었다(6:15-18).

■ 신학적 메시지

학개서와 비슷하게 약 5만 명의 포로들이 예루살렘으로 B.C. 538-537에 성전을 지으려는 큰 희망을 가지고 귀환했다. 그러나 그들의 현실은 너무나 어려웠다. 저항에 부딪히자 이들은 포기하고 결국은 기초만 놓고 16년이라는 긴 시간을 허송하게 된다. B.C. 520년에 스가랴와 학개의 책망과 동기 부여와 격려를 통해서 성전 건축이 다시 시작되고 마침내 완공한다. 바로 이 기간 두 선지자들은 하나님의 백성을 향해서 반드시 성전 건축을 마치도록 격려했다. 스가랴서는 어느 책보다도 강력하게 메시아가 오실 것과 종말에 있을 메시아의 구원에 대한 메시지를 전하고 있다. 그리고 성전 건축이라는 상징을 통해서 하나님 왕국이 도래할 것을 강력하게 말씀해주고 있다. 이 책의 특징은 신약에 많이 인용되고 있다. 특히 메시아와 종말에 관한 것이 잘 나타나 있는 것을 볼 수 있다. 우리는 스가랴서를 보면서 하나님께서 역사를 통치하시며 마지막까지 간섭하실 것이라는 확신을 얻을 수 있다.

■ 선지서 내에서의 위치

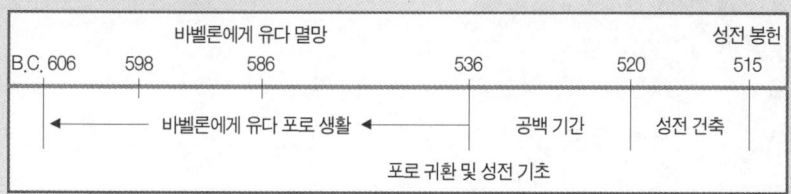

■ 스가랴서와 주변 국가들과의 관계

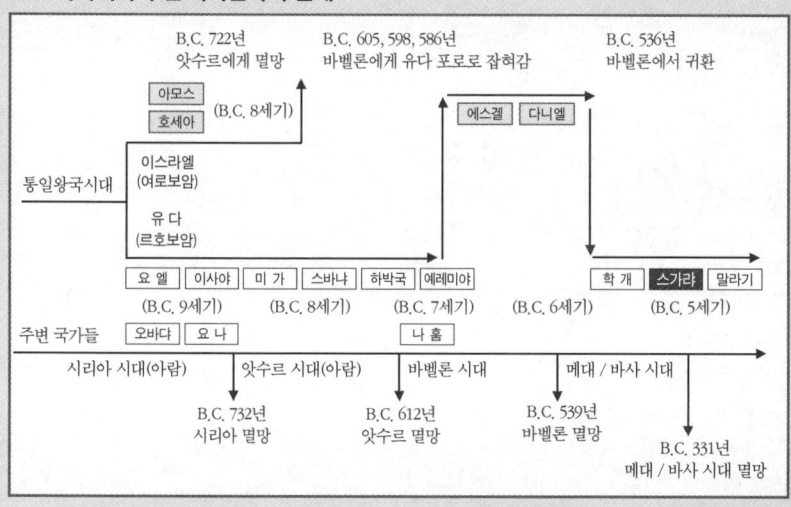

■ 스가랴서의 구성

성전 건축 1-8장				성전 완공 이후 9-14장
서론 1:1-6	여덟 개의 환상 메시아 왕국 1:7-6:8	구원자 6:9-15	네 개의 메시지 현재를 위한 격려 7:1-8:23	미래에 관한 것들 주의 날이 올 것 9-14

■ 스가랴서의 개요

1. 성전 건축에 대한 격려(1-8장)
2. 성전 건축 후 계획(9-14장)

ZECHARIAH

1 성전 건축에 대한 격려

| 스가랴 1–8장 |

큰 그림 보기

북부 왕조가 B.C. 722년에 멸망하고 남부 왕조도 마침내 B.C. 586년에 바벨론에 포로로 잡혀갔을 때 하나님의 계획이 끝나는 것처럼 보였을지도 모른다. 그러나 예레미야의 예언대로 70년 후 이스라엘 백성들이 다시 본국으로 돌아오기 시작했다. 하나님의 계획은 쉽게 끝나지 않는다. 하나님께서는 아브라함을 통해서 민족을 이루게 하시고, 그 민족을 통해서 하나님의 뜻을 나타내시며, 모든 족속이 하나님 앞에 나와서 구원을 받고 하나님의 백성이 되어야 한다는 사실을 강조하셨다. 모든 족속이 축복받기 위해서 필요한 구속자를 이스라엘 백성 가운데서 주시겠다고도 말씀하셨다. 그리고 그 구속자는 이 땅에서 고난을 받고, 은 30에 팔려 십자가에서 돌아가실 것이라고 말씀하셨다.

스가랴서는 성전을 건축하다가 손을 놓고 있던 이스라엘 백성들을 권고해서 성전이 완공될 수 있도록 격려하는 역사적 배경을 가지고 있다. 우리는 이 책에서 하나님의 계획과 하나님의 역사를 중단한 사람들이 얻을 수 있는 희망적인 메시지를 찾아볼 수 있다. 우리는 이스라엘 백성들처럼 성전을 다시 짓지 않을지 모른다. 그러나 우리가 하는 하나님의 사역들, 삶의 현장, 우리의 가정, 우리의 직장, 더 나아가서 선교지에서 사역하다 실망할 때 우리는 이 책을 통해서 새롭게 격려와 도전을 받을 수 있다. 그러므로 스가랴서는 역시 다른 책들과 더불어 오늘을 사는 우리를 위한 책이라고 볼 수 있다. 지금도 전도가 힘들고, 사람들의 마음이 냉랭하며, 영적인 것에 무관심해지고, 포기하고 싶고, 목회 현장을 떠나고 싶으며, 선교 현장도 떠나고 싶은 충동을 느끼며 또 신앙 생활도 형식적으로 하기가 쉽다. 이런 때에 우리는 이 책을 통해서 다시 한번 하나님께서 우리에게 주시는 권고와 격려와 책망을 들어야 할 것이다.

① 서론의 메시지를 통해서 우리가 얻을 수 있는 영적 교훈을 말해보자(1:1-6).

깊이 들여다보기

② 스가랴는 밤에 본 여덟 개의 환상들에 대해서 말하고 있다. 우리가 이 환상들을 다 해석하는 것은 어렵지만 무엇인지 파악하는 것은 필요하다. 우선 여덟 가지 환상을 간단히 요약해보자(1:7-6:8).

첫째 환상 1:7-17

둘째 환상 1:18-21

셋째 환상 2:1-13

넷째 환상 3:1-10

다섯째 환상 4:1-14

여섯째 환상 5:1-5

일곱째 환상 5:5-11

여덟째 환상 6:1-8

이 환상들을 보고 느낀 점이나 도움이 되었던 교훈을 서로 나누어보자.

③ 여호와께서는 포로로 잡힌 자 가운데 바벨론에서 돌아온 여호사닥의 아들 제사장 여호수아에게 관을 씌우라고 명하셨다. 이것은 하나의 상징적인 행위이기도 하다. 이것이 주는 교훈은 무엇인지 설명하고, 각각 어떻게 적용할 것인지 서로 나누어보자(6:9-15).

④ 선지자는 참된 금식과 미래에 대한 약속을 다루고 있다. 이에 대해서 다음 질문에 답하라(7-8장).

1. 하나님께서는 이스라엘 백성을 어떻게 책망하셨으며 여기서 우리가 얻을 수 있는 교훈은 무엇인가? (7:1-7)

2. 하나님께서 이스라엘 백성들에게 명한 것은 무엇이며, 우리에게 어떻게 적용할 수 있는가? (7:8-14)

3. 하나님께서는 책망만 하지 않으시고 약속도 하셨다. 그 약속의 내용을 요약하고 우리 삶 가운데 적용해보자(8:1-17).

⑤ 하나님께서 약속하신 왕국의 기쁨과 특권에 대하여 간단히 요약해보자(8:18-23).

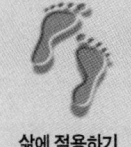

하나님께서 하나님 나라에 참여할 수 있도록 허락하신 것은 우리에게 주신 은혜다. 스가랴서에서도 바로 그 은혜가 나타나 있다. 즉 이스라엘 백성들은 성전을 건축할 수 있는 기회를 얻었던 것이다. 그것은 하나님께서 그들에게 하나님의 나라에서 하나님의 사역에 참여할 수 있는 기회를 제공한 것이었다. 그러나 이들이 저항에 부딪혔을 때 거부하고 태만한 가운데 하나님의 일을 제쳐놓았다. 선지자는 이를 책망했고 이스라엘 백성들은 책망을 듣고 돌이켜서 다시 성전을 건축하기 시작했다.

우리도 하나님의 일에 대해서 실망하고 나태하며 또 포기하고 싶을 때가 많을 것이다. 그때마다 우리는 기억해야 할 것이다. 스가랴가 이스라엘 백성들에게 책망한 내용들을 기억하며 이스라엘 백성들이 다시 일어서서 성전 건축을 완성했던 것처럼 우리도 맡겨진 사역을 마치지 않으면 안 된다. 그것이 직장에서 우리의 임무를 수행하는 것이든 가정에서 자녀를 키우는 일이든 더 나아가서 선교지에서 선교 사역을 하는 일이든, 그 어떤 것이든 하나님께서 우리에게 주신 소명이라면 우리가 반드시 성취해야만 한다. 이 책은 그런 과정 중에 낙심한 사람들이 읽고 크게 격려를 받을 수 있는 책이다. 뿐만 아니라 하나님께서 메시아를 보내주시고, 또 메시아가 재림할 때 더욱 완전한 하나님의 나라가 이루어질 것까지 다루고 있다. 우리는 말씀을 생각하며 오늘 우리가 어떻게 충성을 다할 것인가 다짐해야 할 것이다.

"하나님 아버지, 오늘 다시 한번 스가랴서를 통해서 우리를 권고하시고, 격려하시며, 깨닫게 해주셔서 감사합니다. 주님께서 주신 사역에 태만하고 또 우리 앞에 있는 저항 때문에 실망하고 그 일을 피하려고 했다면 이제 다시 한번 하나님이 주시는 능력과 소망으로 말미암아 일어설 수 있도록 도와주옵소서. 그리고 하나님께서 우리에게 분부하신 일들을 완수할 수 있도록 도와주옵소서. 지상 명령도 완수할 수 있게 도와주시옵고, 우리가 그리스도인으로서 이 땅에서 승리하도록 역사해주시옵소서. 그래서 우리가 이 땅에서 하나님의 나라를 맛보며 살다가 하나님을 만날 수 있게 도와주시옵소서. 아멘."

2 성전 건축 후 계획

| 스가랴 9-14장 |

큰 그림 보기

본문은 메시아가 오실 것과 오심과 배척(9:1-11:17), 메시아의 재림과 왕국의 실현(12:1-14:21)으로 나누어볼 수 있다. 첫번째 강조점은 이미 대부분 성취되었다. 약속대로 주님께서 새끼 나귀를 타고 예루살렘 성에 오셨고, 예언대로 목자장이신 예수님께서 배척을 당하셨다. 그리고 모든 양들은 흩어졌다. 두번째 강조점은 우리에게는 미래에 속하는 내용들이다. 첫번째 강조점이 이루어진 것처럼 두번째 강조점도 반드시 이루어질 것이다. 우리는 두번째 강조점을 더 살펴보려 한다. 우리가 바쁘게 살다보면 말씀을 잊어버리고 눈 앞에 있는 것만 보고 살 수 있다. 우리는 과거에 있었던 주님의 엄청난 역사를 기억하지 못하고, 또 앞으로 다가올 재림도 잊어버리고 매일 바쁘게 살아가고 있다.

말씀 없는 삶은 우리가 하나님이 주신 역사 의식을 갖지 못하고 인간적인 관점으로 세상에서 살기 때문에 일어난다. 주님의 초림 때 주님께서는 우리의 구세주가 되셨고, 십자가에 못 박혀 죽으심으로 잠시 양떼들은 흩어졌다. 그러나 주님께서 장사지낸 바 되었다가 사흘 만에 부활하셨을 때 이미 만유의 주요, 온 우주의 왕으로 선포된 상태다. 그리고 주님께서 재림하실 때는 초림 때와는 전혀 다른 왕 중의 왕으로서 보좌에 앉으시기 위해 오실 것이다. 우리는 재림의 기대감으로 하루하루 소망을 갖고 살아야 한다. 그렇지 않으면 눈에 보이는 것들만 생각하게 되고 방향을 잃을 수도 있다. 이는 마치 스가랴 시대에 이스라엘 백성들이 그들 앞에 나타난 장애물만 보고 성전 건축을 미루어 자기 생존에만 급급하던 것과 같다. 그러나 우리가 주님의 재림을 바라보고 정진할 때, 우리는 어떠한 장애물도 이겨낼 수 있는 힘을 공급받게 될 것이다. 따라서 우리는 스가랴서가 전하는 메시지를 믿음으로 받아야 한다.

깊이 들여다보기

① 본문을 읽고 다음 질문에 답하라(9-11장).

1. 메시아가 오시기 전에 이웃 나라들에 대한 심판들이 있을 것이라고 설명하고 있다. 이에 대해서 간단히 설명해보자(9:1-8).

2. 메시아 시대에 대한 예언을 읽고 느낀 점을 서로 나누어보자(9:9-12).

3. 하나님께서는 미래에 하나님의 백성에게 복을 주실 것을 약속하셨다. 그 내용들을 예를 들어서 설명하고, 오늘날 우리에게 어떻게 적용할 수 있는지 서로 나누어보자(9:11-17).

4. 하나님께서는 유다 민족들에게 어떤 일들이 있을지에 대해서도 말씀하고 있다. 이에 대해서 설명하고 현재 어느 정도 성취되었는지를 서로 나누어보자(10:1-12).

5. 메시아가 장차 배척될 것에 대해서도 예언되어 있다(10:12-13 참조). 이에 대해서 간단히 설명하고, 그 때 일어날 현상에 대해 예를 들어보자(11:1-17).

② 메시아의 재림 사건에 대해서 다음 질문에 답하라(12-14장).

1. 주님의 재림의 관점에서 이스라엘의 미래를 요약하여 설명해보자(12:1-13:9).

2. 메시아가 재림하셨을 때의 상태에 관해 예를 들어서 설명하고 우리와 어떤 관계가 있는지 서로 나누어보자(14:1-21).

삶에 적용하기

재림에 대한 소망과 현재의 신앙 상태는 밀접한 관계가 있다. 만일 우리의 신앙이 건강하면 재림에 대한 소망과 기대도 그만큼 클 것이다. 우리는 주님이 속히 오셔서 주님의 나라를 이 땅에 세우시고 모든 공의와 사랑과 희락과 화평이 이루어질 것을 기대한다. 더 이상 불의가 횡행하지 않고, 빈곤과 전쟁이 없는 나라가 올 것을 간절히 고대한다. 그러나 우리의 신앙이 약해지면 세상만 바라보고 주님의 재림을 망각하고 살아간다. 우리는 재림 신앙을 굳건히 해야 할 것이다.

주님의 초림에 대해서도 예언자가 얘기한 대로 다시 한번 생각해보아야 한다. 더 나아가서 주님의 재림에 대해서 더욱 깊이 생각하고 마음의 준비를 하며 삶의 소망을 재림 신앙에 맞추어서 재정립해야 할 것이다. 주님은 반드시 재림하신다. 어느 날 주께서 오셔서 모든 것을 심판하시고 그 결과 모든 것을 거룩하게 만드실 것이다. 심지어는 그 날에는 말방울에까지 '여호와께 성결'이라고 기록될 것이라고 말씀하였다. 그 때 우리는 여호와의 존전에 들어가서 여호와께 경배드리는 것이 우리에게 가장 귀중한 것이라는 사실을 몸소 체험하게 될 것이다. 우리는 그 날을 고대하며 주님의 사람으로서 열심히 살아야 할 것이다. 그리고 우리는 주님의 귀한 메시지를 모든 족속에게 전하는 데 최선을 다해야 한다. 만일에 성전을 짓다가 방해물이 나타나서 실망했던 스가랴 시대 사람들처럼 낙망 가운데 빠져 있다면 다시 한번 이 메시지를 통해서 마음을 새롭게 하여 주님께서 우리에게 부탁하신 사역에 최선을 다해야 할 것이다.

"사랑하시는 아버지 하나님, 선지자 스가랴를 통해서 과거 몇 천 년 전으로 돌아가 주님의 초림과 재림에 대해서 조망할 수 있게 해주신 것 감사합니다. 이것을 통해서 성경적인 역사 의식을 갖게 해주셔서 감사합니다. 주님께서 초림에 이미 오셔서 이루신 것이 이제 재림과 연결된다는 사실을 보고 우리가 땅에만 시선을 집중하지 않고 주님의 재림에 시선을 집중하게 하옵소서. 그리고 주님의 초림 때 이루어 놓으신 구속의 은혜로 우리가 구속받은 백성답게 살 수 있게 도와주시옵소서. 이런 믿음으로 살면서 현재 우리에게 다가오는 테러의 공포, 경제 공황의 공포 등을 넉넉히 이길 수 있도록 도와주시옵소서. 그리고 우리만 귀중한 복을 누리지 말고 모든 족속에게 이 복을 나누어주어 우리의 사명을 다 할 수 있게 도와주옵소서. 아멘."

말라기

MALACHI

◨ 저자

저자가 말라기라는 것은 전통적으로 받아들여지고 있다. 말라기는 '나의 사자'라는 뜻이기 때문에 사람의 이름이라기보다는 메시지를 의미한다는 의견도 있으나 대체적으로 사람의 이름 쪽으로 기울어지고 있다.

■ 시대적 배경과 연대

아마도 말라기가 예언한 당시는 성전이 이미 완공되었고 예루살렘 성벽 건축도 끝나서 예루살렘 생활이 평온을 찾은 시기였을 것이다. 따라서 이 책은 예루살렘 성전이 봉헌된 B.C. 515년 이후에 쓰여진 것으로 보인다. 에스라는 B.C. 458년에 그리고 느헤미야는 B.C. 445년에 각각 예루살렘으로 돌아왔는데 그들이 돌아온 시기보다는 먼저 쓰여졌다고 볼 수 있다. 이렇게 볼 때 아마도 B.C. 450년경에 이 책이 쓰여졌다고 추측된다. 혹자는 이보다 더 늦게 쓰여졌다고 보는 사람도 있지만 연대에 조금 차이가 있어도 메시지의 의미에는 커다란 영향을 주지 않는다. 이스라엘 백성들이 평온을 유지한 후에 그들은 다시 하나님과 맺은 언약을 잊어버리고 말았다. 이로써 빈익빈 부익부, 혼탁한 결혼, 하나님께 대한 경외심의 결여, 하나님께 드려야 할 제물을 드리지 않는 것 등 그들의 신앙심이 고갈된 상태임을 알 수 있다. 이 때 말라기는 구약에서는 마지막으로 이스라엘 백성들을 향해서 하나님의 사랑과 경고에 대하여 전하게 되었다.

■ 말라기서와 주변 국가들과의 관계

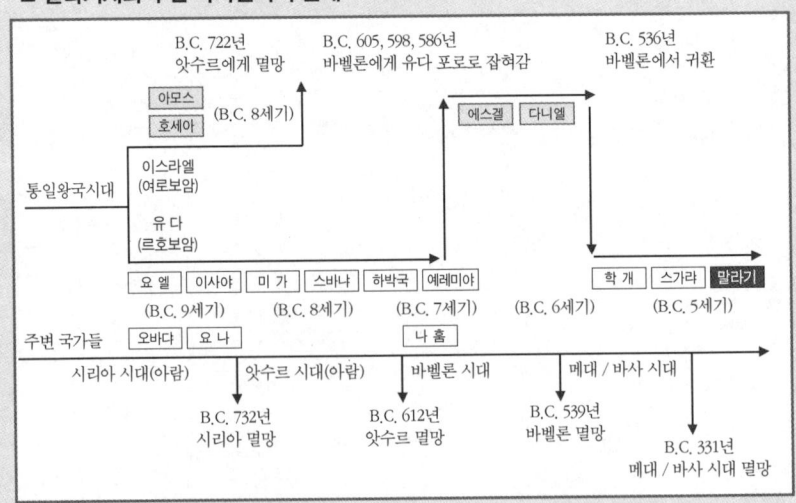

■ **말라기서의 개요**
언약을 잊은 백성에 대한 경고(1-4장)

1 언약을 잊은 백성에 대한 경고

| 말라기 1-4장 |

큰 그림 보기

하나님의 백성이 타락한 때를 보면 대개는 핍박당할 때보다 오히려 문제가 없이 평온할 때였다. 현대 교회도 마찬가지라고 생각한다. 초대 교회를 포함해서 교회는 핍박 가운데 성장했으나 핍박이 끝나면 순수성을 잃어가기 시작했다. A.D. 4세기경 모든 핍박이 끝나고 교회가 오히려 다른 종교들을 핍박하면서 순수성을 잃어가서 중세에는 소위 암흑기에 접어들었다. 이때는 선교도 소극적으로 이루어졌고, 교회는 정치 세력과 결탁하여 순수성을 잃어버렸다.

현재 한국 교회도 비슷한 전철을 밟고 있다. 한창 북한의 위협으로 언제 전쟁이 일어날지 모르는 팽팽한 긴장 속에 있을 때는 그래도 교회가 하나님을 의지했다. 그러나 최근에 와서 그러한 위험성이 차츰 사라지자 교회는 긴장감을 잃어버리고 신앙심마저 약화되었다. 말라기서는 바로 이와 같은 때를 위한 예언들이다. 예언했던 당시와 마찬가지로 오늘날도 동일하게 영향력 있는 말라기서는 영구적인 메시지가 포함되어 있다. 우리는 말라기서를 읽고 하나님 앞에 무릎을 꿇고, 하나님 앞에 나아가서 우리 자신들을 헌신하고 또 이 소식을 전세계에 전파하기 위해서 최선을 다해야 할 때가 되었다. 우리는 이런 믿음으로 말씀을 공부해야 할 것이다.

깊이 들여다보기

①우리는 구약 전체를 통해서 하나님께서 당신의 백성을 사랑하신다는 사실을 알 수 있다. 하나님께서는 이 사실을 명확하게 표현하셨다. 본문을 통해 이에

대해서 간단히 요약해보자(1:1-5).

② 종교가 타락하면 사회가 타락하게 되어 있다. 엄청난 형벌을 받고도 이스라엘 백성들은 또 타락의 길을 걸었다. 우리도 이스라엘 백성들보다 조금도 나을 것이 없다. 이스라엘 백성들의 범죄를 예를 들어서 설명하고 이를 우리에게 적용해보자(1:6-14).

③ 종교가 타락하는 원인은 먼저 종교 지도자들이 타락했기 때문일 것이다. 선지자는 제사장들이 타락했다고 말씀하고 있다. 이것을 교회에 적용한다면 교회의 지도자들이 타락할 때 결국 교인 전체가 타락할 수 있다는 의미로 보아야 할 것이다. 따라서 지도자들은 더욱 큰 책임감을 느끼고 하나님 앞에 경각심을 가져야 할 것이다.

1. 하나님 앞에서 경건하게 자기의 책임을 다하지 못하는 제사장들에 대해서 하나님께서 어떠한 경고를 내리셨는지 예를 들어서 설명해보자(2:1-9).

2. 결혼은 하나님께서 인류에게 주신 가장 신성하고도 고귀한 것이다. 결혼은 종교적인 의식은 아니지만 결혼이 문란해지면 종교 자체도 영향을 받을 수밖에 없다. 특히 하나님께서 하나님과 당신의 백성과의 관계를 종종 결혼과 비교하셨기 때문에 우리는 더욱 잘 이해할 수 있다. 이스라엘 백성이 결혼을 어떻게 더럽혔는지 예를 들어 설명해보자. 그리고 우리에게 적용해보자(2:10-16).

④ 하나님은 사랑의 하나님이시지만 동시에 공의의 하나님이시기도 하다. 따라서 하나님께서 심판을 하지 않는다면 결국은 사랑도 하지 않는다는 것을 알 수 있다. 하나님께서 불법을 그대로 방치하신다면 사랑의 하나님이 아니다. 하나님의 심판에 대해서 다음 질문에 답하라(2:7-3:6).

  1. 우리가 하나님의 공의로운 심판을 무시한다면 하나님을 모욕하는 것이다. 즉 우리가 하나님께서 공의롭지 않다고 주장하는 것이다. 이에 대해서 간단히 설명해보자(2:17).

  2. 주님께서는 오실 때 미리 사자를 보내어 길을 예비하신다고 하셨는데 아마도 이는 세례 요한에 관한 내용일 것이다. 우리는 이 말씀이 역사적으로 이미 성취된 것을 볼 수 있다. 어떤 내용들이 성취되었는지 예를 들어 간단히 설명해보자(3:1-6).

⑤ 우리는 여러 가지 방법으로 하나님을 섬길 수 있다. 그 중의 하나가 우리의 가장 귀중한 재물을 드리는 것이다. 이것을 생각하며 다음 질문에 답하라(3:7-4:6).

  1. 우리가 하나님을 사랑한다면 우리의 가장 귀중한 것을 드리는 것은 당연하다. 이에 대해서 하나님께서 무엇이라고 명하고 계신지 설명하고 이를 우리에게 적용해보자(3:7-12).

  2. 하나님께서는 하나님을 귀하게 섬기는 자와 악을 행하는 자 사이를 판가름하실 날을 정하셨다. 이에 대해서 간단히 설명해보자(3:13-18).

3. 악인에게 심판의 날은 반드시 임할 것이다. 이것은 의롭게 사는 사람에게는 기쁜 소식이다. 그 이유에 대하여 예를 들어서 간단히 설명해보자(4:1-3).

4. 하나님께서는 구약에서 마지막으로 이스라엘 백성들에게 충고하셨다. 만일 이스라엘 백성들이 이 충고를 들었다면 하나님께 엄청난 축복도 함께 받았을 것이다. 그러나 이스라엘 백성들의 역사는 이와는 반대로 전개되고 있다. 우리는 이를 통해서 어떤 교훈을 얻을 수 있는지 서로 이야기해보자(4:4-6).

삶에 적용하기

말라기서는 구약의 마지막 책이다. 또한 하나님께서 이스라엘 백성들을 위하여 메시아가 오기 전에 주신 마지막 예언이기도 하다. 이 예언서를 끝으로 수백 년의 침묵 기간이 흐르게 된다. 이 기간에는 공식적인 하나님의 계시가 없었다. 하나님께서 계속 역사를 주관하신 것은 틀림없다. 그러나 공식적으로 선지자들이 나타나서 계시에 해당되는 예언을 하지는 않았다. 말라기서의 내용은 앞에 있는 선지서들과 크게 다르지 않다. 이스라엘 백성이 범죄했을 때 하나님께서 심판하신다는 말씀이 그 핵심을 이루고 있다. 그리고 언젠가 하나님께서 최종적인 심판을 하신다는 말씀이 있다. 그 후로 수백 년이 지났지만 하나님께서 그 말씀을 지키시고 예언대로 엘리야와 같은 예비된 사람을 보내셨다. 그는 곧 세례 요한이었다. 그리고 마침내 메시아가 오셨던 것이다. 그 후 또 몇 천 년이 지나서 이제는 최종적인 주님의 재림을 기다리고 있다. 인류와 전 세계의 역사에 대한 계획과 종말에 대한 구약의 예언은 이것으로 종지부를 찍게 된다. 그러나 우리에게 구약을 토대로 신약이라는 새로운 차원의 계시들이 주어졌다. 이런 관점에서 말라기서는 매우 중요한 단락을 짓는 책이다. 이 책은 구약으로서는 하나님의 마지막 계시를 담은 책이다.

이제 우리는 말라기서를 깊이 연구하며 하나님께서 우리에게 주신 메시지를 청종해야 한다. 신약의 계시가 끝난 다음 또 한번 주님께서 재림하실 때까지 기다리는 시간이 있는데 바로 이때도 우리는 말라기서의 메시지를 듣고 우리의 신앙이 약화되지 않도록 최선을 다해야 할 것이다. 우리가 하나님께 헌금을 하는 것이나 예배를 드리는 것이나 더 나아가서 순종하는 일들이 잘 이루어져야만 할 것이다. 또 제사장들과 같이 종교적인 지도자들은 거룩한 생활에 힘써야 할 것이다. 그런 가운데 주님의 재림을 기다려야 할 것이다. 그리고 복음의 소식이 모든 족속에게 전파되어서 그들도 역시 말라기서 말씀을 생각하며 주님의 재림을 소망하며 살아가도록 해야 한다.

"하나님 아버지 구약은 말라기로서 종지부를 찍게 되었습니다. 장엄한 메시지가 이곳에도 나와 있습니다. 이 메시지를 듣지 못한다면 우리는 짐승과 같은 존재입니다. 이는 많은 선지자들이 귀가 따가울 정도로 반복해서 전한 메시지를 듣지 않는다는 뜻일 것입니다. 이제 구약 시대처럼 선지자들을 통하여 계시가 더 이상 주어지지 않습니다. 그러나 이미 주어진 메시지를 우리가 듣게 해주시옵소서. 우리가 깨어 있어 이 메시지를 듣고 주님 앞에 우리 자신들을 더욱더 드릴 수 있게 도와주옵소서. 만군의 여호와 하나님께 경배와 찬양을 드릴 수 있게 도와주옵소서. 그리고 모든 족속이 만군의 여호와 하나님께 자신과 자신의 소유를 기쁘게 드릴 수 있게 도와주옵소서. 주님이 다시 오실 때까지 거룩한 예배가 모든 족속 가운데 왕성하게 드려질 수 있도록 도와주옵소서. 아멘."

Malachi

SOLUTION

제1과 유다의 심판과 이사야의 소명 (사 1-6장)

1

1. 아버지 되신 하나님을 거역했으며 하나님을 만홀히 여겼다. 하나님에게서 멀리 떠났고 악업과 악행을 행하였다.

2. 인간에 대한 하나님의 사랑이시다. 하나님께서는 죄는 미워하시지만 죄인일지라도 여전히 사랑하신다. 그래서 예수 그리스도의 대속으로 인간의 죄를 용서하신다. 그리고 죄인들을 용서로 초청하신다.

2

1. 율법이 시온에서부터 나오고 여호와의 말씀이 예루살렘으로부터 나올 것이다. 구원의 도가 예루살렘으로부터 나온다는 것이다. 그리고 '그가' 도를 가르치고 판단하실 것이라고 했는데 그는 바로 인류를 구원하실 메시아를 가리키는 것이다.

예수 그리스도께서 바로 그분이시다. 우리는 예수님의 말씀을 배우고 예수님의 판단을 받으며 살아야 한다.

2. 동방 풍습과 블레셋 사람같이 술객이 되고 이방인과 더불어 언약을 맺었다. 우상 숭배에 빠졌으며, 교만하고, 거만해졌다.

3. 유다가 의뢰하고 의지하는 것들을 제해버릴 것이다. 백성들은 서로 학대할 것이며, 손으로 행한 대로 보응을 받을 것이다. 칼과 전란에 망하고 땅은 황무해질 것이다.

하나님을 떠나 의지하고 의뢰하는 것들이 있다면 우리 스스로 그것을 제해 버려야 한다. 하나님의 심판을 두려워하며 의롭게 살아야 한다. 하나님의 용서와 긍휼을 구하는 삶을 살아야 한다.

③

그 날은 여호와의 심판의 날을 뜻한다. 그리고 여호와의 싹은 메시아를 상징한다. 악에 대하여 철저하게 심판하시는 것은 그들을 멸망시키려는 목적이 아니라 회개를 통하여 거룩함에 이르게 하는 것이 목적이다. 메시아로 말미암아 도래할 교회와 그리스도인에 대한 예언으로 보아야 한다. 신약 시대의 교회와 성도들은 하나님의 영광 아래 보호될 것이다.

④

포도원의 비유는 하나님과 이스라엘의 관계를 말한다. 극상품 포도를 심었는데 들포도 열매를 맺은 것은 바로 이스라엘이 하나님을 떠난 악행을 말한다. 그래서 하나님께서 이스라엘을 심판하시는 것이다. 하나님께서는 그의 백성인 우리들에게도 좋은 열매를 기대하신다. 이스라엘의 모습과 형편은 우리에게 경고와 교훈이 된다. 우리는 하나님께서 원하시는 좋은 열매를 맺어야 할 것이다.

⑤

유다의 땅은 이방인에 짓밟히고 황무하게 될 것이다. 백성들은 사로잡히고, 죽임을 당할 것이다.

⑥

1. 웃시야 왕(유다 11대 왕, B.C. 790-732)이 죽던 해에 소명을 받았다.

2. 주(하나님), 거룩하시고 영광스러운 분, 만군의 여호와이신 왕

3. 백성에게 가서 하나님의 말씀을 전하는 일

4. 하나님께서는 그의 일꾼을 거룩하게 정화시키신다. 그리고 구체적으로 소명을 주신다.

제2과 임마누엘과 이웃 나라들의 징계(사 7-12장)

①
1. 아하스는 우상을 숭배하는 악한 왕이다. 여호와께서 그에게 말씀하시고 한 징조를 구하라고 하셨는데 그는 구하지 않겠다고 했다. 여호와께서는 그가 사람을 괴롭게 했는데 이제 하나님을 괴롭게 하려고 한다고 말씀하셨다.

2. 아하스에게 전할 말씀을 받았다. 그 내용은 시리아와 에브라임의 침범이 성공하지 못할 것이므로 종용하고 삼가라는 것이었다.

3. 한 징조를 구하라고 하셨다.

   하나님의 말씀대로 한 징조를 구했을 것이다.

4. 그 징조는 동정녀를 통하여 임마누엘 되시는 아들이 탄생한다는 것이다. 그리고 앗수르의 침공이 있을 것이다.

②
1. 이사야가 아들을 낳자 서판에 '마헬살랄하스바스' 즉 '노략이 속함'이라고 쓰라고 하셨다. 그 아이가 말을 할 줄 알기 전에 아람과 사마리아가 앗수르에게 노략을 당할 것이다.

2. 앗수르 왕에 의하여 멸망할 것이다.

3. 허락하신 징조와 예표를 통해 하나님께 믿음을 구해야 하며 율법과 증거의 말씀을 좇아야 한다.

③

1. 백성들의 빛으로 백성들의 멍에와 채찍과 막대기를 꺾으신다. 그의 어깨에는 정사를 메었고, 이름은 기묘자, 모사, 전능하신 하나님, 영존하시는 아버지, 평강의 왕이라 할 것이다. 다윗의 위에 앉아서 그 나라를 굳게 세우고 공평과 정의로 보존하신다.

2. 아람과 블레셋을 일으켜 그들을 치게 할 것이다. 장로와 존귀한 자 그리고 선지자들을 멸망시킬 것이다. 악행하는 백성들을 기근과 불로 태워 심판할 것이다.

3. 앗수르가 교만하여 자기 분수를 넘어서므로 하나님께서 그들을 막대기로 사용하신 후에 심판할 것이라고 하셨다. 살찐 자를 파리하게 하며, 그들의 영화를 불사르고, 삼림과 밭이 소멸될 것이다.

4. 이스라엘의 남은 자는 여호와를 의뢰하게 되고 하나님께 돌아오게 될 것이다. 하나님께서 앗수르를 심판하실 것이므로 그들을 두려워 말라고 하셨다.

우리가 하나님께 범죄하여 심판을 받게 될 때 하나님께서는 심판을 통해 우리를 다스리고 정화시킨 후에 회복시켜주신다.

④

메시아는 이새의 자손으로 오시며 성령께서 메시아 위에 강림하실 것이다. 메시아는 하나님을 경외하고 하나님의 뜻을 행하실 것이다. 메시아가 통치하는 나라는 평화의 나라이며 하나님을 아는 지식이 충만할 것이다. 세계의 모든 나라가 그에게 돌아올 것이다. 메시아를 통하여 모든 사람들에게 구원의 길이 주어질 것이다.

⑤ 하나님의 심판의 노가 끝나고 하나님의 안위가 주어져 감사하다. 하나님께서는 나의 구원이시고 나의 힘이시며 노래가 되신다. 그 이름을 만국 중에 선포하고 세계에 그를 알리라. 하나님을 찬송하라. 우리를 구원하신 하나님께 감사하며 찬양해야 한다. 그리고 그의 영광을 선포하고 구원을 온 세상에 전해야 한다.

제3과 인접국들의 심판(사 13-23장)

①
1. 하나님께서 거룩하게 구별한 자를 통하여 바벨론을 멸망시키실 것이다. 세상의 악과 죄인들과 교만한 자들을 멸할 것이다. 소돔과 고모라처럼 될 것이며 바벨론은 폐허가 될 것이다. 이스라엘은 다시 고토로 돌아올 것이다. 이스라엘은 바벨론의 멸망을 보고 멸시할 것이다.

하나님께서는 세상의 악과 죄인과 교만한 자를 결국은 심판하신다. 그리고 그의 백성들은 다시 구원하시고 회복시키신다. 우리는 악과 죄와 교만을 경계해야 할 것이다. 또한 하나님의 구원을 바라보아야 할 것이다.

2. 때가 되면 앗수르도 심판하심으로 이스라엘은 그의 멍에와 짐을 벗어버리게 될 것이다.

3. 블레셋은 기근과 살육을 당할 것이다.

②
1. 하룻밤에(전혀 예상하지 못하게) 망하여 황폐할 것이다. 그래서 모압은 통

곡하고 애통할 것이다. 모압이 당하는 살육의 규모가 대단히 클 것을 예언하고 있다.

2. 모압은 거만하고, 교만하며, 분노했고, 과장이 컸다.

③

1. 다메섹의 성읍들은 무너질 것이다. 그리고 백성들은 멸절될 것이다.

2. 하나님께 드릴 예물을 가지고 여호와의 이름을 두신 시온 산에 이를 것이다.

④

1. 하나님께서 애굽에 간섭하실 때에 그들의 우상이 떨고 애굽인의 마음이 녹을 것이다. 잔악한 군주의 손에 붙일 것이며 바다와 나일 강이 마를 것이다. 초장과 밭이 다 말라 없어질 것이다. 그들의 지혜는 어리석은 것이 될 것이다.

2. 여호와의 날에 애굽 땅 중앙에는 여호와를 위한 제단이, 변경에는 기둥이 설 것이다. 이는 여호와를 위하여 표적과 증거가 될 것이다. 애굽은 부르짖을 것이고 여호와는 한 구원자를 보낼 것이다. 애굽인들이 여호와를 알게 되고 예물을 드리며 경배하고 서원대로 행할 것이다. 그들이 여호와께 돌아오고 고침을 받을 것이다.

⑤

애굽과 구스가 앗수르에 의해 침략을 받고 그 백성들은 포로로 잡혀갈 것이다.

⑥

1. 순식간에 바벨론이 함락되어 조각한 신들의 형상들이 다 부서져 땅에 떨어

질 것이다.

2. 언제 앗수르의 침략이 끝나고 평화가 올 것인가? 평화가 잠깐 올 것이나 다시 바벨론의 침략이 있어 평화가 깨질 것이다.

3. 일년 내에 앗수르에게 멸망당할 것이다.

7

1. 하나님을 앙망하지도 존경하지도 않았다. 하나님께서 통곡하고 애호하며 머리털을 뜯고 굵은 베를 띠라고 하셨는데 그들은 오히려 기뻐하며 소와 양을 잡고 포도주를 마시며 내일 죽으리라 하면서 먹고 마셨다.

2. 셉나와 엘리야김에게 주어진 심판을 통하여 각자가 하나님께 책망을 받아야 할 부분이 있는지를 생각해보고 정리해보자.

3. 두로는 해변에 위치한 도시로 바다 무역을 통하여 열국의 시장 역할을 했다.

4. 영광의 교만이 욕되게 되고 존귀가 멸시를 받게 되었다. 견고한 성이 훼파되었다. 70년 동안 바벨론에게 정복당하여 사람들에게 잊혀질 것이다.

제4과 하나님의 심판과 공의(사 24-27장)

1

1. 땅이 공허하고 황무하게 될 것이다. 땅의 거민들은 불타 없어질 것이다. 성읍이 훼파되고 약탈당할 것이다.

2. 여호와께서는 높은 곳에서 높은 군대들과 왕들을 벌하실 것이다.

②

1. 하나님께서 세상의 거만한 나라와 민족들을 심판하심으로 강한 민족이 하나님께 영광을 돌리고 포학한 나라들의 성읍이 주를 두려워하게 될 것이다. 빈궁한 자와 빈핍한 자에게 도움을 주고 힘이 되실 것이다.

2. 그들은 여호와가 하나님이라고 고백할 것이다. 그래서 자신들의 구원을 기뻐하고 찬송할 것이다.

③

1. 여호와께서 구원의 성곽이 되시며 주께서 심지가 견고한 자를 평강으로 지키실 것이다. 교만한 자들을 심판하시고 정직한 의인의 첩경을 평탄케 하실 것이다.

2. 하나님의 백성은 주의 이름을 사모할 것이다. 악인과 대적들을 심판하시는 주를 찬양할 것이다. 어려움 가운데서 주만 의뢰하고 환난 중에 주만 앙모할 것이다.

3. 밀실에 들어가서 문을 닫고 분노가 지나기까지 잠간 숨으라고 하신다. 하나님께서 땅의 거민의 죄악을 벌하실 것이다.

④

1. 리워야단과 용으로 상징되는 앗수르와 애굽을 심판하실 것이다. 포도원의 질려와 형극을 밟고 불사르는 것처럼 강대국들을 심판하실 것이다.

2. 하나님께서 그의 백성들을 온 세상에서 모으실 것이다. 그들이 앗수르와 애굽에서 돌아와 예루살렘 성산에서 하나님께 경배할 것이다.

제5과 하나님의 화(禍)와 하나님의 복(福)
(사 28-35장)

①

1. 에브라임의 면류관이 땅에 떨어져 밟힐 것이다. 시든 꽃과 처음 익은 무화과 같아서 보는 자가 그것을 따먹는 것처럼 에브라임이 망할 것이다.

2. 하나님께서 남은 백성들에게 면류관과 화관이 되시고 재판석의 판결하는 신과 싸우는 자에게는 힘이 되실 것이다.

3. 유다 사람들은 독주에 취하여 비틀거리고 제 정신이 아니며 더러웠다. 하나님의 말씀을 업신여기고 말씀에서 떠난 생활을 했다.

4. 지도자들은 거만한 자들이다. 거짓으로 피난처를 삼고 허위 아래 숨었다고 한다. 하나님께서 그들에게 진노하사 심판하실 것이다. 농부는 주어진 방법대로 꾸준히 농사를 짓는다. 이것은 여호와께로서 난 것으로 그의 모략은 기묘하며 지혜는 광대하다.

5. 대적들이 사면으로 진에 둘러싸여 대를 쌓아 칠 것이다. 하나님의 말씀과 묵시가 그들에게 없을 것이다. 지혜자의 지혜가 없어지고 총명이 가려질 것이다.

6. 하나님을 의지하지 않고 자기들의 꾀로 살려고 했다. 어려움을 당할 때 애굽으로 피하려고 했다. 패역하고, 거짓을 말하며, 하나님의 법을 듣기 싫어했다.

우리 역시 하나님의 인도하심과 그의 뜻을 버리고 우리의 생각대로 행하려고 한다. 그리고 어려움을 당할 때 하나님께 피하지 않고 세상을 의지하려고 할 때가 많다. 그리고 하나님의 말씀을 싫어하기도 한다. 그러나 하나님의 뜻을 좇아 살아야 할 것이다.

7. 애굽을 의지하는 자들에게 하나님께서 재앙을 내리실 것이다. 애굽은 신이 아닌 사람으로 그것을 의뢰하는 자는 함께 멸망할 것이다.

8. 왕의 의로운 통치, 방백들의 공평한 정사, 광풍과 폭우를 피하는 곳, 마른 땅의 냇물, 곤비한 땅의 큰 바위 그늘, 마음이 지식을 깨닫고 혀가 민첩하여 말이 분명할 것이다.

9. 다른 피조물을 학대하는 자들은 자기들이 학대를 당하게 될 것이다. 그들이 노략한 것들은 다 빼앗기게 될 것이다. 그리고 학대받던 자들은 영광 중의 왕을 보게 되고 학대하던 자를 다시 보지 않게 될 것이다.

10. 하나님께서 전쟁의 주인으로 우주적 멸망의 성격이다. 하나님께서 보수하시고 송사를 신원하시는 날이 될 것이다.

② 즐거워하며 아름다움을 얻을 것이며 하나님의 영광과 아름다움을 볼 것이다. 하나님께서 악한 자를 심판하시고 우리를 구원하실 것이다. 소경과 벙어리가 고침을 받을 것이다. 광야와 사막이 옥토가 되고 사자나 사나운 짐승이 없으며 구속함을 받은 자들이 있게 될 것이다.

아직 우리에게 완전한 천국이 이루어지지는 않았으나 이미 예수 그리스도로 말미암아 천국이 시작되었다. 하나님의 통치가 이루어지는 그의 백성들은 이러한 구원을 맛보고 있는 것이다.

제6과 히스기야와 유다의 포로에 대한 예언
(사 36-39장)

①

1. 랍사게는 애굽이나 여호와를 의뢰해도 소용이 없다고 말했다. 열국의 신들 중에서 앗수르 왕의 손으로부터 건져낸 자가 없었다. 여호와도 마찬가지로 구원할 수 없다. 예루살렘 거민들은 히스기야의 말을 듣지 말라고 위협했다.

2. 히스기야 왕의 명령대로 아무런 대답을 하지 않고 잠잠했다. 신하들은 옷을 찢고 히스기야 왕에게 이것을 보고했다. 우리가 받을 교훈은 하나님의 백성들이 하나님을 떠나 불순종한 결과가 바로 대적 앞에서 불명예스럽게 수치와 위협을 당하게 되는 것이기에 우리는 하나님께 순종하는 삶을 살아 하나님의 영광을 가리지 말아야 할 것이다.

3. 옷을 찢으며 베옷을 입고 하나님 전에 나아갔다. 그리고 하나님께서 랍사게를 심판하실 것을 구하고, 이 일을 위하여 이사야에게 기도할 것을 요청했다.

우리 역시 극한 어려움에 처할 때 겸비한 심령으로 하나님 앞에 나아가 구해야 한다. 그리고 사람들에게 기도해 줄 것을 요청해야 한다.

4. 이사야는 히스기야 왕에게 랍사게가 자기 땅으로 물러가서 죽게 될 것이라 알려주고 두려워하지 말라고 했다.

5. 실제로 그렇게 쉽게 끝나지는 않았다. 랍사게는 떠났지만 앗수르 왕이 히스기야 왕에게 구스 왕을 의뢰하지 말라고 위협했기 때문이다. 앗수르는 패하고 그 왕은 니느웨에서 아들에 의하여 살해당했다.

6. 하나님께서 유일하신 창조주라고 고백했다. 앗수르의 산헤립과 그들의 신들은 멸망당함을 아뢰었다. 하나님께서 구원자 되시고 만국이 하나님만이 유일하신 분인 것을 알게 해달라고 간구했다. 대적의 교만이 잠깐 득세할 수 있으나 결국 하나님의 공의로운 심판이 있을 것이다. 하나님께 영광을 돌리고 그의 구원하심에 감사를 드려야 한다.

7. 하나님은 오만한 자들을 스스로 심판하신다. 그러므로 자신의 힘으로 대적을 물리치려고 애쓰기보다는 하나님께서 대적을 심판하실 것을 믿고 하나님을 의뢰하는 것이 승리의 길이다.

8. 3년 안에 나라가 회복될 것이라는 징조를 받았다. 유다 족속은 보존될 것이다. 앗수르 왕은 예루살렘을 치지 못하고 돌아갈 것이다. 하나님께서 다윗을 위하여 예루살렘 성을 보호하실 것이다.

9. 앗수르 왕은 자기 아들에 의하여 살해당했다. 하나님 앞에서 교만한 자의 마지막은 바로 멸망이다. 교만은 패망의 선봉이라고 했다. 하나님께서는 교만한 자를 미워하신다.

②

1. 병들어 죽게 된 히스기야는 생명의 연장을 하나님께 간구했다. 그래서 하나님께서는 그의 생명을 15년 연장시켜주셨다. 또한 예루살렘 성의 보호를 위한 징조로 해 그림자를 뒤로 십도 물러가게 하는 기적이 일어났다.

2. 히스기야는 죽음의 고통 가운데서 하나님께 기도했고 하나님께서 그의 생명을 연장시켜주심을 찬양했다. 우리 역시 하나님의 큰 은혜를 입은 후에 그것에 대해 감사하고 찬양 드려야 할 것이다.

③

1. 히스기야는 바벨론 왕의 예물을 갖고 온 사자에게 궁중의 보물고와 무기고

를 보여주었다.

2. 이사야는 히스기야에게 모든 소유와 선조로부터 쌓아둔 것이 바벨론으로 옮겨가고 자손 중 몇 명은 잡혀서 바벨론의 환관이 될 것이라고 했다.

3. 여호와의 말씀이 좋다고 하고 자기 생전에는 평안과 견고함이 있을 것이라고 했다.

제7과 하나님의 위로와 구속의 손길
(사 40-48장)

1
1. 복역의 때가 끝났고 죄악이 사함을 받았다고 선포했다. 여호와의 영광이 나타나고 모든 사람들이 그것을 볼 것이다. 하나님께서 그들을 통치하시고 인도하실 것이다.

2. 하나님은 피조물의 어떤 것과도 비교할 수 없고 어떤 형상에도 비교할 수 없다. 인간들은 자연물들을 우상으로 섬겼지만 그것들은 하나님께서 창조하신 피조물에 불과할 뿐이다.

3. 창조주 하나님께서는 피곤하지도 곤비치도 않으시다. 여호와를 앙망하는 자들은 새 힘을 얻을 것이다. 하나님께서는 우리가 피곤할 때 능력을 주시고 무능할 때 힘을 주신다.

2
1. 하나님께서는 모든 민족들을 부르신다. 그래서 그들이 하나님을 알고 인정

하기를 원하신다.

2. 이스라엘 백성들을 붙드시고 함께 하실 것을 약속하셨다. 대적들에게 보응하실 것을 약속하셨다.

3. 우상들에게 지난 날과 장래 일에 대하여 진술함으로 그것을 시험해보자고 요구했다. 그리하여 장래 일을 정확히 예언하지 못하는 우상과 우상 숭배자들을 힐난한다. 그런 후에 미래의 일을 예언한다. 우리가 하나님께서 유일하신 참 신임을 증거하는 길은 바로 능력의 실재를 통해서만 할 수 있다.

③

1. 그는 이방에 진리로 공의를 베풀 것이다. 그를 하나님의 종으로 세워 백성의 언약과 이방의 빛이 되게 하실 것이다. 그는 소경의 눈을 밝히고 옥에 갇힌 자에게 해방을 주실 것이다.

2. 우리를 구속하시는 하나님께 영광과 찬송을 돌려야 한다. 그리고 온 세상에 하나님을 전해야 한다.

3. 우리는 하나님의 자녀로서 두려워하지 말아야 한다. 하나님께서 우리와 함께 하시기 때문이다. 하나님께서는 우리의 창조자이시며 또 구속자이시다. 그러므로 우리는 하나님의 증인이 되어야 한다.

4. 여호와께서 새 길을 내어 이스라엘을 포로에서 이끌어내셔서 돌아오게 하실 것이다. 이스라엘은 하나님을 위하여, 하나님의 찬송을 부르게 하기 위하여 지으신 백성이다. 이스라엘이 죄를 범하고 하나님을 배반했지만 하나님께서는 그들의 허물을 도말하시고 죄를 기억하지 않으실 것이다.

④

1. 하나님께서는 이스라엘에게 두려워하지 말라고 하셨다. 하나님의 신과 복

을 후손에게 주실 것이다. 하나님께서는 이스라엘의 구속자이시다. 우상숭배자들은 어리석은 자들이다. 그것은 무익한 것으로 숭배자들은 수치를 당할 것이다. 이스라엘은 죄사함을 주신 구속자 하나님을 찬양하라. 예루살렘은 다시 회복될 것이다.

우리는 하나님께서 택하신 그의 백성이다. 하나님께서는 우리의 죄를 사하시고 우리를 구속하셨다. 그러므로 우리는 아무 것도 두려워하지 말아야 하며 더구나 우상과 같은 허무한 것에 굴복하거나 숭배하지 말아야 한다. 하나님께 영광을 돌리고 찬송을 드려야 한다.

2. 고레스를 사용하여 이스라엘이 포로에서 유대로 다시 돌아올 것이다. 하나님께서는 고레스를 사용하셔서 열국을 정복하며 심판하실 것이다. 여호와만이 유일한 하나님이시다. 우상 숭배에 빠져 있는 열방들에게 돌아올 것을 초청하신다. 하나님께서는 땅 끝의 모든 백성들이 자신을 앙망하면 구원을 받을 것임을 말씀하셨다.

3. 바벨론의 신 벨(주라는 의미를 가진 주신)과 느보(학문의 신, 계시하는 신)은 엎드러지고 구부러질 것이다. 이스라엘의 남은 자들은 하나님께서 보호하실 것이다. 동방에서 독수리를 부르고 먼 나라에서 모략을 이룰 사람, 즉 다른 나라 왕과 군대에 의해 바벨론은 멸망할 것이다. 바벨론에 재앙이 임하나 물리칠 수 없을 것이다.

4. 바벨론과 갈대아에서 벗어난 후에 이를 '여호와께서 그 종 야곱을 구속하셨다'고 즐거운 소리로 전파하여 땅 끝까지 이를 반포하라고 하셨다. 우리 역시 죄와 사망으로부터 구원받은 사람들로서 구속자이신 하나님을 땅 끝까지 전해야 할 것이다.

제8과 고난 받는 하나님의 종과
하나님의 백성의 회복(사 49-57장)

①

1. 여호와의 종은 출생한 때부터 하나님께서 부르셨고, 입을 날카로운 칼같이 만드셨다. 하나님께서 종이라 하시고 자신의 영광을 나타낼 자라고 하셨다. 여호와 보기에 존귀한 자로 야곱과 이스라엘을 돌아오게 하고 이방의 빛이 되어 하나님의 구원을 베풀어 땅 끝까지 이르게 할 것이라고 하셨다.

2. 압제와 멸시 속에 있던 이스라엘 앞에 열왕이 일어서며 방백들이 경배할 것이다. 백성의 언약으로 삼으며 황무했던 땅을 기업으로 상속받을 것이다. 더위에 상하지 않을 것이고 목마르거나 굶주리지 않을 것이다. 하나님께서는 이스라엘을 잊지 않으신다. 자손들이 땅에서 번성할 것이다. 모든 사람들이 여호와께서 이스라엘의 구속자이시며 전능자이심을 알게 될 것이다.

3. 하나님께서는 자신이 택하고 언약을 맺은 자기 백성을 결코 잊지 않으시며 긍휼을 베푸신다. 그것을 잊어버리는 것은 바로 사람들이다. 인간들은 하나님을 배반하고 떠나서 하나님을 잊고 살지만 하나님께서는 자신이 창조하신 인간들을 잊거나 버리지 않으신다. 긍휼을 베푸셔서 죄에 빠진 인간들을 구속하시고 인도하신다. 그리고 하나님을 아는 우리도 때때로 하나님을 잊고 마음대로 살다가 고난을 당하곤 하는데, 하나님께서는 결코 우리를 잊지 않으신다. 그리고 우리에게 계속해서 긍휼을 베푸신다.

②

1. 여호와의 종이 찾아 왔어도 그를 영접하거나 반응하지 않았다. 하나님께서 이스라엘 백성들을 구원하지 않음이 아니라 이스라엘이 하나님의 구원을 거절한 것이다.

2. 여호와의 종은 사람들의 모욕과 학대를 피하지 않고 받아들였다. 그것은 하나님께서 그와 함께 계셔서 도우시기 때문이다. 여호와의 종은 그들 중에서 하나님을 경외하고 하나님의 말씀을 청종할 자를 찾고 초청한다.

3. 예수님께서는 여호와의 종으로 이스라엘 백성들에게 모욕과 학대 그리고 배척을 받으셨다. 결국은 십자가에 달려서 고난을 받으시고 돌아가셨다. 그런 중에서도 예수님께서는 하나님을 경외하고 그의 말씀을 청종하는 사람들을 찾아 복음을 전하고 하나님의 말씀을 가르치셨다.

4. 하나님께서는 이스라엘을 어디로부터 이끌어내셨는가, 아브라함을 어떻게 선택하고 이끄셨는가를 회상하게 하셨다. 그리고 백성들에게 자신에게 주의할 것을 말씀하셨다. 바로 하나님께서는 만민을 심판하시고 구원하실 것이다. 의와 율법을 아는 백성들은 사람을 두려워하지 말고 하나님의 말씀을 청종해야 한다.

5. 하나님께서는 강하신 팔로 백성들을 구속하신다. 이스라엘은 죽을 인간을 두려워하지 말고 하나님을 두려워해야 한다. 하나님께서는 이스라엘을 자기 백성이라고 하셨다.

6. 하나님의 심판을 받은 예루살렘은 깨어나야 한다. 이제 다시 일어나야 한다. 그러나 예루살렘은 그물에 걸린 영양 같이 온 거리의 모퉁이에 누웠다. 하나님께서는 황폐와 멸망, 기근과 칼 앞에 엎드러진 예루살렘을 위로하신다. 그리고 그들을 구원할 것이라고 호소하신다.

③

1. 여호와께서는 죄인들이 티끌을 털어버리고 일어나 보좌에 앉을 것을 권하신다. 하나님께서는 죄인들을 값없이 은혜로 속량하실 것이다. 그 백성들은 하나님의 이름을 알게 될 것이다. 하나님의 통치가 그들에게 임할 것이다. 그들은 기쁜 소리로 구속을 노래할 것이다. 여호와께서는 죄인들이 죄

에서 떠나 정결케 되기를 바라신다.

2. 여호와의 종의 얼굴이 타인보다 상했으며 그 모양이 인생보다 상했다. 그는 고운 모양도 없고 풍채도 없어 흠모할 만한 것이 없다. 그는 멸시를 받고 싫어함을 받아 버린 바 되었다. 그는 사람들의 질고를 지고 슬픔을 당하였다. 그는 사람의 허물을 인하여 찔림을, 사람들의 죄악을 인하여 징계를 받았다. 하나님께서는 사람의 죄악을 그에게 담당시키셨다. 그는 도수장으로 끌려가는 어린 양과 같았다. 그는 털 깎이는 어린 양과 같이 잠잠했다. 그는 곤욕과 심문을 당했으며 그의 무덤은 악인과 함께 되었고 그의 묘실은 부자와 함께 되었다. 그는 속건 제물이 됨으로 여호와의 뜻을 성취했다. 그는 범죄자와 같이 헤아림을 입었으나 실은 많은 사람들의 죄를 대신 지신 것이다.

바로 인류의 죄를 대속하시려고 고난을 받고 십자가에 돌아가신 예수 그리스도의 모습이다. 우리는 예수 그리스도의 대속의 은혜로 죄사함과 구원함을 입었다.

4

1. 고난 받은 종은 그로 인하여 많은 자식들이 생겨날 것이다. 장막터가 넓어질 것이다. 그 자손들은 열방을 얻을 것이다. 수치와 치욕이 사라질 것이다. 이스라엘의 구속자는 온 세상의 하나님이라 칭함을 받을 것이다. 하나님의 인자는 떠나지 않고 화평의 언약은 옮기지 않을 것이다. 즉 예수 그리스도를 통하여 구원의 복음이 세상 끝까지 확산되고 교회는 부흥할 것이라는 예언이다.

2. 하나님의 교훈을 받을 것이며 크게 평강할 것이다. 의로 설 것이고 학대도 멀어지고 공포도 가까이 하지 못할 것이다. 두려워하지 않을 것이다. 대적들은 하나님께서 치실 것이다. 우리는 하나님의 말씀을 배우고 하나님께서 주시는 평강이 우리의 마음을 지배할 것이다. 하나님으로 말미암은 의가

우리에게 있고 우리를 대적하는 모든 것들로부터 하나님께서 보호해주실 것이다.

3. 목마른 자들은 물로 나오라. 돈 없이 값없이 줄 것이다. 헛된 것을 위하여 수고하지 말고 하나님의 말씀을 들으라. 그러면 영혼이 살 것이다. 하나님께서는 다윗에게 허락하신 은혜와 같은 언약을 세우셨다. 하나님을 만날 만한 때에 찾으라. 가까이 계실 때에 그를 부르라. 악인은 그 길을 버리고 불의한 자는 그 생각을 버리고 하나님께 돌아오라. 하나님께서 긍휼히 여기시고 용서하실 것이다. 하나님의 길과 생각은 인간과 달라 높은 것이다. 하나님께서는 죄인으로 헛된 것을 위하여 수고하던 우리를 은혜로 부르셔서 값없이 구원을 주셨다. 우리는 하나님을 찾아 만났다. 그리고 우리의 잘못된 길을 버리고 하나님의 뜻을 따라 살아야 한다.

4. 여호와께 돌아오는 이방인들은 그의 백성들과 함께 할 것이다. 그들의 이름은 영영히 끊어지지 않을 것이다. 하나님의 언약을 지켜 행하는 이방인들을 성산으로 인도하며 그들의 제사를 받을 것이다. 하나님의 집은 만민이 기도하는 집이 될 것이다. 하나님은 이미 모은 백성 외에 또 모아 그에게 속하게 할 것이다.

5. 이스라엘의 잘못된 지도자들은 소경과 벙어리들이다. 그리고 탐욕스럽고 몰지각한 자들이다. 이스라엘 백성들은 우상 숭배로 다른 신들을 섬겼다. 바로 패역과 궤휼의 자식들이다. 우상을 의뢰하는 자는 바람과 기운에 떠내려갈 것이나 여호와를 의뢰하는 자는 기업을 얻을 것이다.

6. 하나님께서는 통회하고 겸손한 자와 함께 거하시고 그의 영혼을 소성케 하신다. 하나님께서는 그의 백성들이 잘못된 길을 고치시고 슬퍼하는 자를 위로하실 것이다. 하나님께서는 그들을 고치시고 평강을 주실 것이다.

제9과 회복된 하나님의 백성과
새 세계(사 58-66장)

①

1. 오락과 함께 하는 금식은 잘못된 것이다. 다른 사람들과 다투고 싸우며 하는 금식은 잘못된 것이다. 이런 일을 행하며 외적으로 머리를 숙이고 굵은 베와 재를 펴는 것은 금식이라 할 수 없으며 하나님께서 열납하시지 않으신다. 하나님이 기뻐하시는 진정한 금식은 흉악의 결박을 풀어주고, 멍에의 줄을 끊어주며, 압제 당하는 자를 자유케 하고, 주린 자에게 식물을 나눠주고, 유리하는 빈민을 집에 들이며, 벗은 자를 입히고, 골육을 피하지 않는 의롭고 다른 사람들을 사랑하는 것과 함께 드려지는 것이다.

2. 그러한 사람의 빛은 아침같이 비치고 그의 치료는 신속할 것이다. 하나님의 영광이 나타날 것이다. 그의 부름에 하나님께서 응답하실 것이다. 하나님께서 늘 인도하셔서 그의 영혼이 만족할 것이다.

②

1. 죄악이 하나님과 우리 사이를 갈라놓고 죄가 얼굴을 가리워 하나님께서 우리를 듣지 않으신다. 죄는 우리를 소경으로 만들어 아무 것도 분변할 수 없게 만든다. 우리가 그 가운데서 부르짖으나 구원은 우리에게서 멀기만 하다. 하나님께서는 이를 감찰하신다.

2. 중재자를 주셔서 구속자가 시온에 임하게 하셨다. 그래서 하나님께서 언약을 세우셨는데 곧 하나님의 신과 그 입에 두신 말씀이 중재자와 그의 후손들에게서 떠나지 않는다.

3. 하나님의 영광이 나타날 것이다. 열방은 빛으로 나올 것이다. 하나님의 찬송을 전파할 것이다. 원방으로부터 사람들이 하나님께 나아올 것이며 이방인들이 나아올 것이다. 강포한 일이 다시는 없을 것이다. 황폐와 파멸도 없

을 것이며 다시는 해가 지지 않고 슬픔의 날이 끝날 것이다.

4. 주님에게 성령이 임하셔서 복음을 전파하고 상한 자를 고치시며 포로된 자를 자유케 하실 것이다. 슬퍼하는 자를 위로하실 것이다. 황폐한 곳이 보수될 것이다. 하나님의 백성들은 제사장으로 하나님의 봉사자가 될 것이다. 하나님의 백성들은 복을 받은 자로 알려질 것이다. 하나님의 백성들은 구원의 옷을 입을 것이다. 의와 찬송을 열방 앞에 발하게 할 것이다.

5. 열방이 공의를 보고 열왕이 영광을 볼 것이며 하나님께서 기뻐하실 것이다. 이방인의 침략을 받지 않을 것이다. 사람들이 거룩한 백성이라 여호와의 구속하신 자라, 찾은 바 된 자요 버리지 않은 성읍이라 할 것이다.

③

1. 하나님께서는 악행자들에게 마치 술 취한 자들처럼 비틀거리게 한 후에 망하게 하신다.

2. 하나님께서는 그의 백성들의 죄를 없는 것으로 간주해주시는 것이 하나님의 은혜다. 그리고 그의 백성들이 하나님을 배반하고 떠났을 때 심판하셨다. 그것이 하나님의 공의다. 그래서 하나님의 은혜는 그의 공의를 바탕으로 한다.

3. 하나님께서 긍휼과 자비로 인간들을 굽어 살피시기를 호소한다. 그 근거는 하나님께서 아버지이시기 때문이다. 하나님께서 주의 산업인 주의 백성을 위하여 돌아오시기를 호소한다. 주의 대적으로 주의 이름을 알게 하시고 열방들이 주의 앞에서 떨게 하시기를 호소한다. 그리고 자신들이 하나님께 범죄했음을 자복하고 죄인임을 고백한다. 그러나 자신들이 하나님께서 지으신 피조물이기에 그 분노를 거두어주시기를 호소한다. 자신들의 죄악을 기억하지 않으시기를 호소한다.

④

1. 하나님은 먼저 죄악을 심판하고 그에 대하여 보응하실 것이다. 그 후에 새 하늘과 새 땅을 창조할 것이다. 그러므로 이전 것은 지나가고 기억되지 않을 것이다. 백성들은 하나님의 새 창조를 기뻐할 것이다. 거기는 우는 소리나 부르짖는 소리가 없을 것이다. 유아 사망이나 수한이 차지 못한 사람이 없을 것이며 재난이 없을 것이다. 이리와 어린 양이 함께 하고 사자가 소와 같이 풀을 먹을 것이고 뱀은 흙을 먹을 것이다. 해함도 상함도 없을 것이다.

2. 17절을 읽고 각자가 묵상한 후에 그것을 정리해보라.

3. 인간이 하나님을 위하여 무엇을 할까를 생각하는 것은 잘못된 것이다. 모든 것은 하나님께로부터 나오기 때문이다. 하나님께서는 마음이 가난하고 통회하며 하나님의 말씀에 떠는 자를 권고하신다. 동물을 잡아 제사하는 것을 원하시지 않는다. 그것은 우상 숭배와 같으며 마음이 가증한 것이다. 하나님께서는 그들에게 응답하지 않으신다.

4. 하나님께서는 백성의 대적들에게 보응하신다. 백성들은 위로하는 자의 품 안에서 만족하고 영광의 풍성함을 인하여 즐거워할 것이다. 평강을 강같이 주실 것이다. 어미가 자식을 위로함 같이 하나님께서 위로하실 것이다.

5. 악을 행하고 거룩하지 못한 자들을 하나님께서 심판하여 멸망케 하실 것이다. 때가 되면 하나님께서 열방과 열족을 모아서 하나님의 영광을 보게 하실 것이다. 그들이 세상에 하나님의 영광을 전할 것이다. 그들 가운데 택하여 제사장과 레위인을 삼을 것이다. 바로 유대인뿐 아니라 이방인, 즉 하나님께 돌아오는 모든 사람들이 하나님의 백성이 될 것이다. 그것이 바로 새로운 시대다.

제1과 예레미야의 소명과 유다에 대한 경고
(렘 1-6장)

1

1. 예레미야는 베냐민 아나돗의 제사장 힐기야의 아들로 유다와 여호야김 시대부터 시드기야 시대까지의 예언자였다. 그는 태어나기 전부터 하나님께서 열방의 선지자로 구별받았다고 본문은 증언한다.

2. 자신은 아이 같아서 말할 줄을 알지 못한다고 하면서 슬퍼했다.

3. 하나님께서 예레미야와 함께 함으로 구원할 것을 약속하셨다. 그리고 하나님의 말씀을 예레미야의 입에 두었다고 하셨다. 하나님께서는 예레미야를 열방 위에 선지자로 세웠다고 하셨다. 그러기에 아이라고 하거나 사람들을 두려워하지 말라고 하셨다.

4. 예루살렘과 유다 성읍들이 북방 나라들에 의하여 침략당할 것인데 이는 하나님께서 자기 백성들의 우상 숭배에 대한 심판임을 유다 백성들에게 전하라고 하셨다.

5. 유다 백성들이 예레미야를 대적하여 칠 것이다. 18절은 난공불락의 요새를 상징하는 단어들로 하나님께서 예레미야를 온전하게 지키실 것이라는 약속이다.

2

1. 소년 시절의 우정과 결혼할 때의 사랑과 같이 그들이 광야에서 하나님을 좇았다. 이스라엘은 여호와의 성물로 처음 열매였다. 그 때 이스라엘을 건드리는 자들은 모두 벌을 받아 재앙을 만났다.

2. 하나님을 멀리하고 허탄한 것을 좇아 헛되이 행하였다. 약속의 땅을 더럽히고 하나님이 주신 기업을 가증스럽게 만들었다. 제사장들은 하나님을 찾

지 않고 관리들은 하나님께 항거하며 선지자들은 바알의 이름으로 예언했다. 결국 그들은 생수의 근원되신 하나님을 버리고 물을 저축하지 못할 웅덩이를 판 것이다.

3. 하나님의 인도하심을 떠났기 때문이다. 하나님을 버리고 경외함이 없으므로 악과 패역을 저질렀기 때문이다. 높은 산과 나무 아래서 우상을 숭배했기 때문이다. 이방신들을 사랑했기 때문이다. 무죄하고 가난한 자들의 피를 흘렸기 때문이다.

③

1. 이스라엘의 행한 바를 보고도 유다는 두려워하지 않고 똑같은 일을 행하였다. 그러기에 이스라엘에게 먼저 긍휼하신 하나님께 돌아오라고 전한다. 하나님의 마음에 합하는 목자(궁극적으로는 예수 그리스도)를 주어 지식과 명철로 양육하게 할 것이다. 열방이 돌아올 것이다. 가증한 것들을 버리고 마음이 요동치 않으며 진실과 공평과 정의로 여호와의 삶을 가리켜 맹세하면 하나님께 복을 받고 자랑할 것이다. 마음에 할례를 행하고 하나님께 돌아오라.

2. 돌아오지 않으면 그들의 죄 때문에 북방 민족에게 침략을 당하여 백성들이 살육되며, 포로가 되고, 땅이 황폐해지는 하나님의 심판이 임할 것이기 때문이다.

3. 귀인들은 여호와의 길, 하나님의 법을 안다고 하면서 일제히 멍에를 꺾고 결박을 끊었다. 이스라엘과 유다 족속은 여호와는 계시지 않으므로 재앙이 임하지 않아 칼과 기근을 보지 않을 것이라고 했다. 선지자들은 바람 같아서 하나님의 말씀이 그 안에 있지 않다. 악행과 속임이 가득하다. 선지자들은 거짓을 예언하고 제사장들은 권력으로 다스리고 백성들은 그것을 좋게 여긴다. 하나님께서는 그들의 생각과 마음을 혐오하신다.

4. 예루살렘은 심판을 받을 성이다. 여호와의 분노를 그 백성들에게 부을 것이다. 그들은 거꾸러질 것이며 재앙이 내릴 것이다. 북방에서 한 민족이 일어나 칠 것인데 그들은 잔인하여 자비가 없을 것이다. 멸망시킬 자가 홀연히 임할 것이다. 여호와께서 이스라엘 백성들을 버렸다.

제2과 성전에서 한 예언(렘 7-10장)

1

1. 예배하기 전에 길과 행위를 바르게 해야 한다. 그래서 이웃 간에 공의를 행하고 고아와 과부를 압제하지 말며 무죄한 자의 피를 흘리지 말고 다른 신들을 좇지 않으면 하나님께서 주신 땅에서 영원토록 거하게 하실 것이다.

2. 고아와 과부를 압제함, 무죄한 자의 피를 흘림, 도적질, 살인, 간음, 거짓 맹세, 바알에게 분향, 다른 신들을 좇음 등의 죄를 범했다.

3. 과거의 역사, 즉 하나님을 배반하고 악을 행한 것에 대하여 하나님께서 심판하신 사실들을 거울 삼아 우리들은 하나님의 공의롭고 엄위하심을 깨닫고 죄를 범하지 말아야 한다.

4. 하나님께서는 제사가 아닌 하나님의 말씀을 듣고 순종하기를 원하신다. 하나님께서는 선지자들을 부지런히 보내셔서 자신의 뜻을 백성들에게 전하셨다. 우리 역시 형식적으로 예배드리는 것을 지양하고 하나님의 말씀을 듣고 분변하여 그대로 순종하며 실천에 옮겨야 한다.

5. 백성들이 살육을 당할 것이다. 그리고 그들이 거하던 땅은 황폐케 될 것이다. 우리는 하나님의 말씀을 통하여 우리가 죄인인 것을 깨닫고 죄를 회개

하고 하나님께 돌아왔다. 그러나 우리도 하나님께 불순종하면 하나님께 심판을 받을 것이다. 이를 경계로 삼아야 한다.

②

1. 사람들이 왕, 방백, 제사장, 선지자들의 뼈를 그 묘실에서 끌어낼 것이다. 지혜롭다는 사람들은 수욕을 당하고 경황 중에 잡힐 것이다. 아내들과 전지들이 타인의 차지가 될 것이다. 평강하다 하나 평강이 없을 것이다. 술법으로도 제어할 수 없는 뱀과 독사들에게 물릴 것이다.

2. 예레미야는 근심 속에서 슬퍼했다. 그것은 하나님께서 이스라엘을 버리시고 그들 중에 계시지 않고 그 백성들은 상하여 구원을 얻지 못하기 때문이다. 백성들이 치료받지 못함을 한탄했다. 우리는 하나님을 알지 못하는 수많은 사람들이 구원받지 못하고 하나님의 심판 앞에 놓여 있음을 근심하고 애통해야 한다. 그래서 그들을 위하여 하나님께 간구하고 또 그들에게 하나님의 말씀을 전해야 한다.

③

1. 혀를 놀려 거짓을 말하고, 진실하지 않으며, 악을 행했다. 하나님을 알지 못했으며 형제와 이웃을 속이고 궤휼을 행하였다. 예레미야는 이러한 백성들을 위하여 머리는 물이 되고 눈은 눈물의 근원이 되어 그들을 위하여 주야로 곡을 했다. 자신이 하나님 앞에서 죄악을 떠나야 함은 물론 죄악 가운데 빠진 형제들을 위하여 예레미야처럼 마음의 부담을 안고 하나님께 중보의 기도를 해야 할 것이다.

2. 산들과 광야 목장은 불에 탔다. 예루살렘은 무더기가 되어 시랑의 굴혈이 되고 유다 성읍들은 황폐하여 거민이 없게 되었다. 하나님은 이 백성들에게 쑥을 먹이고 독한 물을 마시우며 열국 중에 헤치셨다. 백성들은 살육을 당했다. 그들은 심판을 받으면서 호곡하고 애통해 했다. 애가를 지어 호곡했다.

예레미야

3. 우리는 자신의 지혜나 용맹이나 부를 자랑하지 말아야 한다. 우리가 자랑할 것은 명철하여 하나님을 알고 하나님의 인애와 공평과 정직을 깨닫는 것이다.

④

1. 하늘의 징조를 두려워하는 자들이 있는데 우리는 그것을 두려워하지 말아야 한다. 우상들은 헛된 것으로 인간이 만든 것이다. 우상은 화를 주거나 복을 주지 못하는 것으로 두려워하지 말아야 한다. 여호와는 권능이 크신 분이다. 여호와께서는 열방의 왕이시므로 찬양과 영광을 받으시기에 합당하신 분이시다. 여호와만이 참 하나님이시다. 여호와께서는 창조주이시다. 또한 만물을 다스리신다. 이스라엘은 그의 사업의 지파다. 우리는 하나님만이 유일한 하나님이심을 알고 모든 우상과 징조들을 믿거나 두려워해서는 안 된다.

2. 이 세상의 많은 사람들이 참 하나님을 알지 못하고 우상 숭배와 인간 숭배에 빠져 죄악과 악행을 일삼고 있다. 이들이 처한 상황과 이들에게 임할 하나님의 심판을 보며 우리는 애통해 하며 영적 부담감을 갖고 하나님께서 긍휼을 베푸셔서 하나님께로 돌아오기를 위해 기도해야 한다.

제3과 회개를 촉구하는 예언(렘 11-20장)

①

1. 유다 백성들이 하나님과 맺은 언약을 파기했으므로 하나님께서는 재앙을 내려 심판할 것을 말씀하셨다. 유다 백성들이 부르짖을지라도 듣지 않을 것이라고 하셨다. 그들이 섬기는 우상도 그들을 구원하지 못할 것이다.

2. 백성들은 회개하기는커녕 하나님의 말씀을 전하는 예레미야에게 여호와의 이름으로 예언하지 말 것을 요구하고, 예레미야를 죽이려고 시도했다.

3. 하나님께서는 예레미야에게 유다 백성들이 결국은 심판을 받아 땅은 황폐해지고 다른 민족에 의하여 침략을 당해 멸망할 것이라고 하셨다. 유다와 동맹을 맺은 국가들도 바벨론의 침략 시 도움을 주지 않을 것이다. 그리고 이웃 나라들도 결국은 뽑힘을 당해 멸망할 것이다.

②

1. 베띠를 사서 허리에 띠고, 유브라데에 가서 바위틈에 감추고, 다시 감춘 띠를 취하였더니 그 띠가 썩어서 쓸모없게 된 것을 비유로 사용했다. 띠는 바로 유다 백성을 의미한다.

2. 유다가 사로잡혀갈 것이다. 예루살렘은 여인의 치마가 얼굴까지 들추이는 것과 같은 수치를 당할 것이다.

3. 가뭄이 들어 땅의 지면이 갈라지고, 길어 먹을 물이 없고, 밭가는 자는 부끄러워하고, 짐승들은 먹을 풀이 없을 것이다. 백성들은 슬퍼하고 곤비하여 애통할 것이다.

4. 백성들은 자신들의 죄를 고백하고 하나님께서 자기들을 버리지 말 것을 간구했다.

5. 그들이 어그러진 길을 사랑하여 그 발을 금하지 아니했기 때문이다.

6. 선지자들이 백성들에게 거짓 예언으로 속이는 것에 대하여 예레미야는 하나님께 호소하면서 슬퍼했다. 그리고 백성들의 죄를 자복하며 주님의 이름을 위하여 그들을 멸망시키지 말 것을 간구했다. 그리고 비를 내려줄 것을 간구했다.

예레미야

③

1. 원망의 탄원을 하는 예레미야에게 회개하라고 하셨다. 죄악이 만연된 가운데서도 두려워하지 않고 진실을 예언하면 하나님께서 예레미야를 백성들로부터 보호하실 것을 약속하셨다.

2. 이 땅의 사람들은 독종으로 죽고 칼과 기근에 망하여 시체가 짐승의 밥이 될 것이다. 평강이 없고 인자와 긍휼을 제할 것이다. 즐거움이 땅에서 끊어질 것이다.

3. 조상들이 하나님을 버리고 다른 신들을 좇으며 섬기고 하나님의 법을 지키지 않았기 때문이다. 그리고 그들은 조상보다 더욱 악을 행하고 강퍅하여 하나님을 따르지 않기 때문이다. 우리 역시 하나님을 버리고 우상 숭배에 빠지고 하나님의 뜻에 따라 살지 않으면 하나님께서 심판에 붙이실 것이다. 이를 경계로 삼아야 한다.

4. 때가 되면 하나님께서는 그의 백성을 회복시키실 것이다. 죄에 대하여 심판이 끝나면 하나님께서 그의 백성들에게 하나님의 손과 능을 알려서 백성들이 하나님의 이름이 여호와임을 알게 할 것이다.

④

1. 하나님을 떠나 사람을 믿고, 사람을 권력으로 삼았다. 사람의 마음은 만물보다 심히 부패했으며 불의로 치부했다.

2. 자신의 구원을 간구했다. 백성들이 예레미야의 예언을 멸시했다. 하나님께서 재앙의 날에 자신의 피난처 되실 것을 간구했다. 자신을 핍박하는 자들을 심판해주실 것을 간구했다.

3. 안식일을 지키라고 말씀하셨다. 하나님의 말씀을 청종하지 않고 안식일을 거룩하게 지키지 않으면 예루살렘 성문에 불을 놓아 예루살렘 궁전이 불에

삼키게 될 것이라 고 했다.

5

1. 하나님은 토기장이가 흙을 마음대로 다루는 것처럼 이스라엘을 다스리신다. 이것은 하나님의 절대 주권을 비유한 것이다. 하나님께서는 그의 뜻에 따라 심판도 하시고 구원도 하신다. 그러므로 하나님께서는 그의 백성들에게 악한 길에서 돌이켜 하나님의 뜻을 좇으라고 말씀하신다. 하나님께서는 창조주이시며 우리를 다스리시는 통치자이시다. 그분은 우리의 주인으로 우리는 그의 뜻 가운데 있는 것이다. 그러므로 우리는 하나님의 뜻에 순종하며 살아야 한다.

2. 예레미야에게 토기장이의 오지병을 사고, 장로들과 제사장의 몇 사람을 데리고 힌놈의 아들 골짜기에 가서 하나님의 말씀을 선포하게 했다. 곧 예루살렘의 멸망에 관한 하나님의 말씀이다. 오지병을 깨뜨려서 그들이 그렇게 될 것을 비유했다. 그리고 예레미야는 돌아와서 성전에서 모든 백성들에게 하나님의 재앙을 선포했다.

6

1. 성전의 유사장(성전을 감시하는 자) 바스훌이 예레미야를 때리고 착고에 채웠다. 예레미야는 바스훌에게 임할 재앙을 말했다. 우리가 하나님의 말씀을 전할 때 핍박이 따르게 된다. 핍박이 물러갈 것을 기대하는 것보다는 하나님께서 힘을 주셔서 대적에게 대항할 수 있기를 구해야 할 것이다.

2. 여호와의 말씀으로 인하여 사람들에게 핍박을 받고 조롱거리가 됨을 하나님께 호소했다. 사람들은 예레미야에게 자기들도 고소하라고 하면서 예레미야의 타락을 기다린다고 했다. 그러나 예레미야는 하나님께서 자신을 박해하는 사람들을 심판하실 것을 기대하고 자신을 구원하실 것을 구하기도 했다. 그리고 고통이 너무 심해서 자신이 세상에 태어난 것을 한탄했다.

제4과 예레미야의 시련과 갈등(렘 21-29장)

1

1. 바벨론 왕 느브갓네살의 침략에 대하여 여호와께 간구하면 혹시 기사를 베풀어 침략자들이 떠날지도 모른다. 여호와께서는 바벨론 왕과 갈대아인들이 노와 분으로 그들을 칠 것이고, 성의 백성들은 염병으로 죽을 것이며, 나머지는 그들의 칼날에 죽을 것이다. 이 성은 바벨론 왕의 손에 붙인 바 되었다.

2. 공평하게 판결하여 탈취 당한 자들을 압박자들의 손에서 구하라. 이방인과 고아와 과부를 압제하거나 학대하지 말라. 그렇지 않으면 하나님의 노가 불같이 일어나 사를 것이다. 하나님이 파멸할 자를 준비할 것이니 그들이 너희를 칠 것이다. 사람들이 예루살렘 성의 멸망을 보고 하나님의 언약을 버리고 다른 신을 섬긴 까닭이라고 할 것이다. 우리도 압박 받는 자와 고아와 과부들을 돌보아야 한다. 그리고 우상 숭배를 해서는 안 된다.

3. 살룸(여호아하스)은 포로로 잡혀가 그곳에서 죽을 것이다. 여호야김은 끌려나가 예루살렘 성문 밖에 던지움을 당해 죽고 짐승처럼 매장될 것이다. 고니야(여호야긴)는 바벨론의 포로로 잡혀가 유다 왕조는 몰락할 것이다. 결국 그들은 자기들의 죄로 인하여 심판을 받고 유다 왕조는 몰락할 것이다.

2

1. 남은 양들을 위하여 목자를 세울 것이다. 다윗에게서 의로운 가지를 일으킬 것이다. 그는 지혜롭게 행하고 공평과 정의를 행할 것이다. 유다와 이스라엘은 구원을 얻을 것이다.

2. 그들은 사특하고 우매하여 하나님의 백성을 그릇되게 인도했다. 가증하여 간음을 행하고 행악자의 손을 굳게 하여 돌이키지 않게 했다. 헛된 것을 가

르치고 하나님의 것이 아닌 자기들의 묵시를 하나님의 것이라고 말한다. 거짓 몽사를 말하고 거짓 예언으로 사람들을 미혹한다. 하나님께서는 심판의 날에 그들에게 재앙을 내리실 것이다. 여호와의 노가 그들의 머리를 칠 것이다. 영원한 치욕과 잊지 못할 영구한 수치를 당하게 될 것이다.

③

1. 갈대아 땅에 잡혀온 유다 포로들을 가리킨다. 하나님께서 그들을 돌아보아 다시 그들의 땅으로 인도하고 여호와를 알게 하는 마음을 주어 전심으로 여호와께 돌아오게 할 것이기 때문이다.

2. 유다 왕 시드기야와 방백들 그리고 예루살렘에 남은 자들 또 애굽 땅에 거하는 자들을 가리킨다. 하나님께서 그들을 세상 모든 나라에 흩으셔서 환난과 치욕과 조롱과 저주를 받게 하고 칼과 기근과 염병으로 그 땅에서 멸절시키기 때문이다.

④

1. 악한 길과 악행에서 돌이키라. 그리하면 하나님께서 주신 땅에 거할 것이다. 우상 숭배하지 말라. 그리하면 하나님께서 그들을 해치지 않을 것이다. 그러나 유다 백성들은 이 말씀을 듣지 않았다. 그래서 하나님께서 이들을 심판하여 포로로 잡혀가 70년 동안 바벨론 왕을 섬기게 될 것이다. 하나님께서 우리에게 잘못을 회개하고 돌이킬 기회를 주실 때 그 말씀에 순종해야 한다.

2. 70년이 지나면 심판의 도구였던 바벨론 왕과 그 나라와 갈대아인들의 죄악을 심판하여 망하게 할 것이다. 결국 유다 백성들은 포로에서 돌아올 것이라는 말이다.

3. 하나님의 진노의 잔을 마시게 되어 멸망과 놀람과 치소와 저주를 당하게 된다. 칼에 죽임을 당할 것이다.

4. 재앙이 미치고 대풍이 일어날 것이다. 살육을 당하고 매장되지 못한 채 지면에서 분토가 될 것이다. 초장들은 황폐케 되고 적막하게 될 것이다. 땅은 황량하게 될 것이다.

⑤

1. 제사장들과 선지자들과 백성들이 유다가 멸망할 것이라는 하나님의 말씀을 대언한 예레미야를 붙잡아 성전 앞에 세우고 처형할 것을 주장했다.

2. 예레미야는 하나님께서 예언하게 하신 것이라고 하면서 그들에게 돌이켜 회개할 것을 촉구했다. 그리고 그들이 자신을 죽이면 무죄한 피를 흘린 것에 대한 대가가 있을 것이라고 했다.

3. 예레미야는 죽음의 위협 앞에서 담대했지만 우리야는 두려워하여 애굽으로 피신했다. 예레미야는 여호와를 의탁하여 그들이 죽이지 못했지만 우리야는 그렇지 못하였기에 죽임을 당했다. 우리가 하나님의 말씀을 전하는 것 때문에 목숨의 위협을 받을 경우 우리의 목숨밖에 위협하지 못하는 사람들보다 목숨과 영혼까지 다스리시는 하나님을 더 두려워해야 한다. 바꾸어 말하면 사람들을 두려워하지 말아야 한다.

⑥

1. 하나님께서 바벨론 왕 느브갓네살의 손에 열방을 붙이셨다. 그를 섬기지 않는 나라와 백성들은 칼과 기근과 염병으로 벌을 당할 것이다. 그렇지 않다고 하는 거짓 예언자들의 말을 듣지 말라. 시드기야에게 바벨론 왕의 멍에를 메고 그와 그 백성을 섬기면 살 것이라고 말했다. 시드기야에게 거짓 예언자들의 말을 듣지 말라고 했다. 제사장들과 백성들에게도 같은 예언을 했다. 예루살렘의 기구들은 바벨론으로 옮겨지고 나중에 다시 돌아오게 될 것이다.

2. 여호와 하나님께서 바벨론 왕의 멍에를 꺾었다. 여호와의 전에서 옮겨간

기구들이 두 해 안에 다시 돌아올 것이다. 포로로 잡혀간 자들도 다시 돌아올 것이다.

3. 거짓 예언을 한 하나냐 때문에 백성들은 더욱 잘못된 길에 빠져들어 더 큰 심판을 받게 되고 그 벌로 하나냐는 죽음의 심판을 받는다.

7

1. 포로로 잡혀간 유대인들은 그곳에 정착하여 자녀들을 생산하여 번성하라. 그 나라의 성읍의 평안을 힘쓰고 위하여 여호와께 기도하라. 거짓 예언자들을 주의하라. 70년이 차면 다시 돌아오게 할 것이다. 여호와는 재앙이 아니라 장래의 소망을 주려는 것이다. 여호와께 부르짖고 기도하면 너희를 들을 것이다. 전심으로 찾고 찾으면 만날 것이다. 포로가 되지 아니한 사람들은 칼과 염병과 기근을 당하게 열방 가운데 흩어져서 학대와 저주거리와 놀람과 치소와 모욕거리가 될 것이다. 그것은 하나님의 말씀을 듣지 않고 거역한 것에 대한 심판이다. 거짓 예언자들은 느부갓네살에게 붙여 죽임을 당하게 할 것이다.

2. 자기 죄로 인하여 징계를 받을 때 겸비하여 통회하는 마음으로 이를 받아들이고 하나님께 긍휼을 구해야 한다. 하나님께서는 사랑하는 자를 징계하신다.

제5과 위로에 관한 예언(렘 30-33장)

1

1. 이스라엘과 유다가 포로 생활로부터 다시 돌아올 때가 이를 것이다. 하나님께서 그들을 열조에게 주신 땅으로 돌아와 차지하게 할 것이다.

예레미야

2. 해산하는 여인의 고통 같은 환난을 당했다.

3. 여호와 하나님과 일으킬 다윗 왕(메시아를 의미하는 것으로 볼 수 있음)을 섬길 것이다. 그들을 두렵게 할 자들이 없어 태평과 안락을 얻을 것이다. 대적이 되었던 자들에게 보응하실 것이다. 하나님께서 백성들을 번성케 하실 것이다. 그래서 영화롭게 될 것이다. 그들 중에서 왕이 나올 것이고, 그들은 하나님의 백성이 될 것이다.

②

1. 그들의 하나님이 될 것이며, 안식을 얻게 될 것이다. 그리고 사랑과 인자함으로 인도했다. 이스라엘을 다시 세울 것이다. 만국의 머리된 자를 외쳐 전파하고 찬양하게 할 것이다. 북편 땅에서 인도하여 낼 것이다. 야곱을 속량하여 그들보다 강한 자의 손에서 구속하신다. 그들의 심령은 물 댄 동산 같고 근심이 없을 것이다. 슬픔을 돌이켜 즐거움이 있고 근심 후에 기쁨이 있을 것이다. 하나님의 은혜로 백성들이 만족해 할 것이다.

2. 지금은 고통 가운데 울지만 네 일은 갚음을 받을 것이고 대적의 땅에서 돌아올 것이다. 이스라엘은 하나님께서 사랑하는 아들이기에 긍휼히 여김을 받을 것이다. 하나님께서 그를 위하여 길표와 표목을 세우실 것이다. 방황하지 말고 돌아오라. 다시 돌아올 때에 복을 줄 것이다.

3. 하나님의 법을 그들 속에 두고 마음에 기록할 것이다. 여호와께서 그들의 하나님이 되고 그들은 하나님의 백성이 될 것이다. 하나님께서 그들의 죄악을 사하고 다시는 그 죄를 기억하지 않을 것이다. 예수 그리스도로 말미암아 우리가 죄사함의 구속을 받을 것이다. 우리의 죄를 하나님께서 다시는 기억하지 않으신다. 우리는 하나님의 백성이 된 것이다. 우리 안에 하나님이신 성령께서 내주하셔서 하나님의 말씀이 우리 심령에 자리잡고 우리를 지배하신다.

4. 때가 되면 예루살렘은 여호와를 위하여 다시 건축될 것이다. 그래서 여호와의 성지가 되어 다시는 뽑히거나 전복되지 않을 것이다. 이것을 우리에게 적용하면 예수 그리스도로 말미암아 이 땅에 도래한 하나님의 나라는 크게 번성하고 견고하다는 것이다.

③

1. 시드기야 11년에 바벨론 군대가 예루살렘을 에워쌌다. 예레미야는 유다의 멸망을 예언한 죄로 인하여 시위대 뜰에 갇혀 있었다. 예레미야는 예루살렘 성이 바벨론 왕의 손에 붙여질 것이고 시드기야는 잡혀서 바벨론으로 끌려갈 것이며 이스라엘은 바벨론과 싸워도 승리하지 못할 것이라고 예언했다.

2. 예레미야는 숙부의 아들의 밭을 기업 무를 자의 권한으로 샀다. 이것은 하나님이 선포하신 이스라엘 포로들이 자기 땅으로 귀환할 것이라는 약속이 분명하다는 것을 새롭게 인식시키기 위해서다.

3. 하나님의 공의로우신 심판에 대해서는 이해했지만 하나님께서 택하신 백성이 심판을 받아 멸망에 이르는 것은 예레미야가 견디기 어려운 슬픔이며 고통스러운 일이었다. 우리도 인간이 죄를 범하므로 하나님의 심판을 받게 되는 것을 볼 때에 하나님의 공의는 알지만 심판의 고통 가운데 들어가는 사람에 대해서는 긍휼과 연민을 갖게 된다.

4. 심판이 끝나면 다시 그들을 인도하여 회복시키실 것을 말씀하셨다. 하나님께서 다시 그들의 하나님이 되시며 그들은 하나님의 백성이 될 것임을 말씀하셨다. 그리고 새로운 언약을 세우실 것임을 말씀하셨다. 즉 하나님의 구원이 이루어질 것이라는 미래의 소망에 대해 말씀하셨다. 우리가 지금 당하는 환난은 미래의 구원을 위한 일시적인 것으로 소망 가운데 그것을 이겨 나가야 할 것이다.

예레미야

④

1. 유대인들이 가옥과 왕궁을 헐어서 갈대인들의 흉벽과 칼을 막아 싸우려고 하나 그들은 모두 죽임을 당할 것인데 이는 하나님의 심판이다.

2. 그러나 때가 되어 포로에서 돌아오면 성읍이 재건되어 열방 중에서 기쁜 이름이 될 것이다. 큰 성읍이 목자의 거할 곳이 되어 그 양 무리를 눕게 할 것이다.

3. 15절에서 다윗에게 한 의로운 가지가 나서 그가 이 땅에 공평과 정의를 실행할 것이라고 했다. 17절에서는 이스라엘 집 위에 앉을 사람이 다윗에게 영영히 끊어지지 아니할 것이라고 말했다.

4. 여호와께서는 이스라엘과 유다를 결코 버리신 것이 아니며, 그들이 다시 회복될 것이라고 말씀하신다.

제6과 예루살렘 함락에 관한 메시지
(렘 34-39장)

①

1. 시드기야는 예루살렘에 있는 모든 백성들에게 언약하고 자유를 선언했다. 히브리 남녀 노비를 놓아 자유케 하고 동족들이 종으로 삼지 못하게 했다. 그러나 방백들과 백성들이 처음에는 순복하였으나 후에 그 뜻이 변하여 다시 그들을 끌어다가 노비로 삼았다.

2. 약속을 어긴 자들에게 칼과 염병의 심판을 경고했다. 하나님의 경고를 듣고 한 번 정한 마음을 다시 바꾸어서는 안 된다. 그럴 때 더 큰 심판이 있게

된다.

②

1. 예레미야는 하나님의 말씀대로 레갑 족속에게 포도주를 마시라고 권유했다. 그러나 그들은 자기들의 선조가 명한 것을 말하며 포도주 마시기를 사양했다. 그들은 집도 짓지 않고 장막에 거처했지만 갈대아 군대가 두려워 예루살렘에 와서 거했다.

2. 레갑 족속들은 선조의 말을 순종하여 지키고 있는데 예루살렘 사람들은 하나님께서 선지자들을 통하여 말씀하신 것들을 순종하지 않는다고 책망했다. 그래서 하나님께서 그들을 심판하실 것이다.

3. 레갑의 아들 요나답에게서 하나님 앞에 설 사람이 영영히 끊어지지 아니할 것을 약속했다. 우리도 이 교훈을 깨닫고 레갑 족속처럼 살아야 할 것이다.

③

1. 바룩은 성전에 있는 백성들에게 예레미야를 통하여 하신 하나님의 말씀을 낭독했다. 또 사반의 아들 그마랴의 방에서 예레미야의 말을 낭독하여 백성들에게 들려주었다. 그리고 모든 방백들 앞에서 낭독했다.

2. 왕은 그 내용을 듣고 화롯불에 두루마리를 던져 태웠다. 왕은 그 말씀을 두려워하거나 옷을 찢지 않고 신하들의 만류를 뿌리치고 그 책을 태우고 바룩과 예레미야를 잡으라는 명령을 내렸다.

3. 여호야김에게 다윗의 위에 앉을 자가 없게 될 것이고 그의 시체는 버림을 받아 낮에는 더위, 밤에는 추위를 당하게 될 것이라고 했다. 그리고 자손과 신하들 또 유다 백성들에게 재앙이 내릴 것이라고 했다. 하나님을 두려워하지 않고 회개하지도 않아 하나님의 말씀을 무시하는 죄를 범하지 말아야 한다.

예레미야

④

1. 도움을 주러 왔던 바로의 군대는 애굽으로 돌아가겠고 갈대아인들이 다시 와서 이 성을 쳐서 불사를 것이다.

2. 베냐민 땅으로 가려고 예루살렘을 떠나는 예레미야는 갈대아인에게 항복하려는 것으로 오인 받고 잡혀서 매를 맞고 토굴에 갇히게 되었다.

3. 여호와의 말씀이 있는지를 듣기 위해서다. 예레미야는 왕이 바벨론 왕의 손에 붙임을 당할 것을 말하고 자신을 서기관 요나단의 집에 보내지 말 것을 요청했다.

4. 왕의 환관 구스인 에벳멜렉의 간청을 받아들인 왕이 예레미야를 구덩이에서 구해내라고 명령하여 구출받게 되었다.

5. 예레미야는 시드기야 왕에게 바벨론 왕에게 항복하면 살 수 있지만 그렇지 않으면 죽을 것이라고 말했다. 시드기야는 바벨론에게 항복하면 갈대아인들에게 항복한 유대인들에 손에 붙임을 당해 그들이 자신을 조롱할 것을 두려워했다. 예레미야는 그렇게 되지 않을 것을 말하면서 항복할 것을 권유했다.

⑤

1. 성이 에워싸임을 당한 지 1년 반 만에 함락되었다. 유다 왕 시드기야 등은 도망 중에 잡혀 바벨론 왕 앞에서 심문을 당했다. 시드기야 목전에서 그의 아들들은 살해당했다. 시드기야는 눈이 뽑히고 사슬에 결박되었다.

2. 예레미야는 석방되어 집으로 돌아가 백성들 중에 거하게 되었다.

3. 구스인 에벳멜렉에게 예루살렘 성의 함락이 그의 목전에서 일어날 것이고 그는 구원을 받는데 그것은 그가 하나님을 신뢰하기 때문이라고 했다. 하

하나님께서는 자신을 신뢰하고 의를 행하는 자는 아무리 연약할지라도 잊지 않으시고 돌보신다. 하나님께서는 신실하시다.

제7과 예루살렘의 함락 후에 예레미야의 사역 (렘 40-45장)

①
1. 느부사라단은 예레미야의 사슬을 풀어주고 바벨론으로 가든지 이 땅에 남아 있든지 본인이 원하는 것을 선택하도록 자유를 주었다.

2. 그다랴는 남아 있는 백성들에게 갈대아인과 바벨론 왕을 섬기면서 이 땅에 거하라고 했다.

3. 이스마엘이 열 사람과 함께 미스바에서 떡을 먹다가 일어나서 그다랴를 칼로 쳐죽였다. 그리고 이스마엘은 그다랴에 속한 사람들도 모두 죽였다. 그런 후에 미스바에 남아 있던 백성들을 사로잡아 암몬 자손에게 가려고 떠났다. 요하난과 모든 군대 장관이 이 일을 듣고 기브온 큰 물가까지 추격하여 사로잡힌 백성들을 구출했다. 이스마엘은 요하난을 피하여 암몬 자손에게로 갔다. 요하난과 군대 장관은 그다랴가 죽은 것에 대하여 바벨론 왕을 두려워하여 애굽으로 떠나려고 했다.

②
1. 백성들은 예레미야에게 자신들의 처지를 하소연하면서 하나님께서 자신들의 갈 길을 알려주시기를 부탁했다. 절대 절명의 순간에서 겸비한 마음을 가지고 하나님께 매달렸다. 우리가 사방으로 우겨쌈을 당하고 갈 길을 모를 때 마음을 겸비하고 애타는 심령으로 하나님께 나아와 행할 길을 알려

주시기를 간구해야 한다.

2. 이 땅에 계속 남아 머무를 것을 말씀하셨다. 그들에게 바벨론 왕을 두려워하지 말라고 하셨다. 하나님께서 그들을 긍휼히 여기시고 지키실 것임을 말씀하셨다. 그러나 이 말씀을 거역하고 애굽으로 가면 잘못되어 칼이 뒤따르고 칼과 염병에 거기서 죽을 것이다. 가증함과 놀람과 치욕거리가 되어 다시는 이 땅을 보지 못할 것이다.

③

1. 예레미야에게 거짓을 말한다고 하면서 하나님께서 그렇게 말하지 않았을 것이라고 했다. 예레미야가 자기들을 갈대아인들에게 붙여 죽이려고 하는 것이라고 했다. 결국 그들은 하나님의 말씀을 청종하지 않고 애굽으로 내려가게 되었다. 사람들은 자신의 행보를 이미 계획해놓고 그것을 하나님께 여쭈어보며 그 계획을 합리화하고 정당화한다. 진정으로 하나님의 뜻이 자신들의 계획과 다르게 나타날 때는 거역한다. 하나님의 뜻을 물어볼 때는 자신에게 아무런 계획이 없고 하나님의 뜻에 무조건 따르려는 순종의 자세가 있어야 한다.

2. 느부갓네살이 애굽을 치러올 것임을 예언했다. 그래서 느부갓네살이 애굽을 정복할 것이라고 했다.

④

1. 너희들은 예루살렘의 멸망을 목도했다. 그것은 너희들의 불순종에 대한 하나님의 심판이었다. 그런데도 너희는 애굽 땅에서 다른 신들에게 분향하며 섬겨서 끊어버림을 당하여 세계 열방들에게 저주와 모욕거리가 되려고 하는가? 너희가 오늘까지 겸비치 아니하며 두려워하지 아니하고 하나님의 법과 율례를 준행하지 않는다. 그러므로 하나님께서는 너희를 심판하실 것이다. 애굽 땅으로 간 자들은 예루살렘에서 멸망한 것 같이 멸망 받을 것이다. 바로 얼마 전에 일어난 일을 보고도 교훈을 얻지 못하는 어리석은 사람들

은 결국 멸망하게 된다. 지난 일에 대한 교훈을 통해 다시는 같은 일을 반복하지 않아야 한다.

2. 백성들은 과거 우상들에게 제물을 드릴 때는 재앙이 없었으나 그것을 끊은 후에 재앙을 받았다고 하면서 예레미야의 말을 듣지 않았다. 한번 우상 숭배의 죄에 빠지면 거기서 헤어 나오기가 매우 어렵다. 기복적인 맹신에 빠져 하나님의 말씀에서 멀어진다.

3. 바로 우상 숭배와 하나님의 말씀을 거역했기 때문에 하나님께서 너희를 심판하신 것이다. 하나님께서는 애굽 땅에 있는 모든 유대인들을 칼과 기근에 멸절되게 하실 것이라고 하셨다. 그리고 그것을 피한 소수의 사람들만 유다 땅으로 돌아올 것이다.

⑤

1. 바룩은 하나님께서 자신의 고통에다 슬픔을 더하셨기 때문에 슬픔에 빠졌다고 했다. 그래서 바룩은 탄식 가운데 피곤하고 평안하지 못한 상태에 있었다.

2. 하나님께서는 세운 것을 헐기도 하시고 심은 것을 뽑기도 하시는 분으로 바룩 한 사람을 위하여 대사를 경영하시는 것은 아니다. 모든 육체에 재앙을 내리지만 바룩의 생명은 지켜주실 것이다. 국가적, 민족적 그리고 인류적 난국에 처해 있을 때 일신의 안일과 평안함을 바라고 그렇지 못할 때 고통을 느끼고 슬퍼하는 것은 잘못된 것이다. 그러나 그 가운데서도 하나님께서는 그의 자녀들을 보호하시고 인도하신다.

제8과 열방에 관한 예언(렘 46-52장)

①

1. 애굽 왕 바로느고의 군대는 바벨론 왕 느부갓네살에게 패할 것이다.

2. 믹돌, 놉, 다바네스 등 애굽의 중요한 도시들이 칼에 멸망할 것이다. 고용군들은 도주할 것이다. 애굽은 바벨론에 의하여 멸망하여 수치를 당할 것이다.

3. 하나님께서 그의 백성을 원방에서 구원하며 포로된 땅에서 구원하실 것이다. 그들은 돌아와서 평안히, 정온히 거할 것이다. 열방은 다 멸하여도 그들은 아주 다 멸하지 않을 것이다. 하나님께서는 그의 백성들을 견책하실 것이다.

②

1. 물이 북방에서 일어나 창일하는 시내를 이루어 그 땅과 땅의 있는 것들을 엄몰시킬 것이다. 여호와께서 블레셋을 심판하여 진멸하실 것이다.

2. 모압도 파멸하는 자에 의하여 멸망할 것이다.

3. 모압은 그들의 신 그모스로 인하여 수치를 당하게 될 것이다. 산당에서 제사하며 신들에게 분향했기 때문이다. 모압은 여호와를 거슬려 자만에 빠졌기 때문이다. 교만과 자고와 오만과 자긍과 마음의 거만에 빠졌다.

③

1. 랍바(암몬의 수도)는 거친 무더기가 되고 촌락들은 불에 탈 것이다. 그러나 후에 포로에서 돌아오게 할 것이다.

2. 에돔은 발가벗겨져 모든 것이 드러날 것이다. 높은 곳 바위 틈에 있는 촌락

들이 정복당할 것이다. 그들의 교만이 꺾일 것이다. 하나님께서는 교만한 자를 미워하신다. 교만은 패망의 선봉이라는 말씀을 기억해야 할 것이다. 교만하여 하나님을 대적하는 자들은 결국 자신의 벌거벗음이 드러나고 수치를 당할 것이다.

3. 다메섹 성벽은 불에 타고 벤하닷 궁전은 사라질 것이다. 그 날에 청년들은 거리에 엎드려지고 군사들은 멸절될 것이다.

4. 게달 역시 바벨론 왕 느부갓네살에게 침략을 받아 멸망할 것이다. 그래서 시랑의 거처가 되어 영원히 황무하여 거민이 없게 될 것이다.

5. 엘람은 침략을 받아 사방으로 흩어지게 될 것이다. 왕과 족장들은 멸망당할 것이다. 그러나 끝날에는 그 포로들을 돌아오게 할 것이다.

④
1. 바벨론은 북방에서 일어난 한 나라(페르시아)에게 멸망을 당할 것이다. 바벨론은 약탈을 당하며 거민이 없는 황무지가 될 것이다. 앗수르 왕을 벌한 것처럼 하나님께서 바벨론 왕을 벌할 것이다. 그 때 이스라엘과 유다 자손은 자기 땅으로 돌아올 것이다.

2. 바벨론은 열방 중에서 황무지가 될 것이다. 청년들은 길거리에 엎드려지고 군인들은 멸절될 것이다. 성읍들은 불태워질 것이다. 칼이 그들과 그들 중에 있는 잡족들에게 임할 것이다. 가뭄이 물 위에 임하여 땅을 말릴 것이다. 사막의 들짐승들이 시랑과 함께 그곳에 거할 것이다.

3. 이스라엘과 유다는 하나님을 거역하여 죄과가 크지만 하나님께서는 버리지는 않으셨다. 그러나 바벨론은 온 세계로 취하게 하는 금잔과 같은 나라로 하나님께서는 바벨론을 멸하시기로 뜻을 정하셨다.

예레미야

4. 여호와께서는 권능으로 세계를 창조하셨다. 그리고 그의 말씀으로 자연의 모든 현상들을 운행하신다. 하나님은 만물의 조성자요 이스라엘은 그 산업의 지파다. 예레미야는 여호와의 능력을 세계를 창조하신 것을 예로 들어 설명했다.

5. 바벨론은 열방들을 침략하여 많은 사람들을 살육하고 악행을 저질렀다. 또한 하나님의 택하신 백성 이스라엘을 멸망시키고 그 백성들의 피를 흘렸다. 그리고 바벨론은 우상과 신상들을 조각하고 그것을 섬겼다. 바벨론은 다시 일어나지 못할 것이다.

⑤

1. 시드기야 왕이 바벨론을 배반했기 때문에 느부갓네살이 예루살렘을 침공하여 성의 사방에 흙벽을 쌓고 일년 반 동안 봉쇄했다. 성은 기근에 시달려 먹을 것이 동이 났다. 결국 성벽은 무너지고 시드기야 왕은 도주하다가 붙잡혀 두 눈이 빠진 채 쇠사슬에 결박당해 바벨론으로 끌려갔다. 그의 아들들과 방백들은 시드기야의 목전에서 모두 살해당했다. 왕궁과 성전과 모든 집들은 불태워졌다. 대부분의 백성들은 사로잡혀가고 빈천한 백성들만 남겨져 포도원을 다스리는 자와 농부가 되었다.

하나님께서 택한 백성 그리고 하나님께서 주신 약속의 땅이라도 그들이 하나님을 배반하고 악행할 때, 그리고 하나님의 거듭되는 경고를 무시하고 회개하지 않을 때 하나님께서는 엄중한 심판을 행하신다는 사실이다. 우리가 하나님의 백성과 자녀일지라도 하나님의 뜻을 버리고 우리 마음대로 살 때 하나님께서는 우리와 우리의 기업들을 심판하실 것이다.

2. 성전의 두 놋기둥과 받침, 놋바다를 깨뜨려 놋을 가져갔다. 가마들, 부삽들, 불집게들, 주발들, 숟가락들, 놋그릇들을 모두 가져갔다. 잔들, 화로들, 주발들, 솥들, 촛대들, 숟가락들, 바리들, 금과 은물들을 가져갔다.

3. 시위대 장관이 대제사장, 부제사장, 전 문지기 세 사람을 잡아서 바벨론 왕에게 나아가니 왕이 그들을 쳐죽였다.

4. 느부갓네살 7년에 3023명, 18년에 830명, 23년에 745명으로 총 4600명이다.

5. 바벨론 왕 에윌므로닥(느부갓네살 2세의 아들)은 즉위 원년에 포로가 된지 37년이 된 여호야긴을 석방하고 다른 노예 국왕들보다 선대하여 상석에 두고 우대했다. 패망한 나라의 국왕으로서, 아니 하나님의 택하신 나라의 왕으로서, 적국에 잡혀와 포로가 되어 오랫동안 옥에 있었고 또 석방되어 상대적으로 우대를 받았지만 여전히 포로의 신세인 것은 너무나 비참한 모습이다. 그 모두가 하나님의 뜻을 버리고, 우상 숭배와 악행을 범한 죄에 대한 심판의 결과다.

제1과 예레미야를 통해 표현된 하나님의 슬픔
(애 1-5장)

1

1. 선지자는 밤새도록 애곡하여 눈물이 선지자의 뺨에 흘렀다.

2. 백성들은 선지자의 탄식을 들었으나 위로하는 자가 없었다. 선지자의 원수들은 선지자의 재앙을 듣고 기뻐했다.

2

1. 시온을 구름으로 덮은 것처럼, 하늘에서 땅으로 던진 것처럼, 야곱의 모든 거처를 삼킨 것처럼, 유다의 견고한 성을 헐어 땅에 엎으시고, 이스라엘의 모든 뿔을 자르셨다. 성막을 동산의 초막처럼 헐어버리고 공회 처소를 훼파했다. 어린 자녀들과 젖먹이들이 길거리에서 혼미하여 혼이 떠날 때와 같았다. 원수들이 보고 이를 갈며 비소했다.

2. 여호와께 감찰하시기를 간구했다. 자신들이 당하는 참담한 상황을 아뢰며 하나님께 어찌하여 이런 일들이 일어나는가를 호소했다. 여호와의 진노 중에 남은 자가 없음을 아뢰었다. 인간은 자신들이 저지른 죄악으로 인하여 하나님으로부터 심판을 받게 된다. 그 때 인간들은 자신의 죄를 뉘우치고 회개하기보다는 먼저 자신이 당한 고난과 고통 속에서 하나님께 부르짖게 된다. 어째서 이런 일이 일어날 수 있느냐고 항의성 호소를 한다. 그것이 인간의 모습이다.

3

1. 은총의 하나님께서 심판의 하나님이 되셔서 하나님의 백성들을 심판하셨다. 하나님을 배반함으로 받는 심판은 기근, 살육, 황폐함 등으로 소망은 없고 절망과 고통이었다.

2. 그 가운데서 하나님의 자비와 긍휼로 진멸되지 않을 것이라는 소망을 주셨다. 여호와는 기다리는 자나 구하는 영혼에게 선을 베푸신다. 여호와께서는 그들의 기업이 되신다. 하나님의 징계는 사람을 망하게 하기 위함이 아니라 사람을 세우기 위함이다.

3. 자기들의 행위를 성찰해보고 여호와께 돌아가자고 하소연한다. 하나님의 엄위한 심판을 직시한다. 그리고 여호와께서 백성들이 돌아오기를 기다리신다고 하소연한다. 하나님께서 자기의 탄식과 부르짖음을 들으시기를 호소한다. 자신의 대적들에게 하나님께서 보수하시고, 그들을 멸하시기를 구한다. 우리는 우리의 잘못이나 죄로 인하여 하나님께 경책을 당할 때 먼저 우리 자신의 모습을 성찰해야 한다. 그리고 성찰을 통하여 하나님께 나아가 회개하고 그의 자비하심을 구해야 한다. 또한 하나님께서 주시는 징계를 받아야 한다. 그리고 우리를 참소하는 대적들을 하나님께서 처리해 주실 것을 간구해야 한다.

④

1. 빛을 발하던 정금이 빛을 잃은 것으로, 정금과 같은 시온의 아들들이 토기장이가 만든 질항아리로, 진수로 먹던 자가 거리의 외로운 자로, 붉은 옷을 입던 자가 거름더미를 안은 자로, 눈보다 깨끗하고 젖보다 희고 산호보다 붉고 그 윤택함이 마광한 청옥과 같던 자가 숯보다 더 검은 얼굴 같고 가죽이 뼈에 붙어 막대기 같이 마른 자로 대비했다.

2. 선지자들과 제사장들의 죄악을 인함인데 그들은 성읍 중에서 의인의 피를 흘렸다.

3. 자신을 구원하지 못할 나라를 바라보았다. 끝이 가깝고, 날이 다하였으며, 마지막이 이르렀다. 강한 자에게 쫓기는 신세가 되었고 함정에 빠졌다.

예레미야애가

⑤

1. 선지자의 아픔은 자기 백성들이 당한 일들과 수욕이다. 기업과 집이 외인에게 돌아갔다. 아비 없는 자식, 쫓기는 자로 곤비하여 쉴 수 없다. 열조들은 범죄하여 없어졌고 자손들은 그 죄를 담당한다. 주림의 열기로 피부가 아궁이처럼 검게 되었다. 마음에 희락이 그쳤고 무도가 변하여 애통이 되었다. 마음이 피곤하고 눈이 어두우며 시온산이 황무하다.

2. 자기들이 주께로 돌아가면 여호와께서 자기들의 날을 다시 새롭게 하사 옛적과 같게 하실 것이라는 희망을 갖고 있었다.

Lamentations

제1과 에스겔의 소명과 하나님의 영광(겔 1-3장)

①

1. 여호야긴 왕이 사로잡힌 지 5년 되던 해(B.C. 592년경)에 부시의 아들인 제사장 에스겔은 갈대아 땅 그발 강가에서 하늘이 열리고 하나님의 이상을 보며, 여호와의 말씀을 받았다.

2. 네 생물의 형상을 보고 그 형상 위에 있는 궁창과 궁창 위의 보좌의 형상이 있고 보좌 위에 사람의 모양과 같은 형상을 보았다. 그곳에서 무지개와 같은 광채를 통하여 여호와의 영광의 형상의 모양을 이상으로 보았다.

3. 에스겔은 하나님의 영광을 보고 곧 엎드리어 말씀하시는 분의 음성을 들었다. 하나님의 영광이 나타날 때 인간은 자신의 부족함을 성찰하고 하나님 앞에서 자신을 낮추게 된다. 하나님의 주권을 전적으로 인정하고 하나님의 말씀을 들을 준비를 하게 된다.

②

1. 여호와께서 하나님을 배역한 이스라엘 백성에게 에스겔을 보내신다고 말씀하셨다. 에스겔에게 그들을 두려워하지 말고 그들이 듣든지 아니 듣든지 하나님의 말씀을 전하라고 하셨다.

2. 하나님께서 주신 애가와 애곡과 재앙의 말이 기록된 두루마리를 받아 먹어야 했다. 이것은 우리가 이 세상에 전할 하나님의 말씀을 마음 판에 기억하는 것을 의미한다. 하나님의 사역자가 말씀으로 무장됨을 의미한다.

3. 우리가 전해야 하는 복음도 사람들이 듣기 좋아하는 기복적인 것보다는 인간의 죄와 그 죄를 회개하는 것이 우선이다. 그리고 하나님의 메시지는 이 사회의 불의에 대한 책망이며 그에 대한 심판이다. 따라서 이 메시지는 우리가 반드시 사람들에게 전해야 할 내용이다.

③
1. 에스겔은 말씀대로 입을 벌리고 두루마리를 먹었다. 그것은 꿀과 같이 달았다. 우리에게 하나님의 말씀이 주어질 때 그 말씀에 즉각적으로 또 절대적으로 순종해야 한다.

2. 이스라엘 족속에게 가서 하나님의 말씀을 전하라고 했다. 이스라엘 족속은 이마가 굳고 마음이 강퍅하여 말을 듣지 않을 것이다. 그러나 그들을 두려워하지 말아라. 그들이 듣든지 아니 듣든지 여호와의 말씀을 전하라고 했다. 오늘날 사람들의 마음도 굳고 강퍅한 것은 마찬가지다. 우리도 사람을 두려워하지 말고 하나님의 말씀을 최선을 다하여 전해야 할 것이다.

3. 먼저 하나님의 영광을 보고 하나님의 종으로서의 자세를 분명히 해야 한다. 사람들에게 전해야 할 메시지를 분명히 알아야 한다. 하나님께서 주시는 능력을 덧입어서 사람들에 대한 두려움을 극복해야 한다.

④
1. 주의 신이 그를 들어올리는 경험을 했다. 그리고 여호와의 권능에 힘있게 감동 받았다. 그발 강가에 가서 사로잡힌 자들에게 나아가 압도당한 채 7일을 보냈다. 7일을 보냈다는 것은 애곡을 위한 기간이거나 거룩한 날을 위하여 준비하는 기간이므로 하나님께서 에스겔을 거룩하게 준비시키셨을 것이다.

2. 악인에게 일러서 악한 길을 떠나 생명을 구원케 하지 않으면 악인은 죄악 중에서 죽지만 하나님은 그 피 값을 메시지를 전하지 않은 사람에게서 찾으실 것이다. 메시지를 전했는데도 받지 않으면 그는 죄악 중에서 죽지만 메시지를 전한 사람은 생명을 보존할 것이다. 우리가 하나님의 말씀을 전하는 일에는 영적인 부담감이 함께 부과된 것이다. 우리가 하나님의 말씀을 전하지 않으면 하나님께서 멸망당하는 자들의 피 값을 우리에게서 찾으실 것이다. 우리는 사람들이 하나님의 말씀을 받든지 아니 받든지 관계없

이 전해야 할 것이다.

3. 이스라엘의 패역이 정점에 달했기 때문에 이 패역한 백성에게 말씀하시기를 중단하신 것이다. 하나님께서 판단하셔서 때가 되면 하나님께서 에스겔에게 말씀을 전하게 하실 것이다. 지상 명령은 예수님께서 제자들을 훈련시키고 승천하기 직전에 때가 되어 제자들에게 소명을 주신 것이다. 하나님의 때에 사역자들을 보내시는 것에 유사점이 있다.

제2과 예루살렘의 멸망과 예루살렘의 범죄
(겔 4-11장)

1

1. 박석 위에다 예루살렘을 그리고, 그 주위에 운제를 세우고 토둔을 쌓고 진을 치며 공성퇴를 둘러 세우고 전철로 철성을 삼아 성을 에워싸는 것처럼 하라. 예루살렘이 바벨론의 느부갓네살에게 포위되는 것을 상징하는 것이다.

2. 좌편으로 390일을 눕고 40일을 우편으로 누워 이스라엘의 죄악의 날수대로 담당하라. 1일이 1년을 의미한다.

3. 밀, 보리, 콩, 팥, 조, 귀리를 떡처럼 만들어 인분에 구워서 모로 눕는 날 수 390일에 먹는 것으로 이스라엘이 포로로 잡혀가 이와 같이 부정한 떡을 먹을 것을 의미한다.

4. 삭도로 머리털과 수염을 밀어 삼분의 일은 성읍 안에서 불사르고, 삼분의 일은 성읍 사방에서 칼로 치고, 삼분의 일은 바람에 흩는 것이다. 이스라엘

이 이방인보다도 더 악하게 죄를 지었기에 삼분의 일은 온역으로 죽으며 기근으로 멸망할 것이요, 삼분의 일은 사방에서 칼에 엎드러질 것이고, 삼분의 일은 사방에서 흩어질 것이다. 하나님의 백성일지라도 범죄가 중하면 이방인 앞에서 심판을 받게 된다.

②

1. 산당과 제단을 세워 태양상 등 우상 숭배를 음란하게 한 것과 가증한 악을 행한 것이 이스라엘의 죄다.

2. 칼로 산당을 멸하고 제단이 황무하며 태양상이 훼파될 것이고 이스라엘 자손의 시체들을 우상 앞에 두며, 살육을 당할 것이다. 칼과 기근과 온역에 망할 것이다. 남은 자는 이방에게 사로잡혀 갈 것이다.

3. 하나님께서 손뼉을 치고 발을 구르며 이스라엘이 죄 때문에 망할 것이라고 말하라고 했다. 그리고 그들은 하나님께서 여호와이신 줄 알게 될 것이라고 했다.

4. 행위를 국문하여 긍휼히 여기지 아니하고, 모든 가증한 일을 보응할 것이다.

5. 칼, 온역, 기근에 죽고 도망하는 일이 일어날 것이다. 자기 죄악 때문에 슬피 울고 두려움에 덮이며 수치를 당할 것이다. 그들의 화려한 장식의 교만과 가증한 우상과 미운 물건을 외인의 손에 붙일 것이다. 하나님의 집이 강포한 자들에게 더럽힘을 당할 것이다. 제사장에게는 율법이 없어지고 장로들에게는 모략이 없어질 것이다. 심판을 통하여 그들이 하나님이 여호와이심을 알게 될 것이다.

우리가 하나님을 떠나 교만하고 우상을 숭배하며 죄를 지으면 하나님의 엄중한 심판이 있을 것이다. 하나님께서는 죄에 대하여 철저하게 심판하고 책임을 물으신다.

③

1. 불같은 형상을 보았는데, 허리 이하는 불같고 허리 이상은 광채가 나서 단 쇠 같았다. 그가 손 같은 것을 펴서 에스겔의 머리털 한 모숨을 잡아 들어올려 예루살렘 북향 문으로 데리고 갔다. 에스겔은 거기서 전에 들에서 보았던 것과 같은 하나님의 영광을 보았다.

2. 북향 문에 우상을 세워 가증하고 악한 일을 행했다. 여인들은 우상 담무스를 위하여 애곡했다. 여호와의 전에서 동방 태양에게 경배했다. 나뭇가지를 그 코에 두었다(태양신에게 제사를 지낼 때 왼손에 향기 나는 나뭇가지를 잡는 일).

3. 이스라엘의 죄에 대하여 탄식하는 자들을 제외하고 나머지 모든 사람들을 멸하라고 했다. 그들의 죄가 중하여 하나님께서 긍휼을 베풀지 않고 행위대로 갚으실 것이다. 하나님께서는 심판 중에서도 의인들을 찾아 보호하고 구원하신다.

4. 성소에서 시작했다. 이것은 성소가 하나님의 전으로 하나님께 가장 가까이 나가서 섬기는 장소이기 때문일 것이다. 오늘날 하나님의 심판이 임한다면 먼저 하나님의 백성들의 죄와 허물에 대한 것일 것이다.

5. 성전 문지방에 임했던 여호와의 영광은 그곳을 떠나서 그룹들 위에 머무르고 그룹들은 땅에서 올라가 성전으로 들어가는 동문 위에 머물렀다.

6. 스물 다섯 방백은 하나님의 심판이 없을 것이고 예루살렘이 자신들을 보호하는 성이 될 것이라고 말했다. 하나님께서는 결코 그렇게 되지 않고 그들 모두가 이방인들의 칼에 의하여 멸망할 것이라고 하셨다.

우리를 보호하고 구원하실 분은 오직 하나님밖에 없다. 그 외에 우리가 의지하는 것들은 결코 우리를 지켜주지 못한다. 하나님께 회개하고 돌아가야 한다. 그렇지 않으면 하나님께서는 우리가 의지하는 것들을 제해버리시고 우리를 심판하실 것이다.

7. 하나님의 백성들이 심판을 받고 잡혀간 곳에서 하나님께서 잠시 성소가 되실 것이다. 거기서 그들이 섬기던 우상들과 미운 것들을 제해버려 정화시키고 때가 되면 그들을 다시 돌아오게 하실 것이다. 그리고 그들에게 새로운 신을 주고 일치된 마음을 주며 하나님께서는 그들의 하나님이 되고 그들은 하나님의 백성이 될 것이다. 이스라엘은 이미 포로에서 돌아왔고 또 예수 그리스도로 말미암아 교회가 세워지고 성령께서 강림하셔서 하나님의 백성들이 탄생했다.

제3과 예루살렘의 멸망에 관한 예언(겔 12-24장)

①

1. 이스라엘 백성의 목전에서 행구(가재 용품)를 준비하고 낮에 옮겨 놓고 저물 때에 성벽을 뚫고 어깨에 메고 나가는 일과 떨면서 식물을 먹고 근심하면서 물을 마시는 일 등이다. 예루살렘이 멸망당하여 왕과 백성들이 포로로 잡혀가고 그 성읍들이 황폐하고 땅은 황무해질 것이다(1-20). 이 심판은 가까운 장래에, 그들의 생전에 있을 것이다(21-28).

2. 자기 마음대로 예언하는 우매한 예언자들, 그래서 유다 백성들을 잘못된 길로 인도한 거짓 예언자들을 멸망케 하여 이스라엘에서 끊어지게 할 것이다. 오늘날에도 하나님의 이름으로 말하나 하나님의 계시나 말씀에 근거한 것이 아니고 자기 생각과 사상을 말하는 사람들이 있다. 그래서 사람들을

잘못된 길로 인도하는 사람들이 있다. 하나님께서는 이러한 사람들을 심판하실 것이다. 우리도 우리의 생각을 하나님의 권위로 포장하여 말하는 것에 경각심을 가져야 할 것이다.

3. 그들의 우상의 많은 대로 응답할 것이다. 그들의 마음에 먹은 대로 그들을 잡을 것이다. 그들이 뉘우치지 않으면 백성 중에서 끊을 것이다. 선지자가 유혹을 받았으면 그도 백성 중에서 멸할 것이다. 선지자의 죄악과 선지자에게 묻는 죄악은 같은 것이다.

4. 칼, 기근, 사나운 짐승, 온역이다.

5. 포도나무는 열매를 맺지 못하면 그 나무는 목재나 다른 것으로 쓸 데가 없는 것이다. 땔감으로밖에 쓰일 데가 없다. 더구나 불에 살라지고 탄 후에는 더욱 쓸모가 없다. 예루살렘이 바로 이와 같다. 하나님께서 예루살렘과 그 거민을 화목처럼 대적의 손에 붙이실 것이다. 우리 역시 하나님께 붙어서 열매를 맺으며 살 때만 그 존재와 삶의 가치가 있는 것이다.

6. 예루살렘, 즉 이스라엘 백성은 원래 어떤 자격이나 볼 것이 없는 존재였다. 하나님께서 그런 그들을 거두어서 먹이시고, 입히시며, 돌보심으로 곱게 되어 황후의 지위에 나아가게 했더니, 자만해져 행음하고 음란을 행하므로 타락했다. 즉 하나님을 떠나 우상 숭배에 빠지고 악한 길로 가버린 것이다. 지아비를 버리고 외인과 사통하여 간음하는 창기가 된 것이다. 그래서 하나님께서는 이제 이스라엘의 죄를 심판하려고 하신다. 그런 후에 이스라엘이 어렸을 때 맺은 언약을 기억하며 영원한 언약을 세울 것이다.

7. 큰 독수리는 느부갓네살을 의미하고 연한 가지 끝은 무력했던 여호야긴 왕을 말하고 그 땅의 종자는 시드기야 그리고 큰 물가는 유다 왕국을 가리킨다. 털이 많은 큰 독수리는 애굽을 가리킨다. 이 비유는 유다가 바벨론을 배반하고 애굽으로 피하려고 하나 성공하지 못하고 결국 패망하여 포로로 잡

혀갈 것을 말한다. 이 비유의 메시지는 하나님의 백성이 하나님을 배반하고 하나님의 심판을 피하려고 인간적인 것을 의지하려고 하지만 그것이 그들을 구원하지 못할 것이라는 의미다.

8. 자기들의 죄악으로 인하여 당하는 심판을 조상의 탓으로 돌려서는 안 된다. 아버지나 아들이나 그들의 영혼은 각자가 하나님께 속한 독립적인 것이다. 아들은 아비의 죄악을, 아비는 아들의 죄악을 담당하지 않을 것이다. 의인의 의도 악인의 악도 자기에게로 돌아갈 것이다. 그리고 악인이 그 악에서 떠나서 의를 행하면 그 영혼은 보존될 것이다.

9. 어미 암사자는 유다 왕국을, 새끼 하나는 여호아하스 그리고 또 다른 새끼 하나는 여호야김을 가리킨다. 결국 왕이 악행 할 때 그 결과는 자기의 재앙뿐만 아니라 그 국가나 공동체의 패망까지 이어지는 것이다.

②

1. 하나님께서 이스라엘을 애굽에서 인도해내려고 하실 때에 그들은 애굽의 우상을 떠나려고 하지 않았다. 그리고 그들이 광야 생활 중에 하나님의 율례와 규례를 무시하여 안식일을 지키지 않는 죄를 범하기도 했다. 또 열조들의 우상을 사모했다. 가나안 땅에 들어와서는 높은 산과 나무에 제사를 드리고 산당을 만들었다. 이방의 풍속을 좇고 악행에 빠졌다.

2. 바벨론의 3차 침공이 있을 것이다. 침략의 강도가 커서 큰 학살이 있을 것이다. 악행의 성 예루살렘은 훼파되고 거민들은 사로잡힐 것이다. 우리도 하나님의 심판에 대비하는 삶을 살아야 한다.

3. 오홀라와 오홀리바는 분열된 왕국인 이스라엘과 유다를 말하는 것이다. 이스라엘은 애굽에서 종살이 할 때부터 애굽의 우상을 섬기며 앗수르와 손을 잡기도 했지만 결국 앗수르에 의하여 멸망했고 유다는 앗수르와 동맹을 맺었으나 결국 앗수르의 속국이 되어버렸다. 이제 유다는 그 죄악으로 인하

여 바벨론에게 멸망당할 것이다.

4. 가마를 거는 것은 바벨론의 공격이 시작될 것을 비유한다. 가마의 녹은 예루살렘 백성들의 죄를 말하는 것이다. 그 녹이 벗겨지지 않는 것은 하나님의 경고에도 불구하고 회개하지 않는 예루살렘 사람들이다. 녹슨 가마에 고기와 뼈를 삶는 것은 그들에게 임한 환난이다. 나무 무더기를 크게 하는 것은 바벨론 군대가 더 보강되어 예루살렘을 공격하는 것이다. 가마 안에서 끓는 고기와 뼈와 같이 예루살렘은 살육과 파괴의 고통을 당하게 될 것이다.

제4과 열국에 대한 심판(겔 25-32장)

1

1. 암몬은 이스라엘이 심판당하는 것을 보고 좋아했다. 따라서 암몬은 정복을 당하고 그 땅은 유목민의 터가 될 것이다. 모압은 모든 이방인과 일반이라고 했다. 그러므로 그들도 동방 사람에게 붙여 정복당할 것이다. 에돔은 유다를 쳐서 원수를 갚았다. 그러므로 전 국토가 황무하게 되고 이스라엘에게 복수를 당할 것이다. 블레셋은 미움과 멸시로 원수를 갚았다. 그들에게 분노의 책벌을 내릴 것이다.

2. 하나님의 백성에게 내리는 심판을 보고 기뻐하거나 그 일에 자신들이 직접 참여하여 하나님의 백성을 치는 일이다.

2

1. 두로는 당시 해변의 도시로 무역을 통하여 부를 쌓았다. 그래서 두로는 해변의 모든 거민들의 두려움의 대상이다. 무엇보다도 두로는 자기의 부를

자랑하고 교만했으며 하나님께 도전하여 스스로 신이라 칭했다. 두로의 죄는 하나님께 도전하는 교만의 죄다.

2. 스닐의 잣나무로 판자를 만들고, 레바논의 백향목으로 돛대를 만들고 바산 상수리나무로 노를 만들며, 깃딤 섬 황양목에 상아로 꾸며 갑판을 만들고, 애굽의 수놓은 가는 베로 돛을 만들어 기를 삼았고, 엘라 섬의 청색 자색 베로 차일을 만들었다. 즉 아주 화려한 배를 만들었다. 이들은 통상으로 각종 보화가 풍부하고, 은과 철과 상납과 납을 무역했다. 제조업이 발달하여 각종 보석과 물품을 무역했다. 그래서 백성들은 풍족하고 그들의 무역으로 세상 열왕들이 부를 쌓았다.

3. 그들의 배와 사공들이 파선하여 그들의 무역품이 승객들과 함께 바다 가운데로 빠질 것이다.

4. 두로 왕은 교만하여 자신을 신이라고 칭했다. 자신의 총명으로 재물을 얻었다고 생각하며 교만했다. 풍성함이 강포해져 죄를 저질렀다. 불의한 무역을 행했으며 물질적 풍요는 사람들을 쉽게 교만하게 만들어 하나님을 잊어버리거나 도전하게 만든다. 그리고 교만한 마음을 갖게 하며 더 많은 것을 위하여 부정과 악에 쉽게 빠진다. 물질은 필요한 만큼 하나님으로부터 공급받으며 사는 것이 축복이다.

5. 두로는 종종 사단과 비교된다. 그것은 두로가 교만하여 스스로 신이라 칭하고, 교만해진 것은 사단이 타락하여 하나님께 도전하며 자신의 위를 높이려는 죄를 저질렀기 때문이다.

③

1. 시돈 가운데 하나님의 영광이 나타나 그들을 국문하고 하나님의 거룩함을 보고 그들이 하나님을 알게 될 것이다. 바로 염병과 사방으로부터 오는 칼이 그들을 칠 것이다.

2. 열방들이 심판받을 때에 흩어져 있는 이스라엘은 자기 땅으로 돌아와서 산업을 일으키며 평안히 거할 것이다.

④

1. 칼에 의하여 사람들과 짐승들이 끊어져 애굽 땅은 사막과 황무지가 될 것이다. 그래서 그들이 하나님을 알게 될 것이다. 40년이 흐른 후에 잡혀갔던 애굽인들은 고토로 돌아가게 될 것이다. 이스라엘은 다시는 애굽을 의뢰하지 않을 것이다.

2. 바벨론은 애굽을 쳐서 사람들과 물품을 옮겨갈 것이다.

3. 애굽의 동맹자들인 구스, 붓, 룻, 굽 등이 애굽의 침략을 당해 포로로 잡혀갈 때에 두려움에 휩싸일 것이고 그들과 함께 칼에 엎드러질 것이다.

4. 그들은 우상을 숭배하여 신상을 만들었다. 그리고 애굽은 교만했다. 하나님보다 더 귀하게 여기고 섬기는 것이 바로 우상 숭배다. 하나님께서는 우상 숭배자를 철저하게 심판하신다. 그리고 교만한 자를 물리치신다. 교만은 패망의 선봉이라고 말씀하셨다. 우리는 우상 숭배와 교만의 죄를 철저하게 경계해야 할 것이다.

5. 바벨론의 칼에 의하여 애굽은 멸망할 것이고, 그래서 애굽의 교만은 땅에 떨어질 것이다. 애굽 땅은 황무해질 것이다.

제5과 유다와 이스라엘의 회복(겔 33-39장)

①

1. 파수꾼은 칼이 임함을 보고 백성들에게 경계하여 자신과 백성의 생명을 보존하고 지키는 사명이 있다. 바로 하나님께서 에스겔을 유다 백성들의 파수꾼으로 삼으신 것이다. 에스겔은 유다 백성들에게 하나님의 경고를 전하는 임무를 맡은 것이다.

2. 그 소식을 들은 백성들은 다시 기업에 대한 희망을 말하지만 하나님의 율법을 어기고 우상을 숭배하며 악행에 빠진 그들에게 하나님께서는 기업을 다시 주시지 않는다. 그들의 땅은 황무지가 될 것이고 그 때에 여호와 하나님을 알게 될 것이다. 우리는 하나님께서 잘못을 징계하실 때 징계의 원인과 뜻이 무엇인지를 분변하고 회개해야 한다. 적당한 위로와 헛된 소망을 말한다면 그것은 잘못된 것이다.

②

1. 여호와의 말씀에 자기만 먹고 양을 먹이지 않는 목자들에게 양의 무리를 먹이라고 책망했다. 연약한 자, 병든 자, 상한 자, 쫓긴 자, 잃어버린 자를 돌보지 않고 강포로 다스렸다. 그들은 목자가 없어 흩어져 짐승의 밥이 되었다. 여호와께서 직접 그 양들을 돌보실 것이다. 오늘날에도 교인들을 돌보지 않고 자기의 배만 채우는 거짓 목회자들이 많다. 하나님께서 이들을 심판하실 것이다.

2. 여호와께서 친히 목자가 되실 것이다. 그 목자는 흩어진 양떼를 모으고, 건져내며, 좋은 꼴로 먹일 것이다. 양들은 이스라엘의 높은 산에서 살진 꼴을 먹을 것이다. 그 목자는 잃어버린 자를 찾을 것이며 쫓긴 자를 돌아오게 하고 상한 자를 싸매어 주며 병든 자를 강하게 할 것이다. 예수 그리스도께서 오셔서 하신 사역이 바로 이것이다. 그는 하나님으로서 이 세상에 오셔서 잃어버린 인류의 목자가 되셨다. 죄 가운데서 방황하는 사람들을 찾아 구

원하셨다.

3. 자기 양떼를 돌보시고 양과 양 사이를 심판하실 것이다. 그 목자는 양들을 먹일 것이다. 여호와는 그들의 하나님이 되시고 그들과 화평의 언약을 세울 것이다. 그들에게 복을 내릴 것이며 그들과 함께 거할 것이다.

③

1. 에돔은 이스라엘을 적대적으로 대해왔다. 출애굽 때 이스라엘의 통과를 거부한 것과 여호사밧 때 모압과 함께 유다를 침공하여 피를 흘린 것 등을 예로 들 수 있다. 또 이스라엘의 심판을 보며 즐거워하고 욕했다. 그리고 하나님을 대적하여 입으로 자랑하며 여러 가지 말을 했다. 그러므로 여호와께서 이를 보응하시는 심판을 하실 것이다. 에돔은 살육 당하고 그 땅은 황무케 될 것이다. 어쩌면 이스라엘에게 가장 가까워야 할 에돔이 가장 크게 이스라엘을 시기하고 핍박한 것처럼 우리의 삶에서도 가까운 가족이나 이웃이 우리를 핍박할지도 모른다. 하나님께서는 이 모든 것을 공의로 심판하실 것이다.

2. 이스라엘 산들은 가지를 내고 과실을 맺을 것이다. 이스라엘은 생육이 중다하고 번성할 것이다. 가축도 그러할 것이다. 이스라엘은 하나님의 백성이 되고 기업이 될 것이다. 다시는 이방에게 짓밟히거나 수욕을 당하지 않을 것이다.

3. 하나님께서는 자신의 거룩한 이름을 지키신다. 이스라엘은 열국 가운데서 하나님의 이름을 더럽혔다. 하나님께서는 열국 앞에서 자신의 이름의 거룩함을 나타내기를 원하신다. 그래서 열국이 여호와 하나님인 줄을 알게 하신다. 그것을 위하여 하나님께서 이스라엘을 흩어짐 가운데서 모으고 정결케 하여 새 영을 그들 가운데 둘 것이다. 이스라엘의 회복은 그들을 위해서라기보다는 하나님 자신의 거룩한 이름을 위해서다.

④
1. 하나님의 생기가 마른 뼈에 들어감으로 뼈들이 모이고 힘줄과 가죽으로 덮이고 다시 살아났다. 이와 같이 이스라엘과 유다도 하나님의 신으로 인하여 다시 살아나 고토로 돌아갈 것이다.

2. 막대기 하나는 유다와 그 짝 이스라엘 자손이라 쓰고 다른 막대기에는 요셉과 그 짝 이스라엘의 온 족속이라고 써서 두 막대기를 연합하여 하나가 되게 하면 둘이 하나가 될 것이다. 이러한 상징으로 유다와 이스라엘 백성들이 포로에서 다시 고토로 돌아가 하나의 나라가 될 것을 말씀하셨다.

3. 메시아가 그들의 왕이 되어 백성들의 목자가 될 것이다. 하나님의 규례와 율례를 준행할 것이다. 하나님께서 주신 땅에 거하게 될 것이다. 화평의 언약이 세워져 영원한 언약이 될 것이다. 성소가 그 가운데 세워질 것이다. 하나님의 처소가 있어 하나님은 그들의 하나님, 그들은 하나님의 백성이 될 것이다. 현재 우리가 누리는 것은 목자가 되시는 성령님께서 우리 가운데 거하시기 때문이다. 그리고 하나님의 말씀이 우리에게 있다. 우리는 그의 백성이며 그는 우리의 하나님이시다.

⑤
1. 마곡 땅에 있는 곡, 곧 로스와 메섹과 두발 왕에 대한 예언이다. 구스, 붓, 고멜, 도갈마 등의 대장이 된 그를 그들과 함께 끌어낼 것이다. 말년에 무방비 상태의 유다를 침략하여 노략할 것이다. 말일에 곡을 이끌다가 하나님의 땅을 치게 함으로 하나님의 거룩함을 나타낼 것이다.

2. 곡은 이스라엘 산 위에서 패망하여 멸망할 것이다. 이스라엘의 하몬곡의 골짜기가 그들의 매장지가 될 것이다. 하나님께서는 그의 백성의 죄악을 징계하기 위하여 다른 열국을 몽둥이로 사용하신다. 그러나 결국 그 몽둥이 역할을 한 열국의 죄악을 최종적으로 심판하고 그의 백성은 구원하신다.

3. 이스라엘은 죄 때문에 징계를 받아 포로가 된 것을 깨닫고 하나님께서 회복시켜주셔서 자기 땅으로 돌아올 것이다. 그들은 죄를 깨닫고 여호와께서 자기들의 하나님이신 줄 알게 될 것이다.

제6과 새로 탄생한 유다와 이스라엘의 영적 생활(겔 40-48장)

①

1. 출애굽을 기념하는 유월절을 준비하는 때, 그리고 가나안 입주를 시작하는 때에 에스겔의 새로운 성전에 대한 예언은 새로운 시대의 개막을 알리는 의미 깊은 일이다. 새롭게 세워질 성전의 모습들(동향한 문, 안뜰의 남문, 성소의 내부, 성전 곁의 건물들 등)을 각자가 정리해보라.

2. 여호와의 영광이 동편에서부터 온다. 하나님의 음성은 많은 물소리 같고 땅은 그 영광으로 빛난다. 여호와의 영광은 전으로 들어가 전에 가득하다. 이곳은 하나님의 처소로 이스라엘 중에 영원히 거할 곳이다. 따라서 죄인들의 시체를 거기서 제해버려야 한다. 그리고 하나님의 법을 지켜 행해야 한다. 제단을 만들고 속죄제를 드려 정결하게 해야 한다. 그 후 번제와 감사제를 드려야 한다.

②

1. 성전은 하나님께서 거하시는 거룩한 곳으로 하나님의 백성이 아닌 자들이나 거룩하지 못한 자들은 들어올 수 없다. 우상 숭배자들은 성전의 제사장 역할을 할 수 없다. 성소의 직분을 지킨 자들을 제사장으로 삼아야 한다. 백성들은 속된 것과 거룩한 것을 구별해야 한다. 하나님의 나라는 하나님께서 임재하시며 통치하시는 거룩한 곳이다. 거기는 거룩한 백성들만 거할

수 있다. 그리고 그곳에서의 직분은 하나님께서 주시는 것으로 거룩한 것이다.

2. 공평한 저울과 공평한 에바와 공평한 밧을 사용하라. 하나님께 드리는 제물은 정확하고 거룩하게 드리라. 오늘날 하나님께 드리는 예배는 하나님의 뜻대로 거룩하게 드려야 할 것이다. 안식일의 규정을 지키라. 우리는 하나님 안에서 참 안식을 누려야 한다.

③

1. 문지방 밑에서 물이 흘러 나와 동으로 흐르다가 전 우편 제단 남편으로 흘렀다. 바깥문 우편에서 물이 스며나왔다. 일천 척에서는 물이 발목에, 다시 일천 척에서는 물이 무릎에, 다시 일천 척에서는 물이 허리에, 다시 일천 척에서는 건너지 못할 강이 되었다. 강 우편에는 나무가 심히 많았다. 이 강이 흐르는 곳마다 번성하고 생물이 살며 바닷물이 다시 소성했다. 실과는 먹을 만하고 잎사귀는 약재료가 되었다. 우리 안에서 시작된 영적인 생명은 점점 성장하여 우리를 풍성한 삶으로 인도한다. 우리의 영혼과 삶뿐만 아니라 우리의 주위에 있는 많은 사람들에게도 축복이 되는 것이다.

2. 이스라엘의 모든 지파에게 땅을 분배하는 것은 가나안을 정복한 여호수아가 이스라엘 지파에게 땅을 분배하던 것을 연상케 한다. 제비를 뽑아 나누어주는데 이스라엘 가운데 거하는 외인들에게도 땅을 나누어주었다.

3. 가로 세로 이만 오천의 정사방형의 땅이 구별되었다. 가로 세로 사천 오백 척(2.3Km)의 성곽의 성읍이다. 각 지파대로 각 방향에 세 개의 출입문을 만든다. 이 성읍의 이름은 '여호와, 여기 계시다'의 뜻인 여호와 삼마다.

제1과 이미 일어난 일(단 1-6장)

다니엘

①
1. 다니엘은 왕족이나 귀족의 자손으로 흠이 없고 아름다우며 모든 재주를 통달하고 지식을 구비하며 학문에 익숙했다. 그리고 왕을 모시기 위하여 3년 동안 준비 과정에 있었다.

2. 다니엘은 뜻을 정하여 자신을 더럽히는 음식을 먹지 않기로 했다. 그리고 채식만 해도 다른 소년들과 똑같이 건강하고 아름다움을 유지했다. 그래서 감독하는 자에게 은혜와 긍휼을 얻어 자신이 원하는 음식만을 먹도록 허락받았다. 다니엘은 하나님 앞에서 정한 자기 뜻을 세상의 권력과 타협하거나 굴복하지 않았다. 그래서 긍휼과 은혜를 입었다. 우리도 신앙에 반하는 세상의 가치관과 요구에 맞서 싸우므로 타협하거나 굴복하지 말아야 한다. 그럴 때 하나님께서 길을 열어주신다.

3. 지식을 얻게 하여 모든 학문과 재주에 명철하게 하셨고 이상과 몽조를 깨달아 알게 하셨다. 그래서 왕 앞에 서서 그 지혜와 총명을 인정받게 하셨다.

②
1. 광채가 특심하고 모양이 심히 두려운 큰 신상을 보았는데 머리는 정금이요 가슴과 팔들은 은이요 배와 넓적다리는 놋이요 그 종아리는 철이요 그 발은 얼마는 철이요 얼마는 진흙이었다. 뜨인 돌이 신상의 철과 진흙의 발을 쳐서 부숴뜨리매 철과 진흙과 놋과 은과 금이 다 부서져 여름 타작 마당의 겨같이 불려 간 곳이 없었고 우상을 친 돌은 태산을 이루어 온 세계에 가득했다.

2. 느부갓네살은 금머리고 왕의 후에 왕만 못한 다른 나라가 일어나고 셋째로 놋같은 나라가 일어나서 온 세계를 다스릴 것이고 넷째는 철같이 강한 나라가 일어나 뭇나라를 부서뜨리고 빻을 것이며 발가락이 철과 흙이

섞인 것처럼 그 나라가 나누일 것이고 다른 인종과 서로 섞일 것이나 피차에 합하지 않을 것이다. 그리고 하나님께서 영원한 한 나라를 세우실 것이다.

3. 느부갓네살 왕은 엎드려 다니엘에게 절하고 예물과 향품을 주었다. 다니엘을 높여 나라를 다스리게 하고 모든 박사들의 어른으로 삼았다.

③

1. 느부갓네살이 만든 신상에 절하지 않는 자는 극렬히 타는 풀무에 던져넣겠다는 명령이 내려졌는데 다니엘이 신상에 절하지 않은 것을 갈대아 사람들이 참소했기 때문이다. 하나님을 섬기는 사람들은 이 세상에서 권세 잡은 자들에게 끊임없이 우상 숭배를 강요당하고 있다. 현재도 하나님을 믿는 신앙 때문에 목숨의 위협을 받는 사람들이 많이 있다.

2. 이들에게 다시 한번 기회가 주어졌지만 이들은 거절하면서 하나님께서 풀무불과 왕의 손에서 건져내실 것이라고 말했다. 왕의 신들에게 절하지 않겠다고 했다.

3. 느부갓네살은 이들을 일곱 배나 더 뜨거운 풀무불에 던졌다. 불이 너무 뜨거워 그들을 붙든 사람들도 그 불이 태워 죽였다. 그런데 불 가운데 던진 사람이 셋인데 불 속에는 네 사람이 다니는데 조금도 상하지 않았다. 네 번째 사람은 신의 아들처럼 보였다. 느부갓네살이 이들을 부르자 이들이 불에서 나왔다. 느부갓네살은 그들을 불 가운데서 구원한 하나님을 찬송하고 그들의 지위를 높여주었다.

④

1. 땅의 중앙에 큰 나무가 자라서 견고해지며 하늘에 닿았고 잎사귀는 아름답고 열매는 많아서 만민의 식물이 될 만하다. 들짐승이 그늘에 있고 공중의 새는 그 가지에 깃들여 식물을 얻었다. 하늘에서 순찰자, 거룩한 자가 내려

와 그 나무를 베고 가지를 찍으며 잎사귀를 떨고 그 열매를 헤치고 짐승들과 새들을 쫓아내라고 했다. 그러나 뿌리를 남겨두어 철과 놋줄로 동이고 들의 청초 가운데 있게 하라고 했다. 그래서 이슬에 젖고 땅의 풀 가운데서 짐승으로 더불어 그 분량을 같이 하여 짐승의 마음을 받아 일곱 때를 지낼 것이다.

2. 이 나무는 느부갓네살 왕이다. 바로 그의 권세가 하늘에 닿으며 땅 끝까지 미치는 것이다. 그러나 왕이 사람에게서 쫓겨나 들짐승과 함께 거하며 소처럼 풀을 먹으며 일곱 때를 지내게 될 것이다. 그루터기가 남겨진 것은 하나님께서 다스리심을 왕이 깨달은 후에 왕의 나라가 견고해질 것을 나타내는 것이다. 그러므로 왕은 간언을 받아들여 공의를 행하고 가난한 자를 긍휼히 여김으로 죄악을 속하면 왕의 평안함이 장구할 것이다.

3. 꿈대로 느부갓네살은 하나님의 영광을 나타내지 않고 교만의 정점에 이르렀을 때 이상한 병에 걸려 짐승과 같은 생활을 하게 되었다. 기한이 차서 총명이 다시 돌아오고 느부갓네살은 비로소 하나님을 찬양하고 경배하며 교만함을 회개했다. 하나님께서는 교만하여 하나님의 영광을 가리는 사람을 징계하신다. 우리는 교만을 경계해야 한다.

5

1. 벨사살은 예루살렘 성전에서 가져온 기명으로 귀인들, 왕후들, 빈궁들과 함께 술을 마시면서 금, 은, 동, 철, 목, 석으로 만든 신들을 찬양했다.

2. 손가락이 나타나 왕궁 분벽에 글을 썼다. 글의 내용은 하나님께서 느부갓네살에게 나라와 큰 권세와 영광과 위엄을 주시므로 세상이 그 앞에 엎드렸는데 왕이 교만하여 하나님께서 징치하셨다. 그가 하나님을 깨달았는데 그 아들 벨사살은 이를 다 알고도 교만하여 성전의 기명으로 술을 먹고 알지도 못하는 우상들을 찬양하고 하나님께 영광을 돌리지 않아 손가락이 글을 기록한 것이다. 그 글은 '메네 메네 데겔 우바르신'이다. 그것은 하나님

께서 이미 왕의 나라의 시대를 세어서 그것을 끝나게 하셨다는 뜻이다. 데겔은 왕이 저울에 달려서 부족함이요 베레스는 왕의 나라가 나뉘어서 메대와 바사 사람에게 줄 것이라는 뜻이다.

6

1. 총리들과 방백들이 다리오 왕을 속여 30일 동안 왕 외에 어느 신에게나 사람에게 무엇을 구하면 사자 굴에 넣는 법을 만들었다. 그리고 다니엘이 하나님께 기도하는 것을 발견하고 다리오 왕에게 고소하여 사자 굴에 넣기를 청했다.

2. 하나님께서 천사를 보내어 사자의 입을 봉함으로 다니엘을 보호하셨다. 사람들이 아무리 위협해도 하나님께서 우리를 지키시면 아무도 우리를 해할 수 없다. 하나님의 뜻을 좇는 하나님의 사람들을 하나님께서 보호하신다.

3. 다니엘을 참소한 사람들은 그들의 처자들과 함께 사자 굴에 던져져 죽임을 당했다. 하나님께서는 하나님의 사람들을 핍박한 사람들을 심판하신다.

제2과 앞으로 일어날 일(단 7-12장)

1

1. 하늘의 네 바람이 큰 바다로 몰려 불더니 큰 짐승 넷이 바다에서 나왔다. 그 네 짐승은 독수리 날개를 가진 사자 같은 짐승, 곰과 같은 짐승, 표범과 같은 짐승, 열 뿔이 있는 큰 철 이가 있는 짐승 등이다.

2. 넷째 짐승은 넷째 나라이며 열 뿔은 그 나라의 열 왕이다. 그 나라와 왕들은 하나님의 영원한 나라가 세워지기 전에 하나님께 도전하고 성도들을 핍박

할 것이다. 이에 대한 자신의 견해를 정리해보기 바란다.

3. 큰 짐승은 세상에 일어날 네 왕이다. 넷째 짐승은 땅의 넷째 나라로 천하를 삼키고 부서뜨리며 하나님을 대적하고 성도들을 핍박할 것이다. 그러나 심판이 시작되어 그 권세를 잃어버리게 되고 영원한 나라가 세워져 열국과 만민이 복종하고 섬길 것이다.

②
1. 두 뿔을 가진 수양을 보았다. 수양이 서와 북과 남을 향하여 받는데 당할 자가 없었다. 한 수염소가 서편에서 와서 수양의 두 뿔을 꺾어 대항하지 못했다. 수염소가 심히 강대해지다가 큰 뿔이 꺾이고 현저한 뿔 넷이 하늘 사방을 향하여 났다. 그 뿔 가운데 하나에서 작은 뿔이 나서 남편과 동편을 향하여 하늘 군대만큼 커져서 스스로 높아져 군대의 주재를 대적하고 제사를 제하여 버리고 성소를 헐었다. 이천 삼백 주야가 지난 후에 성소가 정결함을 입을 것이라고 거룩한 자가 말했다.

2. 정한 때의 마지막 일이다. 수양은 메대와 바사의 왕들이고, 털이 많은 수염소는 헬라왕으로 큰 뿔은 그 첫 왕이고 네 뿔은 그 나라 가운데 일어나는 네 나라다. 네 나라의 마지막 때에 한 왕이 일어나는데 그는 비상한 파괴를 행하며 강한 자들과 거룩한 백성을 멸망케 할 것이다. 만왕의 왕을 대적하나 사람의 손을 말미암지 않고 깨어질 것이다.

③.
1. 다니엘은 예레미야에게 임한 서책으로 말미암아 그 년수를 깨달았다. 다니엘은 베옷을 입고 재를 무릅쓰고 기도하며 간구하기로 결심했다.

2. 두려워할 하나님, 주를 사랑하고 그의 계명을 지키는 자에게 인자를 베푸시는 하나님께 자신들이 하나님을 거역하고 범죄하므로 심판을 받아 저주와 재앙이 내렸음을 고백했다. 그리고 자신들이 죄악을 떠나고 주의 진리

를 깨닫도록 하나님의 은총을 구하지 않은 것을 고백했으며 이제 주를 위하여 주의 얼굴 빛을 황폐한 성소에 비취시기를 간구했다. 자신들을 용서하시기를 간구했다.

3. 천사 가브리엘이 그에게로 왔다. 칠십 이레의 기한을 정해서 그 기간이 끝나면 허물이 마치고 죄가 끝날 것이고 영원한 의가 드러나고 거룩한 자가 기름 부음을 받을 것이다. 예루살렘을 중건하라는 영이 내린 때부터 일곱 이레와 육십 이레가 지나면 기름 부음을 입은 자 곧 왕이 일어날 것이다. 육십 이레 후에 기름 부음을 입은 자가 끊어지고 한 왕이 일어나 성읍과 성소를 훼파할 것이고 그 종말은 홍수에 엄몰됨 같을 것이고 전쟁으로 황폐케 될 것이다.

④

1. 세마포를 입고 우바스 정금 띠를 띠었고 몸은 황옥 같고 얼굴을 번개 빛 같고 눈은 횃불 같고 팔과 발은 빛난 놋과 같고 말소리는 무리의 소리와 같은 한 사람을 보았다. 그가 다니엘에게 두려워하지 말라고 하면서 말일에 당할 일을 깨닫게 하려고 왔다고 했다. 또 사람의 모양 같은 것 하나가 기진한 다니엘을 만지매 강건케 하여 두려워 말고 평안하라고 했다. 그가 말하기를 이제 바사군과 싸우려니와 자기가 간 후에는 헬라군이 이를 것이라고 했다. 그리고 자신을 도와 그들을 대적하는 군은 미가엘뿐이라고 말했다.

2. 바사의 세 왕은 고레스를 이은 캄비세스(B.C. 592-522) 등이고 넷째는 아하수에로로 알려진 크세르크세스(B.C. 486-405) 왕을 말한다고 한다. 장차 능력 있는 왕은 알렉산더를 가리킨다고 한다. 남방은 애굽을 가리키며 남방 왕은 프톨레마이오스 1세(B.C. 301-282)를 가리키고 북방 왕은 셀레우쿠스 2세(B.C. 246-226)을 가리킨다고 한다. 이 북방 왕과 남방 왕은 동맹을 맺었다 깨었다 하며 패권을 다투었다. 다니엘서 11장은 바벨론 이후 메대 파사와 헬라 그리고 로마 시대에 이르기까지, 즉 메시아가 오시기까지의 세계의 열왕들의 파도를 예언한 것으로 볼 수 있다.

3. 마지막 때에 큰 환난이 있을 것이다. 책에 기록된 자들은 구원을 얻을 것이다. 죽은 자들이 일어나 영생을 얻는 자도 있을 것이고 수욕을 입어 부끄러움을 입을 자도 있을 것이다. 지혜 있는 자는 궁창의 빛과 같이 빛나고 많은 사람들을 옳은 데로 돌아오게 한 자는 별과 같이 영원토록 비칠 것이다. 많은 사람들이 연단을 받아 스스로 정결케 하며 희게 할 것이나 악한 사람은 악을 행하고 아무 것도 깨닫지 못할 것이다. 지혜 있는 자는 깨달을 것이다. 적그리스도는 일천 이백 구십 일을 날뛸 것이다. 일천 삼백 삼십 오일까지 이르는 사람들은 복이 있을 것이다.

마지막 때에 환난과 어려움을 극복하고 하나님의 백성으로 빛을 발하며 하나님의 복음을 전하는 사람들은 별처럼 빛날 것이다. 예수 그리스도께서 오신 이후 우리는 종말적인 세상을 살고 있다. 하나님의 나라가 속히 완성되기를 소망하며 살아야 할 것이다.

Daniel

다니엘

제1과 결혼 상징을 통해 나타난 이스라엘에 대한 하나님의 사랑 (호 1-3장)

호세아

①

1. 하나님께서는 호세아에게 음란한 아내를 취하여 음란한 자식들을 낳으라고 하셨다.

2. 첫번째로 아들 이스르엘을 낳았다. 로루하마라고 하는 딸을 낳았는데 그 의미는 긍휼히 여김을 받지 못하는 자다. 그 다음에 아들을 낳아 로암미라고 이름을 지었는데 그 의미는 내 백성이 아니라는 뜻이다.

3. 이스라엘 자손들이 중다하게 번성하고 예전에 내 백성이 아니라고 한 곳에서 그들에게 하나님의 자녀라고 할 것이고, 이스라엘 자손이 한 두목을 세우고 그 땅에서 올라와 크게 될 것이다. 우리는 원래 타락한 죄인으로 하나님의 백성이 아니고 긍휼히 여김을 받을 자격이 없는 자들이었다. 그러나 예수 그리스도로 말미암아 긍휼을 입어 하나님의 백성이 되었다.

②

1. 하나님에게서 떠나 우상 바알을 숭배하는 이스라엘 백성들을 남편을 떠나 간부와 행음하여 음란한 자식을 난 여인에 비교했다. 그러나 그 우상이 이스라엘에게 아무 것도 해줄 수 없음을 알고 본 남편인 하나님께로 돌아가려고 했다. 우리가 하나님을 배반하고 이 세상에 빠지는 것이 바로 이런 것이다. 결국 세상은 우리에게 아무것도 해줄 수 없다.

2. 여호와께서는 그를 개유하여 거친 들로 데리고 가서 말로 위로하고 포도원을 저에게 주고 아골 골짜기를 소망으로 주며 애굽에서 올라오던 때와 같게 할 것이라고 하셨다. 여호와께서 그들을 맞아 영원히 살되 은총과 긍휼을 베푸시고 진실함으로 대할 것이다.

3. 저를 이 땅에 심고, 긍휼히 여기며, 내 백성이라 할 것이고 저희는 주는 내 하나님이라 할 것이다. 요한복음 3장 16절과 비교하면 하나님께서 사람들을 사랑하셨다는 것이다. 그래서 인간들을 멸망시키지 않으며 생명을 주셨다는 것으로 같은 메시지다.

③

1. 은 열다섯 개와 보리 한 호멜 반을 치르고 데려왔다. 이것은 일차적으로 팔려간 여인의 몸값을 치르고 데려오라는 것이다. 그 의미는 하나님을 배반하고 죄에 팔려간 이스라엘을 구원하기 위하여 죄 값을 치르는 것을 말한다.

2. 이스라엘은 하나님을 떠났다가 돌아와 여호와를 구하고 경외함으로 하나님의 은총을 향해 나아갈 것이다.

제2과 이스라엘에 대한 공소와 형벌과 회복 (호 4-14장)

①

1. 이스라엘은 진실, 인애, 하나님을 아는 지식 등이 없고 저주, 사위, 살인, 투절, 간음, 강포의 죄를 범했다. 제사장들은 지식을 버리고 율법을 잊어버렸다. 백성의 속죄 제물을 먹고 여호와 좇기를 그쳤으며 백성들은 음행과 포도주에 마음을 빼앗겼다. 음란한 마음에 미혹되어 하나님을 떠났다. 간음하듯 우상을 숭배했다.

2. 심판이 있음을 깨닫고, 살육죄를 징책할 것이다. 음란함으로 하나님을 알지 못하고 교만의 죄악으로 인하여 넘어질 것이다. 견책하는 날에 황무하

게 될 것이다. 하나님을 떠나 우상을 숭배한 것, 악행을 저지른 것, 교만한 것 등에 대한 심판을 경고하고 있다. 우리에게 있어서도 가장 중한 경고는 하나님을 떠나 우상을 숭배하고 교만한 마음을 갖고 악행하는 것에 대한 것이다.

3. 하나님과의 언약을 어기고 하나님께 패역을 행하였다. 살인하여 사악을 행했으며, 행음하였다. 선지자는 이런 패역한 이스라엘 백성에게 회개를 촉구했다. 통회하는 마음으로 하나님 앞에 나아올 때 하나님께서는 그들의 상처를 싸매주실 것이라고 했다.

4. 방백들이 술의 뜨거움을 인하여 병이 나고, 왕은 오만한 자와 악수했다. 애굽과 앗수르를 의지하여 동맹을 맺었다.

②

1. 대적이 독수리처럼 여호와의 집을 덮칠 것이다. 대적이 저희를 따를 것이다. 이삭과 열매가 맺히지 않을 것이고 맺더라도 이방에 의하여 삼킬 것이다. 고을들과 성읍들이 불에 탈 것이다.

2. 이스라엘은 죄 때문에 애굽과 앗수르에 포로로 잡혀갈 것이다. 여호와께서 저희를 떠나갈 것이며, 저희를 사랑하지 아니하여 버리사 저희는 열국 가운데 유리하는 자가 될 것이다.

3. 이스라엘은 자기들이 섬기던 우상 금송아지를 앗수르에게 조공으로 바친다. 아웬(벧엘)의 우상 숭배 산당들은 파괴된다. 결국 그들은 죄 때문에 멸망당하고 포로로 잡혀가게 된다.

③

1. 여호와께서 이스라엘을 애굽에서 나오도록 하셨고, 아브라함 때부터 그들을 택하시고, 보호해주시고 가르치시며 성장시켜주셨다. 이것은 여호와께

서 그들을 사랑하셨기 때문이다.

2. 하나님의 긍휼하심은 이스라엘을 이방 성읍에게 멸망하도록 버려두지 않으실 것이다. 진노하심을 거두실 것이다. 그들을 돌아오게 하여 제 집에 머물게 할 것이다.

3. 자기들을 구원할 수 없는 앗수르와 애굽을 의뢰했다. 가나안 사람들과 같이 이웃을 속이며 착취했다. 수송아지 등 우상을 만들고 제사를 지냈다. 우리들도 인간적인 것과 세상적인 것에 우리를 맡기고 의뢰하기가 쉽다. 이웃에 대하여 정직하게 행해야 한다. 하나님보다 더 사랑하거나 섬기는 모든 것은 우상이다. 이스라엘에게 지적한 죄들이 바로 우리가 쉽게 빠져들 수 있는 것들로 경계를 해야 할 것이다.

4. 송아지의 우상을 만들어 섬겼으며, 그들이 풍족하여 배부름으로 교만하여 하나님을 잊은 것이다. 그들은 하나님의 통치 대신 왕을 구했고 그 열왕들이 악을 행했다.

5. 하나님께서 그들의 패역을 고치고 즐거이 사랑할 것이다. 하나님께서는 이스라엘에게 이슬과 같은 존재가 되어 그들은 뿌리를 내리며 꽃을 피우고 열매를 맺을 것이다.

제1과 메뚜기 재앙과 이스라엘의 회복과 축복

요엘

①

1. 팟종이(곡식을 씹어 자를 수 있을 정도로 성장한 유충)가 남긴 것을 메뚜기가 먹고, 메뚜기가 남긴 것을 늣이 먹고, 늣이 남긴 것을 황충이 먹을 것이다. 모두가 메뚜기과에 속하는 곤충들로 이스라엘이 다른 민족들에게 침략당할 것임을 의미한다.

2. 밭에서 아무런 소출도 얻을 수 없고 포도 등 과실들도 말라 시들었다. 파종한 씨가 썩고 곡식이 시들어 창고가 비어 소나 양떼들의 꼴도 없다.

3. 그 결과 여호와의 전에서는 소제와 전제가 끊어지고 제사장들은 슬픔에 잠긴다. 식물이 없어 백성들은 굶주린다.

4. 여호와의 심판의 날이 이르러 다른 민족의 침입을 받아 불이 그들을 태우므로 그들은 피하지 못하고 땅은 황무할 것이다. 땅이 진동하며 하늘이 떨며 일월이 캄캄하며 별들이 빛을 거둘 것이다. 여호와의 날이 크고 심히 두려울 것이다. 이스라엘은 마음을 찢어 회개하고, 금식을 선포하고 부르짖으라.

5. 여호와께서는 회개하고 돌아온 백성들에게 곡식과 새 포도주와 기름을 주셔서 그들로 흡족하게 하실 것이다. 그리고 다시는 열국 중에서 욕을 당하지 않게 하실 것이다. 땅은 다시 살아나고 들짐승에게도 먹을 것이 생길 것이다. 여호와는 그들의 하나님이 되고 그들은 하나님의 백성이 될 것이다.

②

1. 하나님의 신(성령)을 만민에게 부어줄 것이다. 그래서 그들은 장래 일을 말하고, 꿈을 꾸며, 이상을 볼 것이다. 피와 불과 연기 기둥의 이적을 하늘과 땅에 베풀 것이다. 해가 어두워지고 달이 핏빛 같이 변할 것이다. 누구든지

여호와의 이름을 부르는 자는 구원을 얻을 것이다.

우리는 하나님을 믿고 구원을 받았다. 그리고 성령께서 우리 가운데 오셔서 내주하신다. 성령은 우리에게 깨달음을 주시고, 우리를 인도하신다. 우리에게는 장래에 대한 예언을 담은 하나님의 말씀이 있다.

2. 유다와 이스라엘의 사로잡힌 자를 돌아오게 할 것이다. 이것은 앗수르와 바벨론에 의하여 멸망하고 포로가 된 이스라엘 백성들이 다시 돌아온 역사적으로 이루어진 사실과 동시에 로마 제국에 의하여 멸망당하여 세계 곳곳에 흩어졌던 이스라엘 백성들이 다시 회복될 것이라는 이중적 예언으로 보아야 할 것이다.

3. 그 때에 여호와께서 만국을 국문할 것이라고 했다. 두로와 시돈과 블레셋의 자녀들은 유다 자손의 손에 팔리고 다시 멀리 스바 사람에게 팔릴 것이다. 하늘과 땅이 진동하는 심판이 있을 것이다. 애굽은 황무지가 되고, 에돔은 황무한 들이 될 것이다.

4. 판결 골짜기에 많은 사람들이 있을 것이다. 해와 달이 캄캄하며 별이 그 빛을 거둘 것이다.

5. 여호와께서 하나님의 백성들에게 피난처와 산성이 될 것이다. 이방이 다시는 그들을 침략하지 못할 것이다. 그들에게 풍성함이 있을 것이고, 그들은 영원할 것이다. 그러나 애굽은 황무지가 될 것이다. 하나님께서는 종국적으로 이 세상과 모든 사람들을 심판하실 것이다. 그리고 그의 백성들을 구원하여 천국으로 인도하시고 그렇지 않은 사람들은 심판을 받게 될 것이다.

제1과 공의를 사랑하시는 하나님(암 1-9장)

①

1. 벤하닷의 궁궐들이 불에 탈 것이다. 다메섹이 점령당하고 아람 백성들이 포로가 될 것이다.

2. 블레셋의 가사 성과 궁궐이 불탈 것이다. 아스돗, 에글론이 침략을 당하여 블레셋이 멸망할 것이다.

3. 두로성과 궁궐들도 불탈 것이다. 에돔의 도성 데만과 보스라의 궁궐도 불에 탈 것이다. 암몬의 랍바 성과 궁궐도 불탈 것이다. 왕과 방백들은 사로잡혀갈 것이다. 모압도 불타고 재판관과 방백들이 죽임을 당하여 멸망당할 것이다. 유다의 예루살렘 궁궐도 불탈 것이다.

4. 공의의 하나님께서는 개인뿐만 아니라 국가의 악행에 대해서도 때가 되면 철저하게 심판하신다. 특히 다른 나라를 침략하여 살륙하고 파괴한 것에 대하여 심판하신다. 우리는 개인적인 경건 생활뿐만 아니라 우리가 속한 국가가 잘못되지 않도록 힘쓰며 기도해야 한다. 나라가 하나님 보시기에 공의롭고 다른 나라와 함께 평화를 누리며 공존하도록 기도해야 한다. 특히 위정자들을 위하여 기도하고 백성들이 타락하거나 악행에 물들지 않기를 위하여 기도해야 할 것이다. 또한 하나님 앞에 나가도록 기도해야 할 것이다.

②

1. 하나님께서 이스라엘을 누르시므로 도망하거나 힘을 낼 수 없고 피할 수가 없다. 용사 중에 굳센 자는 그 날에 벌거벗고야 도망할 수 있다. 하나님의 택하심과 돌보심에도 불구하고 하나님을 배반하고 악행을 일삼은 이스라엘은 결국 하나님의 심판을 받게 된다. 우리도 하나님을 떠나 악행을 일삼고 그의 경고를 받고도 돌이키지 않으면 심판을 받게 될 것이다.

2. 하나님께서 특별히 선택하신 백성이기에 그들의 잘못에 대하여 징계하신
다. 그들에게 선지자를 통하여 경고했지만 돌이키지 않았다. 이스라엘은
포악과 겁탈하는 자들로 바른 일을 행할 줄 몰랐다.

3. 가난한 자와 궁핍한 자를 학대하고 압제했다. 하나님께 드리는 제사를 하
나님의 법대로 드리지 않고 자기들 마음대로 드렸다. 하나님의 공의에 따
라 거룩한 삶을 살고 예수 그리스도를 통하여 의의 제사를 드려야 한다.

4. 하나님을 찾지 않고 다른 우상들을 찾기 때문에 하나님의 마음이 아프셨
다. 그러므로 하나님께서는 이스라엘에게 하나님을 찾으라고 권고하신다.
그리고 공법과 정의를 파하고 악행하고 약자들을 핍박했기에 하나님의 마
음이 아프셨다. 그래서 하나님께서는 이스라엘에게 악행을 버리고 선행을
권고하신다.

5. 이스라엘의 지도자들은 향락에 빠졌다. 수입한 상아상과 침상에 눕고 자
며, 어린 양과 송아지 고기를 먹고, 비파에 맞춰 헛된 노래를 부르며, 포도
주를 마시고, 귀한 기름을 바르며, 허무한 것을 기뻐한다. 하나님께서는 작
은 나라에서 살면서 사치하고 향락에 젖어 사는 사람들을 대적의 손에 붙
이시고 그들을 죽이고 학대할 것이다. 우리도 분수에 맞지 않게 사치스런
생활을 하며 향락에 빠져 허무한 것을 좇아 산다면 하나님께서 심판하실
것이다. 자족한 마음으로 검소하게 살아야 할 것이다.

③

1. 황충, 타는 불꽃, 다림줄 환상이다. 앗수르의 침략을 통하여 하나님께서 이
스라엘을 심판하실 것을 예고하는 것이다. 우리 역시 잘못에 대해서 환상
을 통해 경고 받을 때가 있을 것이다. 그 때 우리는 메시지를 잘 깨닫고 경
고를 받아 우리의 잘못을 회개하고 시정해야 할 것이다.

2. 아모스는 여로보암은 칼에 죽겠고 이스라엘은 사로잡혀 그 땅을 떠날 것이

라고 예언했다. 아마샤는 아모스에게 이스라엘에 대하여 예언하지 말고 유다 땅으로 도망하라고 했다.

거짓 예언자들은 하나님으로부터 말씀을 받지 않고 또 잘못에 대한 심판의 말씀 등 직언을 하지 않는다. 참 예언자는 사람을 두려워하거나 의식하지 않고 하나님의 말씀을 담대하게 예언한다.

3. 이스라엘 백성들에게 임할 최종적인 재앙 즉 멸망에 대한 경고다.

4. 여호와께서는 그들의 악행을 잊지 않으실 것이다. 하나님께서 대낮에 해를 지게 하여 어둡게 할 것이고, 기근으로 양식과 먹을 물이 없게 될 것이다.

5. 성전 붕괴의 환상으로 하나님의 심판이 절정에 이르러 이스라엘은 어디에도 숨을 수 없으며 멸망할 것을 말한다. 그러나 희망적인 것은 그들을 완전하게 멸하지는 않을 것이고, 무너진 다윗의 천막을 일으키고 퇴락한 것을 일으켜 다시 세울 것이다. 이스라엘은 포로로부터 돌아오고, 다시 성읍을 건축하고 포도원들을 만들 것이다. 하나님께서 주신 땅에서 저희가 다시 뽑히지 않을 것이다.

하나님께서는 자기 백성을 징계하시되 아주 멸하시지는 않는다. 회복시키신다. 그것이 하나님의 사랑이며 하나님의 계획이다.

제1과 교만의 상징인 에돔의 심판(옵 1장)

①

열국 중에 미약하게 되어 멸시를 받을 것이다. 높은 곳에서 끌어내릴 것이며 모든 것이 약탈될 것이다. 동맹을 맺었던 모압과 암몬 등이 배약하여 에돔을 칠 것이다. 거민들이 살육을 당하여 멸절될 것이다.

②

이스라엘에게 포악을 행했다. 앗수르 등 열국들이 예루살렘을 침공했을 때 에돔도 함께 참여했다. 형제가 고난을 당할 때 방관했으며 기뻐했다. 그들의 재물을 약탈하고 도망하는 자들을 막고 남은 자들을 대적에게 붙였다. 우리 역시 하나님께 징계를 받아 고난을 당하는 이웃이나 형제들의 어려움을 방관하거나 어려움을 가중시키는 일을 해서는 안 될 것이다.

③

1. 열국이 행한 그대로 심판을 받을 것이다. 열국이 하나님의 백성들에게 행한 것같이 되돌려 받아 본래 없던 것 같이 될 것이다.

2. 이스라엘은 여호와께 피하여 자기 기업을 누릴 것이다. 에돔, 블레셋 등의 땅을 포함하여 가나안 땅을 다시 차지하게 될 것이다.

제1과 민족주의와 하나님의 범세계적인 사랑
(욘 1-4장)

①

1. 니느웨에 가서 그들의 악독과 심판에 대하여 외치는 것이다.

2. 요나는 여호와의 낯을 피하여 배를 타고 다시스로 가려고 했다. 우리도 하나님께서 주신 소명을 거절하고 그것을 피하여 자기 길로 갈 수 있다.

3. 요나는 여호와께로부터 니느웨에 가서 회개를 선포하라는 소명을 받았으나 이를 거역하고 다시스로 도망하기 위해 배를 탔다. 배는 폭풍을 만나 위험에 처해 표류하는데 요나는 배 밑층에 누워 깊은 잠에 빠졌다. 선장이 화의 원인을 제비뽑기로 가렸는데 요나가 그 제비에 뽑혔다. 요나는 자기 때문에 이 일이 일어났음을 고하고 자신 바다에 빠진다. 그는 하나님이 예비하신 큰 물고기의 뱃속으로 들어간다. 요나는 물고기 뱃속에서 회개하며 여호와께 돌아오는 기도를 하고 물고기는 요나를 육지에 토해낸다.

우리가 하나님께서 주신 소명을 거역하고 자기 길로 갈 때 하나님께서는 우리를 강권적으로 돌이키신다. 저항할 수 없는 강권적인 하나님의 손길을 만날 때 우리는 더 이상 거역해서는 안 된다. 불순종을 회개하고 하나님께서 주신 뜻에 순종해야 한다. 하나님께서는 그 지점에서 다시 시작하신다.

4. 여호와 하나님께 기도했다. 그 기도는 자기의 고난을 인하여 하나님께 부르짖은 것으로 자신이 하나님께 쫓겨날지라도 주의 성전을 바라보겠다는 고백과 여호와께서 자기 생명을 구하신 것에 대한 감사의 기도다. 우리가 마음대로 자기 길을 갈 때 하나님께서는 이를 강권적으로 막으시고, 우리로 하여금 성찰할 시간을 주실 때 요나와 같은 성찰과 회개 그리고 감사의 기도를 드려야 할 것이다.

②

1. 하나님께서 다시 큰 성 니느웨에 가서 하나님께서 명하신 것을 전하라는 소명을 주셨다. 요나는 하나님의 말씀에 순종하여 니느웨로 갔다. 요나는 한 번 불순종했지만 회개하고 돌아와 결국 하나님의 말씀에 순종했다. 비록 하나님의 말씀을 불순종한 경험이 있을지라도 그것을 회개하고 돌아왔다면 다시는 하나님의 말씀에 불순종하지 말아야 할 것이다.

2. 하룻길을 행하며 40일이 지나면 니느웨가 무너질 것이라고 선포다. 그래서 니느웨 백성들과 왕이 금식을 하며 여호와께 부르짖었다. 악한 길에서 떠날 것을 맹세하며 하나님께서 용서해주실 것을 간구했다. 그리고 그들이 돌이킨 것을 보신 여호와께서 재앙을 내리지 않으셨다.

우리가 죄에 빠져 하나님의 심판의 경고를 듣는다면 회개하고 악에서 돌이키고 하나님께 용서를 구해야 할 것이다.

3. 요나의 메시지를 들은 니느웨 백성들은 하나님을 믿고 금식하며 굵은 베옷을 입고 재에 앉았다. 즉 자기들의 죄악을 하나님 앞에서 회개한 것이다. 그리고 하나님께서 용서하시고 심판하지 않으시기를 기대하며 간구했다.

4. 여호와께서 니느웨의 죄악을 심판하시겠다고 하셨는데, 그들을 심판하지 않고 용서하신 것에 대하여 불평했다.

5. 요나는 성 동편에 앉아서 자기를 위하여 초막을 짓고 그늘 아래 앉아서 니느웨가 어떻게 될지 지켜보았다. 하나님께서는 박넝쿨로 그늘을 만들어 요나가 기뻐하게 하셨다가 벌레로 그 박넝쿨을 갉아 먹게 하여 그늘을 없애셨다. 죽기를 구하는 요나에게 미미한 박넝쿨을 그렇게 아꼈는데 하물며 큰 성읍 니느웨에 좌우를 분변하지 못하는 자가 십이만여 명이고 육축도 많이 있는데 하나님께서 그것을 아끼는 것이 당연하다는 사실을 일깨워주셨다.

제1과 하나님의 공의와 심판(미1-7장)

①

1. 여호와께서 그 처소에서 나와 강림하사 땅의 높은 곳을 밟으심으로 그 아래서 산들이 녹고 골짜기들이 갈라지기를 불 아래 밀 같고 쏟아지는 물 같을 것이라고 표현했다.

2. 침상에서 악을 꾀하고, 간사를 경영하며, 날이 밝으면·힘을 휘두르고, 밭과 집들을 탐닉하여 빼앗으며, 사람과 산업을 학대하고, 교만하게 행하기 때문이다.

②

1. 여호와께 부르짖을지라도 응답하지 않고 얼굴을 가릴 것이다. 선지자들은 밤을 만나 이상을 보지 못할 것이고 흑암을 만나 점을 치지 못할 것이다. 시온은 밭 같이 갊을 당하고 예루살렘은 무더기가 되며 성전의 산은 수풀의 높은 곳과 같이 될 것이다.

2. 이방인들이 여호와 앞에 나와 그 도를 들을 것이다. 율법이 시온에서부터, 여호와의 말씀이 예루살렘으로부터 나올 것이다. 하나님께서 많은 민족들을 심판하실 것이다. 하나님께서 소외된 자들을 모아 그의 백성이 되게 하실 것이다. 시온은 구원을 받고 여러 백성들을 깨뜨릴 것이다.

예수 그리스도로 말미암아 하나님의 왕국이 전 세계에 도래했다. 그래서 유대인이나 이방인을 구별하지 않고 하나님의 백성이 되었다. 바로 교회 시대다.

3. 예수 그리스도께서 유다 지파로 베들레헴에서 태어나셨다. 그리고 그로 말미암아 도래한 하나님의 나라는 이 세상 끝까지 이르렀다. 이런 사실들은 사복음서와 사도행전을 통하여 그리고 신약 전체를 통하여 볼 수 있다.

③

1. 하나님께서 자기 백성들에게 무엇을 행하셨고 무엇을 괴롭게 했는지를 질문하신다. 하나님께서는 자기 백성들을 애굽에서 구원하시고 계속해서 보호하시며 인도하셨다. 하나님께서는 제사를 원하시는 것이 아니라 공의를 행하며 인자를 사랑하며 겸손히 하나님께 행하는 것이다. 그러나 그들은 악을 행하고 인자하지 않으며 하나님께 교만했다.

2. 여호와를 우러러보며 구원하시는 하나님을 바라보면 하나님이 들으신다. 엎드러져도 일어나고 어두운 데 앉을지라도 여호와께서 빛이 되신다. 하나님께서 죄를 심판하신 후에 광명으로 인도하실 것이다. 하나님께서는 죄악을 사유하시고 허물을 넘기시고 인애를 기뻐하사 노를 항상 품지 않으신다. 우리를 긍휼히 여기사 우리의 죄악을 발로 밟으시며 모든 죄를 바다에 던지신다. 하나님께서 우리의 죄를 예수 그리스도를 통하여 심판하시고 우리를 용서하셨다. 우리를 하나님의 나라로 인도하셨다.

제1과 니느웨의 심판과 패망(나 1-3장)

①

1. 여호와께서는 자기를 거슬리는 자에게 보복하시며 자기를 대적하는 자에게 진노를 품으신다. 그는 죄인을 결코 사하시지 않으신다. 하나님께서는 자연의 바람, 구름, 바다, 강, 산 등에 재해를 내리시고 다른 민족과 국가의 침략을 통하여 그들을 심판하신다. 하나님의 심판은 엄위하시다. 오늘날에도 하나님을 거역하고 악행을 일삼는 국가나 민족들에게 자연 재해와 전쟁을 통하여 심판을 내리신다.

2. 니느웨는 완전하게 멸망하여 백성들은 멸절되고 우상들은 파괴될 것이다. 그리고 아름다운 소식을 전하고 화평을 전하는 자의 발이 산 위에 있어 유다는 회복되어 절기를 지키고 서원을 갚게 될 것이다. 하나님께서는 자기 백성의 죄를 다른 사람이나 국가를 통하여 징계하시지만 때가 되면 도구로 사용했던 사람이나 나라를 심판하시고 자기 백성을 구원하여 회복시켜주신다.

②

그 군대는 붉은 방패, 붉은 옷을 입고 병거의 철은 번쩍이며 노송나무 창은 요동을 친다. 병거는 거리를 질주하는데 빠르기가 번개 같다. 그들은 강한 군대다.

③

1. 피성이라고 표현했다. 살육당한 떼, 큰 무더기의 주검, 무수한 시체 등이 많은 사람들이 죽었음을 말한다. 그리고 니느웨는 황무해졌고 많은 사람들이 포로로 잡혀갔다. 어린 아이들은 메쳐짐을 당했으며 성은 불에 탔다.

2. 앗수르의 백성들을 추스르고 모을 사람이 없다. 앗수르 왕의 상처는 중하여 치료할 수 없다. 사람들은 그 소식을 듣고 좋아서 손뼉을 친다.

제1과 오직 의인은 믿음으로 살리라(합 1-3장)

①

1. 하박국은 자기 백성과 나라가 어찌하여 더 사악한 바벨론에 의하여 침략을 받아야 하는지에 대하여, 즉 의인이 악인에 의해 침략을 당했으므로 공의가 시행되지 않았다고 불평했다.

2. 하나님께서는 그들이 침략을 받아 예루살렘이 취함을 받고 사람들은 포로로 잡힐 것이라고 하셨다. 하나님께서는 죄에 대하여 반드시 심판하신다.

②

1. 눈이 정결하여 악과 패역을 차마 보지 못하시는 하나님께서 어찌하여 궤휼한 자를 방관하시고 악인이 자기보다 의로운 사람을 삼키는 데 잠잠하시는가? 어찌하여 주의 백성을 돌보시지 않으시는가? 바벨론이 열국을 살육함이 옳은 것인가?

2. 묵시는 정한 때가 있어 반드시 이루어진다. 바벨론은 교만하고 정직하지 못하다. '의인은 그 믿음으로 말미암아 살 것이다' 이것이 가장 핵심적인 교훈이다.

새로운 나라가 일어나서 노략자, 피 흘리고 강포를 행한 자, 여러 민족을 멸한 자, 우상을 숭배한 자 모두 바벨론에게 행한 그대로 갚아줄 것이다. 그리고 여호와의 영광을 인정하는 것이 세상을 덮을 것이다.

3. 여호와는 성전에 계시다. 그러므로 모두 잠잠해야 한다. 하나님께서는 세상에서 일어나는 일에 침묵하거나 방관하지 않으신다. 하나님께서는 세상에 관여하신다. 모든 것이 그의 공의대로 그가 정하신 때에 이루어지는 것이다. 사람들은 하나님의 뜻과 섭리를 알아야 한다. 오늘날도 이것은 마찬가지다. 하나님께서 지금 세상에서 일어나는 모든 것을 알고 또 관여하고 계신다. 우

리에게 요구되는 것은 하나님을 인식하고 그의 뜻을 깨닫는 일이다.

③

하박국의 찬양과 기도의 내용은 하나님의 섭리와 뜻을 깨달은 하박국이 하나님을 찬양하며 자신의 백성들에게 긍휼을 베푸실 것을 간구하는 것이다. 그리고 그분의 역사하심과 구원하심에 대한 기대와 찬양 그리고 감사를 드리는 것이다. 마지막으로 하박국은 하나님께서 무엇을 행하시고, 무엇을 주셨기 때문이 아니라 하나님이시기에 찬양하고 기뻐하는 것이다. 조건적인 것이 아니라 무조건적으로 하나님께 나가는 것이다. 빌립보서 4장에서 사도 바울은 옥중에서 기쁨으로 감사와 찬양을 하고 있다. 그리고 빌립보 성도들에게 아무것도 염려하지 말고 기도와 간구로 감사함으로 아뢰라고 가르친다. 이것은 하박국의 노래와 마찬가지로 상황과 관계없이 하나님의 주권과 선하심을 인정하면서 그에게 감사하며 그의 뜻에 순종하는 것이다.

제1과 주의 날과 하나님의 심판(습 1-3장)

①

1. 사람, 짐승, 새, 물고기 등을 악인과 함께 멸절할 것이다.

2. 유다와 예루살렘이 바알을 섬기고 일월성신을 숭배하는 등 우상을 숭배하여 여호와를 배반하고 여호와를 좇지 않고 찾지도 않았기 때문이다.

3. 여호와의 날에 강포와 궤휼로 주인의 집을 채운 자들을 벌할 것이다. 예루살렘은 패망하여 황무하게 될 것이다. 여호와의 심판의 날이 곧 올 것이다. 그 때는 온 땅이 불타고 모든 거민들이 멸절될 것이다.

②

1. 하나님께서 사람들을 자기에게 초청하시는데 세상의 모든 겸손한 자들에게 여호와를 찾을 것을, 겸손하게 구할 것을 권하는 것으로 보아 하나님께서는 유다 백성뿐만 아니라 세상 모든 사람들을 구원하기를 원하신다는 것을 알 수 있다.

2. 가사, 아스글론, 아스돗, 에그론, 그렛, 블레셋, 모압, 암몬, 구스, 앗수르 등이 심판을 받을 것이다. 땅이 황폐해지고 거민들이 멸절될 것이다. 그들의 죄는 유다를 핍박하고 훼방하며, 이웃 나라들을 침략하고 악을 행하며 우상을 숭배했기 때문이다.

③

1. 지도자들, 즉 방백들과 재판자들 그리고 선지자들에게 심판이 내려질 것이다. 그것은 여호와의 교훈과 명령을 듣지 않고 백성들을 핍박하고 탐욕스럽고 성소를 더럽히며 율법을 범했다. 열국에 의하여 침략을 받고 땅은 황폐하며 거민은 멸절되고 포로로 잡혀갈 것이다.

2. 열방은 하나님의 심판을 통해 정화된 후 여호와 앞에 돌아와 그를 섬기게 될 것이다. 시온의 딸 이스라엘은 하나님의 구원과 회복에 기뻐하고 즐거워할 것이다. 여호와는 그들 가운데 계셔서 구원을 베풀며 사랑하실 것이다. 그들을 괴롭히던 자들을 멸하고 포로에서 돌아올 것이다. 그래서 천하 만민 중에서 명성과 칭찬을 받을 것이다.

제1과 성전 건축에 대한 권고(학 1-2장)

1

1. 자기들은 좋은 집에 살면서 경제적 이유 때문에 아직 여호와의 전을 건축할 때가 되지 않았다고 하는 백성들을 책망하여 그들이 노력하고 수고할지라도 물질적으로 거두는 것이 적게 될 것이라고 책망했다.

2. 하늘은 이슬을 그쳤고, 땅은 산물을 그쳤으며, 땅과 산과 곡물과 새 포도주와 모든 소산과 사람과 육축과 수고한 모든 일에 한재(황폐함)가 미칠 것이다.

3. 여호와의 목소리와 선지자 학개의 말을 청종하고 마음이 흥분되어 하나님의 전 역사를 시작했다.

2

1. 하나님께서 자신의 말과 신이 백성들에게 머물러 있으므로 두려워하지 말라고 하셨다.

하나님께서는 지금도 우리와 함께 하신다고 말씀하신다. 그러므로 하나님의 사역에서 만나는 여러 가지 두려움을 이길 수 있다.

2. 하나님의 영광으로 성전을 충만하게 할 것이다. 그 영광은 이전의 영광보다 크며 하나님께서 평강을 주실 것이다.

3

1. 하나님께 희생 제물로 드릴 고기가 다른 식물에 닿아 부정하게 되고 제사장이 시체를 만져 부정하게 되면 하나님께 성물을 드릴 수가 없다. 유다 백성과 나라가 그러하다.

2. 하나님께서 성전을 재건하는 백성들에게 물질적인 축복을 내려주실 것을 약속하셨다. 우리가 하나님께 드리고 또 하나님의 일을 하면 하나님께서 그 일에 필요한 물질을 공급해주시고 또 물질적인 축복을 내려주신다.

④
스룹바벨을 인장 반지로 삼은 것은 하나님의 신임과 사랑을 입는 존귀한 자임을 의미하는 것이다. 그것은 하나님의 때에 오실 메시아를 상징적으로 표현하는 것이다.

제1과 성전 건축에 대한 격려(슥 1-8장)

① 하나님을 배반하고 악행을 일삼는 사람들을 본받지 말고 그들에게서 떠나야 한다. 그리고 과거의 역사를 통해 배워야 한다. 또한 하나님께서는 자기에게 돌아오는 사람들을 맞아주실 것이라고 약속하셨다.

② 첫째 환상(1:7-17)은 한 사람이 홍마를 타고 골짜기 속 화석류 사이에 섰고 그 뒤에 홍마와 자마와 백마가 있다. 이들은 하나님께서 땅에 두루 다니라고 보내신 자들이다. 그리고 성전이 재건될 것을 말했다.

둘째 환상(1:18-21)은 네 뿔과 네 공장으로 이것들은 유다와 이스라엘과 예루살렘을 헤친 뿔로 공장 네 명은 그 뿔들을 들어 유다 땅을 헤친 열국의 뿔을 떨어뜨릴 것이다.

셋째 환상(2:1-13)은 한 사람이 척량줄을 가지고 예루살렘을 척량하는 것이다. 구원자가 오셔서 유다와 예루살렘을 회복시키시고 그 백성들을 구원하실 것을 말씀했다.

넷째 환상(3:1-10)은 대제사장 여호수아가 여호와의 사자 앞에 섰고 사단은 그의 우편에 서서 그를 대적하는 것이다. 여호와께서 사단을 책망하시고 여호수아의 죄를 용서하시며 다시 아름다운 옷을 입히시고 그에게 하나님의 말씀을 지킬 것을 증거하셨다.

다섯째 환상(4:1-14)은 꼭대기에 주발 같은 것이 있고, 일곱 등잔이 있는 순금 등대와 그 주발 좌우편에 두 감람나무다. 스룹바벨이 방해자를 물리치고 성전 재건을 마칠 것이며 감람나무 둘은 기름 발리운 자들로 대제사장 여호수아와 총독 스룹바벨을 가리킨다.

여섯째 환상(5:1-5)은 길이 이십 규빗, 넓이 십 규빗의 날아가는 두루마리다. 이것은 온 지면에 두루 행하는 저주로 도적질하는 자와 맹세하는 자가 그 글대로 끊어질 것을 말한다.

일곱째 환상(5:5-11)은 가운데 여인이 앉아 있는 에바와 함께 둥근 납 조각이 들어 있다. 그래서 여인이 에바 속으로 던져졌고 납 조각을 에바 아구리 위에 던져 덮었다. 유대인들이 죄 때문에 온 지면에 흩어질 것을 말한다고 한다.

여덟째 환상(6:1-8)은 두 놋산 사이에서 홍마, 흑마, 백마, 어룽지고 건장한 말이 매여진 네 병거가 나온 것이다. 이것은 하나님의 심판이 이 땅에 이루어지는 것으로 특히 북방은 앗수르와 바벨론을 의미한다.

③

이것은 스룹바벨의 성전 건축에 견주어 신약 성경에 교회가 세워질 것을 상징하며, 왕직과 제사장직의 연합을 이루는 메시아를 의미한다. 여호수아에게 면류관을 씌운 것은 오실 메시아를 상징한다.

④

1. 여호와께서 유다 백성들의 애곡과 금식이 진정으로 자신을 위한 것이냐고 하시면서 그들에게 하나님께서 하라고 가르친 것을 듣지 않고 악을 행했기에 이들을 열국에 헤치고 그들의 땅은 황무해지는 심판을 받았다.

   우리 역시 금식을 하는데 이것이 진정으로 하나님 앞에서 하는 것인지 아니면 종교적인 의례로 하는 것인지를 생각해보아야 한다. 무엇보다도 공의와 사랑을 행하지 않으면서 하나님께 예배하는 것은 하나님께서 가증히 여기시고 심판하신다.

2. 그들에게 진실한 재판, 인애와 긍휼을 베풂, 약자들을 압제하지 말 것, 남을 해하려는 도모를 하지 말 것 등을 말씀하셨다.

3. 여호와께서 시온에 돌아오셔서 예루살렘 가운데 거하실 것이다. 예루살렘에 백성들이 돌아와 거할 것이다. 여호와께서 자기 백성을 세상 모든 곳에서 구원하실 것이다. 그래서 그들의 하나님이 되실 것이다. 하나님의 백성들은 열매를 거두고 추수할 것이다.

우리는 하나님의 백성으로 하나님께서 우리 가운데 거하시고 우리는 하나님께서 축복하심으로 풍성한 삶을 살 수 있다.

5 하나님의 왕국은 모든 세상 사람들에게 열려 있는 것이다. 누구든지 여호와를 찾고 여호와께 은혜를 구할 수 있다.

제2과 성전 건축 후 계획(슥 9-14장)

1

1. 하맛, 두로, 시돈, 아스글론, 에그론, 가사, 아스돗, 블레셋 등이 그들의 죄로 말미암아 심판받을 것이다.

2. 공의로우며, 구원을 베풀고, 겸손하여 나귀 새끼를 타신다. 이방 사람들과 화평을 이루고 그의 나라가 세상에 임하게 하실 것이다. 언약의 피를 흘림으로 구속하실 것이다. 이러한 스가랴의 예언을 성취하신 분이 바로 예수 그리스도이시다. 우리는 이방인으로 구속함을 받고 하나님과 화평을 이루었다.

3. 언약의 피로 말미암아 갇힌 구덩이에서 놓임을 받을 것이다. 하나님께서 자기 백성을 양떼같이 구원하실 것이다. 그들은 여호와의 땅에서 면류관의 보석처럼 빛날 것이다. 그들의 형통함과 아름다움이 클 것이다. 우리는 예

수 그리스도께서 흘린 피로 말미암아 죄값으로 팔린 사망의 상태에서 구원을 받았다. 우리는 하나님의 왕국에서 그의 백성으로 빛나고 있다. 우리는 하나님의 백성으로 모든 일에 형통할 것이다.

4. 이스라엘이 자기들의 땅으로 돌아올 것이라는 예언은 앗수르와 바벨론의 포로로부터 돌아온 것과 로마 제국에 의하여 멸망하고 세계에 흩어졌다가 다시 팔레스타인에 돌아와 국가를 이룬 것 등은 성취된 것이다. 유대인들이 하나님 앞으로 돌아오고 하나님의 능력으로 살 것이라는 예언은 아직 성취되지 않은 것으로 볼 수 있다.

5. 특히 은 삼십을 달아 메시아를 파는 예언은 가룟인 유다가 예수 그리스도를 팔아 넘긴 것을 예언한 것으로 신약 성경은 말한다. 우리가 가룟 유다처럼 예수 그리스도를 배신하지는 않겠지만 어려움과 핍박 그리고 유혹이 있을 때 예수 그리스도를 의지하지 않을 때가 있을 수 있다. 그것을 경계로 삼아야 할 것이다.

②

1. 천하 만국이 이스라엘을 치려고 모일 것이다. 그러나 그들은 패망할 것이다. 이스라엘은 은총을 구하고, 간구하는 심령으로 자신들이 죽인 메시아를 바라보며 애통할 것이다. 그 날에 우상의 이름이 이 땅에서 끊어져 기억되지 못하고 거짓 선지자와 더러운 사귀를 이 땅에서 떠나게 할 것이다.

2. 메시아가 재림하실 때 이 땅에 큰 혼돈과 재앙이 있을 것이다. 여호와께서 홀로 왕이 되시고 홀로 하나가 되실 것이다. 천하만국이 여호와를 섬기고 초막절을 지킬 것이다. 여호와의 전에는 거룩하지 못한 자가 없을 것이다. 우리는 메시아의 재림을 소망 가운데 기다리며 종말론적인 삶을 살아야 한다. 그것은 바로 우리가 하나님의 심판 앞에 설 것임을 의식하며 오늘을 사는 것을 말한다.

제1과 언약을 잊은 백성에 대한 경고(말 1-4장)

말라기

① 하나님께서 에서가 아닌 야곱을 선택하셨고 또 에서의 자손인 에돔은 무너져서 황무하며 여호와의 진노를 받는다. 그것은 하나님께서 이스라엘 백성들을 사랑하신다는 증거다.

② 제사장들은 하나님을 공경하지 않고 멸시했다. 더러운 떡과 상한 것과 병든 것으로 하나님께 희생 제물을 드렸다. 그러므로 제물을 헛되이 불살랐다. 그리고 토색한 물건과 저는 것과 병든 것 그리고 흠 있는 것으로 헌물을 가져왔다. 우리가 하나님께 나아갈 때는 깨끗하고 온전한 마음으로 전심을 다해야 한다.

③
1. 제사장들의 종자들을 견책할 것이다. 희생의 똥을 제사장들의 얼굴에 바를 것이다. 제사장들을 모든 백성 앞에서 멸시와 천대를 받을 것이다.

2. 이스라엘 백성들은 이방 신들의 딸들과 결혼하여 하나님의 사랑하시는 성결을 욕되게 했다. 하나님께서는 이런 사람들을 백성 중에서 끊어버리실 것이다. 또한 여호와께서 증거하신 일찍이 취한 아내에게 궤사를 행하였다. 여호와는 이혼과 학대자를 미워하신다. 오늘날에 하나님의 백성인 그리스도인들은 그리스도인과 결혼해야 하는 것으로 이 말씀을 적용할 수 있다. 그리고 하나님께서 짝지워 주신 부부가 이혼하는 것이나 서로를 미워하고 학대하는 것은 하나님의 뜻이 아니다.

④
1. 사람들은 하나님의 뜻을 어기면서 그것을 합리화하고 또 악을 행하는 자들에 대한 하나님의 심판이 없다고 하며 하나님의 공의에 대해 의문을 제기한다.

2. 예수 그리스도께서 오시기 전에 세례 요한이 그 길을 예비하러 먼저 왔다. 그래서 세례 요한은 백성들에게 회개의 메시지를 전하고 회개의 세례를 베풀었다. 예수님께서는 자신들의 죄악을 고백하고 깨끗케 하는 자들에게 오셔서 그들을 하나님의 자녀로 삼으신다. 우리의 죄악과 정결하지 못한 것들을 자복하고 회개하여 성령께서 우리 안에 충만하도록 준비해야 한다.

⑤

1. 하나님께서 명하신 십일조를 드려야 한다. 십일조는 하나님의 것이다. 십일조를 드리는 자에게 하나님께서는 물질적인 축복을 주실 것이다. 세상의 모든 것은 하나님께서 창조하신 것으로 하나님의 것이다. 우리들과 우리들의 소유도 모두 하나님의 것이다. 하나님께서는 우리가 그러한 마음을 갖고 물질을 하나님께 드리기를 원하신다.

2. 하나님께서는 정하신 때에 모든 것을 심판하실 것이다. 하나님께서는 사람들이 행한 모든 것을 기록해 놓으셨다. 특별히 여호와를 경외하고 그 이름을 존중히 여기는 자들을 기념책에 기록하시고, 정한 날에 그들을 특별한 소유로 삼으시고 아끼실 것이다.

3. 교만한 자와 악을 행하는 자들은 극렬한 풀무불과 같은 심판을 받을 것이다. 반면에 하나님을 경외하는 자들에게는 의로운 해가 떠올라서 치료하는 광선을 발할 것이다. 악인에게 반드시 심판의 날이 온다는 약속은 하나님의 공의로운 통치를 말하는 것이다. 따라서 그것은 기쁜 소식이다.

4. 하나님께서는 자신이 택한 백성들을 사랑하신다. 그래서 그들의 잘못에 대한 심판을 경고하고 또 회개하고 돌아올 것을 권고하신다. 그래도 돌이키지 않을 때 엄중한 심판이 있을 것이라고 재차 경고하신다. 우리는 이스라엘의 역사를 보면서 이 경고를 우리에게도 적용해야 할 것이다. 지금 하나님께서는 우리에게도 똑같은 경고를 하신다. 하나님의 계명과 하나님께서 보내신 메시아 예수 그리스도를 영접해서 하나님의 뜻에 순종하며 살아야 한다.

선지서 미래를 보는 지혜

1쇄 발행 / 2003년 10월 23일
2쇄 발행 / 2006년 6월 10일

지은이 / 이태웅
펴낸이 / 양승헌
펴낸곳 / 주)도서출판 디모데 〈파이디온선교회 출판 사역 기관〉

등록 / 2005년 6월 16일 제319-2005-24호
주소 / 서울 동작구 사당동 1045-10
전화 / 영업부 031) 908-0872
팩스 / 영업부 031) 908-1765
홈페이지 / www.timothybook.com

값 10,000원
ISBN 89-388-1090-1
Copyright ⓒ주)도서출판 디모데 2003 〈Printed in Korea〉